Die beiden Sammler

Die beiden Sammler

Charakter-Erzählungen

Herausgegeben von Klaus Seehafer

Urachhaus

Für meinen Vater

Die Deutsche Bibliothek – CIP-Einheitsaufnahme

Die beiden Sammler: Charakter-Erzählungen / hrsg. von Klaus
Seehafer. – Stuttgart: Urachhaus, 1993
ISBN 3-87838-647-8
NE: Seehafer, Klaus [Hrsg.]

ISBN 3 87838 647 8

Umschlaggestaltung: Christiane Lesch, Stuttgart.
Herstellung: Clausen & Bosse, Leck

Inhalt

»Damit der Charakter eines Menschen wahrhaft außergewöhnliche
Qualitäten offenbare, muß man das Glück haben,
seine Tätigkeit während vieler Jahre beobachten zu können.
Und wenn dieses Tun frei ist von jeglichem Eigennutz
und die ihn leitende Idee von beispiellosem Edelmut,
wenn ferner sicher feststeht, daß er nirgendswoher Dank erwartet,
und wenn er zu dem allen auf der Welt sichtbare Spuren hinterließ,
dann hat man unfehlbar einen unvergeßlichen Charakter vor sich.«

Jean Giono

Vorwort

Seltsame Gestalten tauchen in diesem Buch auf, angenehme und schwierige, hilflose und helfende, erstarrte und sich entwickelnde. Immer aber sind es sehr eigenwillige: ein Schäfer, der durch lebenslanges Wirken aus einer verkarsteten Wüstenei eine bewaldete Landschaft macht; ein Kanzleischreiber, der sich mit dem stereopypen Satz »Ich möchte lieber nicht« unnachgiebig sanft allen Anforderungen des Lebens entzieht; ein Clown, der statt des schnellen Lachens das tiefe Lächeln schenken möchte... So unverwechselbar diese Menschen sind, sie haben doch auch Gemeinsames. Durchweg sind es Ärmere oder Arme, scheinbar Unbedeutende, oft von einfachen Verstandesgaben. Wer sie mit den Kategorien der Soziologie messen würde, fände nichts als vernachlässigenswerte Größen. Wer ihnen mit dem Schlüssel der Psychologie beikommen wollte, bekäme nur zu Gesicht, was dieser Schlüssel aufschließen kann: den Blick auf Neurotiker, Kommunikationsgestörte, Trinker, Träumer und Phantasten. Nutzlose Erkenntnisse in diesem Fall.

Um etwas vom Wesentlichen der hier gezeigten Lebenswege erahnen zu können, braucht es andere Formen der Menschenerkenntnis. Es braucht die Vorstellungsgabe, daß in diese Individualitäten auch frühere Erdenleben einwirken, beengende ebenso wie Kräfte schenkende. Es braucht den Glauben (möglicherweise genügt zunächst wiederum die bloße Vorstellbereitschaft), daß die dargestellten Menschen ein Leben nach dem Tode erwartet, in dem weitergebracht wird, was jetzt nur begonnen und geändert, was diesmal mißlang.

Die vorliegenden Charakter-Erzählungen lassen sich als fiktive Biografien lesen. Sie gewähren jenes Glück, von dem Giono eingangs spricht und das doch im wirklichen Leben nur selten möglich ist: ein abgeschlossenes Dasein als Ganzes überschauen und begreifen zu können. Obendrein erlauben sie eine Distanz, deren man gegenüber einer literarischen Figur eher fähig ist als gegenüber dem lebendigen Menschen. Unbefangen läßt sich darüber nachdenken, wie dieser Mensch so hat werden können – oder hat bleiben müssen! – wie er sich nun einmal darstellt. Am literarischen Exempel läßt sich auch eher erkennen, wie ein scheinbar verfehltes Leben in Wahrheit ein verwirklichtes sein kann.

»Charakter machen oft die Schwäche zum Gesetz« heißt es in Goethes »Maximen und Reflexionen«. Daß wir uns aber in Kunstfiguren wiederzuerkennen vermögen, die so sehr einem einzigen Gesetz, einer einzigen Schwäche unterworfen sind, liegt wohl daran, daß wir ansatzweise jede der im Folgenden gezeigten Einseitigkeiten auch in uns tragen.

Frühjahr 1993 *Klaus Seehafer*

Verstörte und Erstarrte

Herman Melville

Bartleby

Das seltsame Leben eines Kanzleischreibers im alten New York

Ich bin, ich muß es gestehen, nicht mehr der Jüngste. Die Art meiner Berufsgeschäfte hat mich seit nunmehr dreißig Jahren in ungewöhnlich enge Berührung mit einer in mancher Hinsicht merkwürdigen, man kann wohl sagen sonderbaren Sorte von Menschen gebracht, über die meines Wissens noch nie etwas geschrieben worden ist – ich meine die Anwaltsschreiber, die Kopisten in den Kanzleien der Advokaten. Ich habe ihrer eine ganze Menge gekannt, beruflich sowohl wie privat, und könnte, wenn ich wollte, allerlei Historien zum besten geben, zur Erheiterung wackerer Männer, zur tränenseligen Rührung empfindsamer Seelen. Doch will ich aller anderen Kanzleischreiber Lebensgeschichte beiseitelassen und nur einiges aus Bartlebys Leben erzählen, Bartleby, der ein Schreiber war, und zwar der seltsamste, den ich je gesehen, von dem ich je gehört habe. Während ich von anderen Anwaltskopisten den gesamten Lebenslauf niederschreiben könnte, ist bei Bartleby dergleichen nicht möglich. Es existieren wohl überhaupt keine Unterlagen für eine ausführliche, befriedigende Biographie des Mannes: ein unersetzlicher Verlust für die Literatur. Bartleby gehörte zu den Menschen, über die sich nichts ermitteln läßt, es sei denn an den Quellen selbst, und die flossen in seinem Fall nur äußerst spärlich. Was ich mit eigenen erstaunten Augen von Bartleby gesehen habe, das stellt meine gesamte Kenntnis von ihm dar – abgesehen allerdings von einem ziemlich unbestimmten Bericht, der später hier wiedergegeben werden wird.

Bevor ich unseren Schreiber aber einführe, so wie er mir zuerst vor Augen trat, empfiehlt es sich wohl, daß ich erst kurz von mir selber spreche, meinen Angestellten, meinem Büro und allem Drum und Dran – denn eine gewisse Aufklärung darüber ist unentbehrlich für ein richtiges Verständnis der nachher vorzustellenden Hauptperson. Zuvörderst: ich bin ein Mensch, der von Jugend an tief davon überzeugt war, daß man mit einer gemächlichen, sachten Lebensweise am besten fährt. Mag ich also einem Beruf angehören, dem landläufig ein zupackendes, hastiges, ja zuzeiten aufgeregtes Wesen nachgesagt wird, so habe ich doch nie geduldet, daß dergleichen Regungen meinen Frieden störten. Ich zähle zu den Anwälten ohne Ehrgeiz: man wird mich nie vor Gericht plaidieren oder irgendwie auf den Beifall der großen Menge ausgehen sehen, sondern in der kühlen Stille einer behaglichen Klause beschäftige ich mich behaglich mit den Wertpapieren, Hypotheken und Rechtsansprüchen reicher Leute. Unter meinen Bekannten gelte ich ganz allgemein als ein in hohem Maße *zuverlässiger* Mensch. Der verstorbene John Jacob Astor, eine poetischem Überschwang wenig geneigte Persönlichkeit, trug kein Bedenken, als meine erste hervorstechende Wesenseigentümlichkeit die Vorsicht zu bezeichnen; die zweite sei das planvolle Denken. Nicht um mich dessen zu berühmen, sondern als einfache Tatsache berichte ich bei dieser Gelegenheit, daß ich nicht ohne berufliche Beziehungen zu dem verewigten John Jacob Astor gewesen bin. Seinen Namen, ich gestehe es, wiederhole ich gern; er hat einen runden, sphärenhaften Klang, wie Klirren von Goldbarren. Hinzufügen möchte ich, daß ich für die gute Meinung des seligen John Jacob Astor nicht unempfänglich war.

Schon eine Weile vor dem Zeitpunkt, an dem meine kleine Geschichte beginnt, hatten meine Berufsgeschäfte einen erheblich größeren Umfang angenommen. Das gute alte, im Staat

New York inzwischen abgeschaffte Amt eines Beisitzers im Kanzleigericht war mir übertragen worden. Es war nicht mit allzu großen Mühen verbunden, warf aber einen recht angenehmen Ertrag ab. Ich lasse mich nur selten aus der Ruhe bringen und gestatte mir noch seltener eine unbekömmliche Entrüstung über Unrecht und Kränkung; indes in diesem Fall muß ich um Nachsicht für ein erregtes Wort bitten und rundheraus erklären, daß die in der neuen Verfassung verfügte plötzliche und brüske Abschaffung des Amtes eines Beisitzers beim Kanzleigericht in meinen Augen eine – sagen wir eine überstürzte Maßregel darstellt, schon deshalb, weil ich auf einen lebenslänglichen Genuß der Einkünfte gerechnet hatte, während ich sie nun lediglich für ein paar kurze Jahre bezogen habe. Aber dies nebenbei.

Meine Kanzlei befand sich im Oberstock des Hauses Wall Street Nro – –. Auf der einen Seite schaute man auf die weiße Wand eines geräumigen Lichtschachts, der das Gebäude von oben nach unten durchzog. Die Aussicht mochte einen vergleichsweise unfrohen Eindruck machen; da ihr ganz fehlte, was in der Sprache der Landschaftsmaler »Leben« heißt. In dieser Hinsicht bot die Aussicht auf der anderen Seite meiner Kanzlei zum mindesten einen Gegensatz, wenn auch keinen Ausgleich. Die in diese Richtung weisenden Fenster gewährten die unbehinderte Aussicht auf eine hohe, von Alter und dauerndem Schatten schwarz gewordene Ziegelmauer; es bedurfte keines Spiegelscherbens, sogenannten Spions, die verborgenen Schönheiten dieses Gemäusers ans Licht zu bringen, denn zum Wohle aller kurzsichtigen Beschauer ragte die Mauer keine zehn Fuß vor meinen Fensterscheiben empor. Bei der großen Höhe der umliegenden Gebäude und dank dem Umstand, daß sich meine Kanzlei im zweiten Stock befand, gemahnte der Zwischenraum zwischen der Ziegelmauer und unserer Hauswand nicht wenig an einen ungeheuren viereckigen Wasserschacht.

In der Zeit unmittelbar vor Bartlebys Auftreten hatte ich in meiner Kanzlei zwei Kopisten und einen vielversprechenden

Jüngling als Bürolehrling Nummer eins: Turkey – »Puter«; Nummer zwei: Nippers – »Beißzange«; Nummer drei: Ginger Nut – »Pfeffernuß«. Das sind gewiß Namen, derengleichen man im allgemeinen nicht im Adreßbuch findet. Es handelte sich denn auch um Spitznamen, die sich meine drei Angestellten gegenseitig beigelegt hatten, da sich in ihnen die jeweiligen Persönlichkeiten und Wesenseigentümlichkeiten aufs treffendste ausdrückten. Puter war ein untersetzter, asthmatischer Engländer in meinem Alter – das heißt also hart an sechzig. Des Morgens zeigte sein Gesicht, wie man wohl behaupten darf, eine schöne blühende Farbe, nach zwölf Uhr Mittags aber – seine Essensstunde – flammte es wie ein Kohlenrost zur Weihnachtszeit und zwar – wenn auch vielleicht mit einem allmählichen Abnehmen der Glut – weiter bis sechs Uhr nachmittags. Nach sechs sah ich nichts mehr vom Eigentümer des Gesichtes, das mit der Sonne seinen Zenit erklomm und mit ihr offenbar unterging, am nächsten Tag aufstieg, kulminierte und abermals unterging, in sonnengleicher Regelmäßigkeit und unverminderter Glorie. Ich habe im Laufe meines Lebens allerlei merkwürdige Zufälligkeiten erlebt, und es war gewiß nicht die geringste darunter, daß immer in dem Augenblick, wenn Puter aus seinem roten, leuchtenden Gesicht den vollsten Strahlenglanz entsandte, daß immer in diesem kritischen Moment der Tagesabschnitt begann, da ich mir sagen mußte, daß nun für den Rest der vierundzwanzig Stunden seine Arbeitsfähigkeit wieder auf das empfindlichste gestört sein würde. Nicht als ob er in Untätigkeit versunken wäre oder sich arbeitsunwillig gezeigt hätte – keineswegs. Die Schwierigkeit bestand vielmehr darin: er neigte nun zu einem allzu großen Energieaufwand. Eine seltsame, erhitzte, verworrene und ziellose Betriebsamkeit überkam ihn. Ohne alle Vorsicht tauchte er seine Feder ins Tintenfaß. Seine sämtlichen Tintenkleckse auf meinen Schriftlichkeiten brachte er nach zwölf Uhr mittags an. Nicht genug damit, daß er des Nachmittags unaufmerksam wurde und in betrüblicher Weise zum Klecksen neigte, er ging an manchen Tagen noch weiter und schlug ziemlichen Lärm. Dann flammte sein Geschäft in gesteigertem Wappenglanz, als hätte man Kannelkohle auf Anthrazit geschüttet. Er vollführte unsympathische Geräusche mit seinem Stuhl, er verschüttete den Streusand und schnitt beim Zurichten seiner Schreibfedern in seiner Ungeduld die Kiele völlig zuschanden, worauf er plötzlich wütend wurde und die Stücke auf die Erde schmiß. Auch sprang er beständig auf, lehnte sich über seinen Tisch und ließ die Papiere wüst umherfahren, ein bei einem älteren Mann wie ihm besonders widriger Anblick. Da er mir jedoch in vieler Hinsicht außerordentlich wertvoll war und während der ganzen Zeit vor zwölf Uhr mittags sich durchaus aufgeweckt und solid erzeigte, auch ein großes Arbeitspensum in vorzüglicher, kaum zu übertreffender Weise hinter sich brachte – aus allen diesen Gründen war ich gewillt, über sein überspanntes Wesen hinwegzusehen, wenn ich ihm auch gelegentlich einmal Vorhaltungen machte. Ich ging dabei stets mit aller Milde zu Werk, weil er – des Morgens die Höflichkeit, ja ich muß schon sagen die Sanftmut und Ehrerbietung selbst – am Nachmittag dazu neigte, im Falle einer Herausforderung mit Worten etwas unbesonnen, ja offen gesagt unverschämt zu werden. Da ich also, wie gesagt, seine vormittäglichen Dienste schätzte und nicht zu entbehren gedachte [gleichzeitig aber von seinem erhitzten Wesen nach der Mittagsstunde unangenehm berührt war] und als ein friedliebender Mensch mir nicht durch meine Ermahnungen unpassende Antworten von ihm zuziehen mochte, so entschloß ich mich an einem Sonnabendmittag [am Sonnabend war es immer besonders schlimm mit ihm], ihm in aller Güte anzudeuten, daß es vielleicht jetzt, wo er in die Jahre käme, angebracht sei, seine Arbeitszeit abzukürzen: er brauche, kurz gesagt, nach zwölf Uhr nicht mehr ins Büro zu kommen, sondern solle sich nur ruhig nach dem Mittagessen nach Hause begeben und bis zum Tee ausruhen. Aber nein: er bestand darauf, auch nachmittags seine Pflicht zu tun. Sein Gesicht erhitzte sich aufs unleidlichste, während er mir, am anderen Ende des Zimmers mit einem langen Lineal herumfuchtelnd, in wohlgesetzten Worten auseinandersetzte, wenn seine Dienste am Vormittag von Nutzen seien, dann müßten sie ja am Nachmittag vollends unentbehrlich sein.

»Mit aller schuldigen Ehrerbietung, Sir«, sagte Puter bei dieser Gelegenheit, »aber ich halte mich offengestanden für Ihre rechte Hand. Vormittags exerziere und marschiere ich ja nur mit meinen Kolonnen – aber nachmittags, da stelle ich mich an ihre Spitze und mache eine zügige Attacke auf den Feind, so« – und damit vollführte er einen heftigen Stoß mit dem Lineal.

»Aber die Tintenkleckse, Puter!« gab ich zu bedenken.

»Richtig! – Aber mit aller schuldigen Ehrerbietung. Sir: Schauen Sie diese Haare an! Ich werde alt. Ich möchte doch meinen, Sir, daß ein paar Tintenkleckse an einem heißen Nachmittag einem alten Mann mit grauen Haaren nicht so hart zum Vorwurf gemacht werden dürfen. Das Alter, auch wenn es Tintenflecke macht, verdient Ehrfurcht. Mit aller schuldigen Ehrerbietung. Sir: wir werden *beide* alt!«

Diesem Appell an meine kameradschaftliche Gesinnung konnte ich schwer widerstehen. Das eine sah ich jedenfalls, daß er nicht gehen würde. Also entschloß ich mich, ihn zu behalten, wobei ich allerdings mein Augenmerk darauf richtete, daß er am Nachmittag mit meinen minder wichtigen Papieren beschäftigt wurde.

Nippers – »Beißzange« – der zweite auf der Liste, war ein mit seinem Backenbärtchen und seiner gelblichen Gesichtsfarbe einigermaßen seeräuberhaft aussehender junger Mann von fünfundzwanzig Jahren. Nach meinem Dafürhalten war er das Opfer zweier böser Mächte – des Ehrgeizes und der Verdauungsstörungen. Der Ehrgeiz bekundete sich bei ihm in einer gewissen Unlust an den Berufspflichten eines gewöhnlichen Kopisten, in einem unverantwortlichen Übergreifen auf Arbeiten, die dem Fachmann vorbehalten bleiben müssen, wie z. B. das Abfassen rechtsgültiger Urkunden. Seine Verdauungsschwäche drückte sich aus in einer gelegentlichen nervösen Unverträglichkeit und hämischen Reizbarkeit, wobei es denn vorkam, daß er bei Abschreibfehlern hörbar mit den Zähnen knirschte; auch äußerte er in der Hitze der Arbeit unnötige Fluchworte, die er übrigens mehr zischte als wirklich aussprach, und lag vor allem in beständiger Fehde mit der Höhe seines Arbeitstisches. Beißzange war zwar in technischen Dingen erfinderisch und begabt, mit seinem Tisch aber vermochte er nie zurechtzukommen. Er legte Späne, Holzblöckchen der erdenklichsten Art und Kartonstücke unter und versuchte es schließlich mit einer besonders tadellosen Abstimmung, indem er einige Lagen zusammengefalteten Fließpapiers verwendete. Nichts wollte fruchten. Rückte er, um seinen Rücken zu schonen, den Pultdeckel in scharfem Winkel bis dicht unter sein Kinn und schrieb darauf, wie einer der das steile Dach eines Holländer Hauses als Pult benützt, dann vernahm man bald die Klage von ihm, daß ihm in dieser Haltung die Arme klamm würden. Senkte er aber alsdann die Tischplatte bis zur Gürtelhöhe und saß beim Schreiben vornübergebeugt, dann bekam er sogleich Rückenschmerzen. Mit einem Wort: Beißzange wußte in Wahrheit nicht, was er wollte. Oder wenn er überhaupt etwas wollte, so dies: vom Schreibpult überhaupt freizukommen. Zu den Bekundungen seines krankhaften Ehrgeizes gehörte es, daß er mit Vorliebe Besuch empfing, und zwar von allerlei zweideutig aussehenden Gesellen in schäbigen Anzügen, die er als seine Klienten bezeichnete. Ich mußte überhaupt erkennen, daß er sich nicht nur gelegentlich als Winkelpolitiker betätigte, sondern sich dann und wann auch bei den Gerichtshöfen zu schaffen machte und an der Pforte der »Gräber«, des Stadtgefängnisses, nicht unbekannt war. Von einem Individuum allerdings, das ihn in meiner Kanzlei aufsuchte und das er nachdrücklich und mit viel Wichtigkeit als seinen Klienten bezeichnete, möchte ich mit gutem Grund annehmen, daß es in Wahrheit einfach ein Gläubiger war und daß es sich bei seinem angeblichen Rechtstitel um eine Rechnung handelte. Bei allen seinen Mängeln aber und den Unannehmlichkeiten, die er mir verursachte, war Beißzange mir doch, wie sein Landsmann Puter, im ganzen recht nützlich. Er schrieb eine rasche und saubere Hand und ließ es, wenn er danach gelaunt war, an einem weltmännischen Benehmen nicht fehlen. Es kam hinzu, daß er sich immer durchaus herrschaftlich kleidete und dadurch beiläufig einen gewissen Kredit der Vertrauenswürdigkeit auf meine Kanzlei ausstrahlte. Mit Puter hingegen hatte ich meine liebe Not, zu verhüten, daß er für mich eine Art Schandfleck wurde. Seine Kleidungsstücke sahen immer fleckig aus und rochen nach Speisehaus. Den Sommer über trug er seine Hosen entsetzlich lasch und ausgebeult; seine Überröcke spotteten jeder Beschreibung und seinen Hut konnte man nur mit der Feuerzange anfassen. Der Hut war für mich nun allerdings verhältnismäßig gleichgültig, denn als einen an Abhängigkeit gewöhnten Engländer veranlaßte ihn seine natürliche Höflichkeit und Demut, seine Kopfbedeckung abzunehmen, sowie er das Zimmer betrat: mit dem Rock aber war es eine andere Sache. Ich machte ihm diesbezüglich Vorhaltungen, aber ohne jeden Erfolg. In Wahrheit war es wohl so, daß ein Mann mit so geringem Einkommen nicht gleichzeitig ein üppiges Gesicht und einen üppigen Rock spazieren führen konnte. Wie Beißzange einmal bemerkte, ging Puters Geld größtenteils für »rote Tinte« drauf. An einem Wintertag schenkte ich Puter einen sehr gediegen aussehenden Rock aus meinem eigenen Bestand – einen wattierten grauen Rock, der sehr angenehm warm hielt und den man vom Hals bis zu den Knieen zuknöpfen konnte. Ich dachte, Puter würde die Freundlichkeit zu schätzen wissen und sein an Nachmittagen übliches vorschnelles und lärmiges Wesen dementsprechend dämpfen. Aber nein: ich möchte geradezu annehmen, daß es eine verhängnisvolle Wirkung bei ihm hervorrief, sich nun in einen derart flaumigen und einer Bettdecke ähnelnden Rock einknöpfen zu können – nach demselben Grundsatz, nach dem zu viel Hafer den Pferden schlecht bekommt. Wie man ja auch von einem jähen und eigensinnigen Gaul sagt, daß ihn der Hafer sticht, so stach unseren Puter sein Rock. Er wurde übermütig. Er war ein Mensch, dem das Wohlleben zum Nachteil gereichte.

Während ich Puters heimlichen persönlichen Neigungen gegenüber meine eigenen Vermutungen hegte, war ich von Beißzange allerdings völlig überzeugt, daß er unbeschadet seiner sonstigen Fehler wenigstens in puncto Alkohol ein mäßiger junger Mensch war. Indessen schien in seinem Fall die Natur selbst die Rolle des Weinlieferanten übernommen zu haben: sie hatte ihn schon bei der Geburt mit einem derart reizbaren, branntweinartigen Temperament ausgestattet, daß es bei ihm eines nachträglichen Kneipens gar nicht mehr bedurfte. Wenn ich mir überlege, wie Beißzange oft mitten in der Stille der Kanzlei ungeduldig von seinem Sitz aufsprang, sich über den Tisch beugte, die Arme weit ausbreitete, das Pult schlankweg aufpackte und mit einem bösen Knirschen über den Fußboden schob oder eigentlich schleuderte, als wäre der Tisch ein widerspenstiger Kanzleidiener, der ihm absichtlich Ärger und Schwierigkeiten machte, dann wird mir aufs neue klar, daß bei ihm Kognaksoda durchaus überflüssig war.

Einen Glücksumstand für mich bedeutete es, daß sich Beißzanges Reizbarkeit und dadurch verursachte Nervosität auf Grund ihres besonderen Anlasses – nämlich der Verdauungsbeschwerden – vorzüglich am Vormittag bemerkbar machte, während er nachmittags verhältnismäßig milde war. So hatte ich, da Puters Anfälle ja erst um die Mittagszeit zum Durchbruch kamen, wenigstens nie zu gleicher Zeit mit ihnen beiden in ihrem überspannten Zustand zu tun. Ihre Zustände lösten einander ab wie die Wachtparade. War Beißzange im Dienst, so hatte Puter dienstfrei und umgekehrt. Das war, wie die Dinge lagen, von der Natur gut eingerichtet.

Ginger Nut – »Pfeffernuß« – der Dritte auf meiner Liste, war ein Bürschlein von etwa zwölf Jahren. Sein Vater war Fuhrmann und hegte den Ehrgeiz, seinen Sohn vor seinem Tode auf der

Gerichtsbank statt auf dem Kutscherbock zu sehen. Er schickte ihn zu diesem Zweck zu mir auf die Kanzlei, als Rechtsstudent, Laufjunge, Bodenputzer, gegen einen Lohn von einem Dollar die Woche. Er hatte ein eigenes kleines Pult, war aber nicht viel daran zu sehen. Seine Schublade wies bei näherer Untersuchung eine große Auswahl von Nußschalen der verschiedensten Sorten auf. Die gesamte edle Rechtswissenschaft war denn auch für diesen hellköpfigen Jüngling gewissermaßen in einer Nußschale enthalten. Nicht die geringste unter Ginger Nuts Obliegenheiten – und zwar eine, deren er sich mit der größten Fixigkeit entledigte – war seine Stellung als Kuchen- und Äpfeleinkäufer für Puter und Beißzange. Das Abschreiben von Akten ist ja ein sprichtwörtlich trockenes, halsausdörrendes Geschäft, und so waren auch meine zwei Schreiber oft genug von dem Bedürfnis befallen, sich den Mund mit Spitzberger Äpfeln zu befeuchten, die es in den zahlreichen Buden in der Nähe des Zollgebäudes und des Postamts zu kaufen gab. Auch schickten sie Pfeffernuß häufig nach jener besonderen Sorte von Gebäck – klein, flach, rund und stark gewürzt –, nach dem sie ihm seinen Namen gegeben hatten. An kalten Vormittagen, wenn geschäftlich nicht viel los war, verschlang Puter die Pfeffernüsse zu Dutzenden, als wären es bloße Oblaten – der übliche Verkaufspreis beträgt ja auch nur einen Penny für sechs bis acht Stück –, und das Kratzen seiner Feder vermischte sich dann mit dem Krachen der mürben Kuchenteilchen in seinem Munde. Zu den vielen nachmittäglichen Hitzköpfigkeiten und Wahnsinnstaten Puters gehörte es, daß er einmal eine Pfeffernuß zwischen den Lippen befeuchtete und als Siegel auf einen Pfandbrief klebte. Damals hätte ich ihn um ein Haar entlassen. Er besänftigte mich aber, indem er eine orientalische Verbeugung machte und sagte: »Mit aller schuldigen Ehrerbietung, Sir – aber es war doch eigentlich nobel von mir, daß ich Sie aus eigenem Bestand mit Büromaterial versehen habe!«

Wie sich denken läßt, nahm mein ursprünglicher Geschäftsbereich – als Spezialist für Liegenschaftssachen, Fachmann für ungeklärte Besitzverhältnisse und Abfasser tiefgründiger Urkunden aller Art – nach meiner Betrauung mit dem Beisitzeramt erheblich an Umfang zu. Für Schreibhilfen hatte ich nun eine Menge zu tun. Ich mußte nicht nur die bei mir befindlichen Angestellten mächtig antreiben; auch eine zusätzliche Hilfe war nicht länger zu entbehren.

Auf eine Zeitungsanzeige hin stand eines Morgens ein steifleinener junger Mensch auf der Schwelle meiner Kanzlei, denn es war Sommer und die Tür stand offen. Ich sehe seine Gestalt noch heute vor mir – ausdruckslos sauber, erbarmungswürdig achtbar, hoffnungslos einsam. Es war Bartleby.

Nach einer kurzen Unterhaltung über seine Fähigkeiten stellte ich ihn ein, recht zufrieden, daß ich der Schar meiner Kopisten einen Menschen von so ungemein gesetztem Aussehen einverleiben konnte – einen Mann, dessen Art nach meiner Erwartung wohltätig auf Puters regelloses und Beißzanges feuriges Temperament einwirken würde.

Ich hätte schon vorher erzählen sollen, daß Flügeltüren aus Mattglas meine Kanzleiräume in zwei Hälften teilten, von denen die eine von meinen Schreibern, die andere von mir eingenommen wurde. Je nach meiner augenblicklichen Stimmung ließ ich die Türen offen oder geschlossen. Bartleby wies ich kurz entschlossen eine Ecke in der Nähe der Tür zu, jedoch auf meiner Seite, damit ich diesen stillen Menschen in bequemer Rufweise hätte, wenn irgendeine Kleinigkeit zu erledigen wäre. Ich stellte sein Pult in die Nähe eines kleinen Seitenfensterchens, durch das man ursprünglich auf einige schmutzige Hinterhöfe und Ziegelmauern hatte sehen können, das aber jetzt, da inzwischen gebaut worden war, überhaupt keine Aussicht mehr bot, nur noch ein wenig Licht. Drei Fuß vor dem Fenster erhob sich eine Wand, und das Licht kam von hoch oben, zwischen zwei hohen Gebäuden, wie durch eine schmale Öffnung in einer Kuppel. Um die Sache weiter zufriedenstellend einzurichten, brachte ich einen hohen grünen Wandschirm an, durch den Bartleby meinem Blick völlig entzogen wurde, während er meiner Stimme erreichbar blieb. Auf diese Weise waren, soviel als möglich, Abgeschlossenheit und Geselligkeit vereint.

Anfangs erledigte Bartleby ganz erstaunliche Mengen von Schreibarbeit. Als hungere er seit langem nach Kopierarbeiten, fraß er sich förmlich voll mit meinen Dokumenten. Zur Verdauung blieb keine Zeit. Er kopierte Tag und Nacht, bei Sonne und bei Kerzenlicht. Mir hätte sein Eifer recht gut gefallen, wenn es nur ein richtiger, mit Heiterkeit gepaarter Fleiß gewesen wäre. Er schrieb indessen still vor sich hin, bleich und mechanisch.

Wie sich denken läßt, gehört es wesentlich zur Arbeit eines Schreibers, daß er die Richtigkeit seiner Abschrift Wort für Wort nachprüft. Wo sich zwei oder mehr Schreiber in einer Kanzlei beisammenfinden, helfen sie sich gegenseitig bei dieser Arbeit, indem einer die Abschrift vorliest, während der andere das Original vergleicht. Eine sehr öde, ermüdende und eintönige Tätigkeit, die, möchte ich meinen, für manche Menschen von sanguinischem Temperament ganz unerträglich sein muß. Zum Beispiel kann ich mir schwer vorstellen, daß sich Byron, dieser Dichter und Feuergeist, in aller Ruhe mit Bartleby zusammen hingesetzt hätte, um ein juristisches Schriftstück von, sagen wir, fünfhundert engbeschriebenen Seiten zu kollationieren.

Dann und wann, wenn wir eilig zu tun hatten, beteiligte ich mich auch selbst am Kollationieren eines kürzeren Schriftstücks und rief dann Puter oder Beißzange zu diesem Zweck zu mir. Als ich Bartleby so praktisch hinter den Wandschirm in meiner Nähe verwies, hatte ich unter anderem auch den Zweck im Auge, mich bei derartigen rasch zu erledigenden Anlässen seiner Dienste zu versichern. Am dritten Tage wohl, an dem er bei mir war, und bevor sich noch die Notwendigkeit ergeben hatte, die von ihm gelieferten Schreibarbeiten zu kollationieren, wollte ich einen kleinen Vorgang, an dem ich eben arbeitete, rasch zu Ende bringen und rief kurzerhand nach Bartleby. Da ich es eilig hatte und begreiflicherweise daran gewöhnt war, daß meinen Wünschen sofort entsprochen wurde, hielt ich den Kopf tief über die Urschrift auf meinem Schreibpult gebeugt und streckte nur, vielleicht etwas ungeduldig, die rechte Hand mit der Kopie seitwärts aus, damit Bartleby, wenn er aus seinem Versteck hervorkäme, sogleich danach greifen und ohne den geringsten Verzug ans Werk gehen könnte.

In dieser Haltung also saß ich da, als ich nach ihm rief, und setzte ihm in aller Eile auseinander, was ich von ihm wünschte – mir nämlich beim Vergleichen eines kleineren Schriftstücks zu helfen. Man stelle sich meine Überraschung, ich muß schon sagen meine Bestürzung vor, als Bartleby, ohne sich aus seiner Klause zu rühren, mit seltsam sanfter, fester Stimme zur Antwort gab: »Ich möchte lieber nicht.«

Ich saß eine Zeitlang stillschweigend da und versuchte mich von meiner Verblüffung zu erholen. Der Gedanke drängte sich mir auf, meine Ohren müßten mich wohl getäuscht haben, oder Bartleby habe vielleicht den Sinn meiner Worte völlig mißverstanden. Ich wiederholte mein Ersuchen, so klar und deutlich ich konnte, aber ebenso klar und deutlich erhielt ich die vorige Antwort: »Ich möchte lieber nicht.«

»Lieber nicht!« wiederholte ich, sprang voller Erregung auf und durchmaß den Raum mit einem Satz. »Was soll das heißen? Sind Sie übergeschnappt? Ich wünsche, daß Sie mir dieses Blatt durchsehen helfen – hier...!« und damit streckte ich es ihm hin.

»Ich möchte lieber nicht«, sagte er.

Ich schaute ihn durchdringend an. Sein Gesicht war hager in seiner Gesamtheit; sein graues Auge von trüber Ruhe. Nicht die geringste Spur von Erregung schien ihn zu durchbeben. Wäre nur die mindeste Unsicherheit, Empörung, Ungeduld oder Unverschämtheit an ihm wahrzunehmen gewesen, mit anderen Worten: hätte er nur irgendwie menschlich im normalen Sinn auf mich gewirkt, so hätte ich ihn zweifellos mit allem

Nachdruck aus dem Hause gewiesen. Wie die Dinge aber lagen, hätte ich genauso gut meine gipserne Cicerobüste aus dem Hause weisen können. Ich schaute ihm noch eine Zeitlang zu, wie er seine Schreiberei fortsetzte, und ließ mich dann wieder an meinem Pult nieder. Das ist ja seltsam, dachte ich. Was tat man da am besten? Aber die Geschäfte drängten, und so entschied ich mich, die Sache einstweilen auf sich beruhen zu lassen und später bei günstigerer Zeit zu regeln. Ich rief Beißzange von nebenan zu mir und hatte das Papier rasch durchkorrigiert.

Einige Tage darauf beendete Bartleby die Abschrift von vier umfangreichen Schriftstücken, der vierfachen Abschrift einer von mir beim Obersten Kanzleigericht eingeholten Zeugenaussage. Wieder wurde eine genaue Durchsicht notwendig, und da es sich um einen wichtigen Rechtsstreit handelte, war besondere Sorgfalt geboten. Im gegebenen Augenblick rief ich Puter, Beißzange und Pfeffernuß aus dem Nebenzimmer zu mir, in der Absicht, meinen vier Angestellten die vier Kopien in die Hand zu geben und selbst die Urschrift vorzulesen. Die drei hatten sich bereits in einer Reihe niedergelassen, jeder sein Schriftstück in der Hand, und nun rief ich auch noch Bartleby herbei, damit er sich der interessanten Gruppe beigeselle.

»Bartleby! Rasch – ich warte!«

Ich hörte das leise Scharren der Stuhlbeine auf dem mit keinem Teppich belegten Fußboden, und gleich darauf erschien er am Eingang zu seiner Einsiedelei.

»Was ist gefällig?« sagte er sanft.

»Die Abschriften, die Abschriften«, sagte ich hastig. »Wir wollen kollatonieren. Hier –« und ich hielt ihm die vierte Abschrift hin.

»Ich möchte lieber nicht«, sagte er und verschwand still hinter seinem Wandschirm.

Einige Augenblicke war ich zur Salzsäule verwandelt und stand sprachlos zuhäupten meiner sitzenden Angestelltenkolonne. Dann faßte ich mich, trat auf den Wandschirm zu und erkundigte mich nach den Gründen eines so ungewöhnlichen Verhaltens.

»Warum weigern Sie sich?«

»Ich möchte lieber nicht.«

Bei jedem anderen wäre ich nun sofort in schreckliche Wut geraten, hätte auf jedes weitere Wort verzichtet und ihn mit Schimpf und Schande des Hauses verwiesen. Bartleby aber hatte etwas an sich, was mich nicht allein seltsam entwaffnete, sondern auch, aufs wunderlichste, rührte und aus dem Konzept brachte. Ich begann ihm ins Gewissen zu reden.

»Es handelt sich um Ihre eigenen Abschriften, die wir kollationieren wollen. Ihnen selbst wird damit Arbeit gespart, denn eine Durchsicht genügt dann für alle vier Exemplare. So will's der Brauch; jeder Abschreiber ist verpflichtet, daß er beim Kollationieren seiner Abschriften hilft. Ist es nicht so? Wollen Sie nicht sprechen? Antworten Sie!«

»Ich möchte lieber nicht«, erwiderte er in flötensanftem Ton. Ich hatte den Eindruck, daß er während meiner an ihn gerichteten Worte jede meiner Behauptungen sorgfältig bei sich erwog, daß er den Inhalt meiner Worte durchaus begriff und ihre zwingende Logik nicht anzufechten vermochten, daß ihn aber irgendeine vordringliche Überlegung dazu veranlaßte, dennoch die bewußte Antwort zu geben.

»So gedenken Sie meinem Ersuchen nicht zu entsprechen, einem Ersuchen, das sich auf Brauch und gesunden Menschenverstand stützt?«

Er gab mir kurz zu verstehen, daß ich ihn in diesem Punkt richtig verstanden hätte. Ja: sein Entschluß sei unumstößlich.

Es kommt nicht selten vor, daß ein Mensch, den man auf noch nie dagewesene und kraß der Vernunft widersprechende Weise vor den Kopf gestoßen hat, in seinem selbstverständlichsten Glauben irre wird. In ihm erwacht sozusagen die unbestimmte Vermutung, daß vielleicht, so seltsam es auch sei, Recht und Vernunft auf der anderen Seite sein könnten. Sind irgendwelche unparteiischen Personen zugegen, so wird sich der solcherart Irregewordene an sie wenden, um bei ihnen für seinen wankenden Gemütsfrieden eine Stütze zu finden.

»Puter«, sagte ich, »was halten Sie davon? Bin ich nicht im Recht?«

»Mit schuldiger Ehrerbietung, Sir«, sagte Puter in seinem geschmeidigsten Ton, »ich glaube wohl.«

»Beißzange«, sagte ich, »was meinen Sie?«

»Ich? Hinausschmeißen würde ich ihn!«

[Der mit Aufmerksamkeit folgende Leser wird sich an dieser Stelle darüber klar sein, daß die Szene am Vormittag spielt, weswegen Puters Antwort in höflichen, ruhigen Ausdrücken gehalten, Beißzanges Erwiderung dagegen übellaunig gefaßt ist. Oder, um es mit einem schon früher gebrauchten Bilde zu sagen: Beißzanges schlechte Laune hatte Dienst, Puters Übellaune hatte dienstfrei.]

»Pfeffernuß«, sagte ich, denn ich wollte auch die geringste Stimme zu meinen Gunsten aufbieten, »was sagst du dazu?«

»Ich sage, Sir, der hat 'n Vogel!« erwiderte Pfeffernuß grinsend.

»Sie hören, was die Leute sagen«, sagte ich, an den Wandschirm gewandt. »Nun kommen Sie heraus und tun Sie Ihre Pflicht!«

Mir ward keine Antwort zuteil. Ich überlegte einen Augenblick, in heilloser Verwirrung. Wieder waren es die Geschäfte, die mich drängten, und ich beschloß abermals, die Entscheidung der Frage bis auf spätere ruhige Zeit zu verschieben. Mit einiger Mühe bewerkstelligten wir es, die Schriftstücke ohne Bartleby zu kollationieren, wenn auch Puter alle paar Seiten seine Meinung bescheidentlich dahin vernehmen ließ, daß dies Verfahren ganz und gar ungewöhnlich sei, indes Beißzange mit der Nervosität des Magenkranken seinen Stuhl hin und her rückte und zwischen zusammengebissenen Zähnen ab und zu ein Knirschen und Zischen der Verwünschung hervorstieß auf den hartgesottenen

Esel hinter dem Wandschirm. Was ihn [Beißzange] angehe, so sei dies das erste und letzte Mal, daß er unbezahlt die Arbeit für einen anderen verrichte.

Bartleby saß derweilen in seiner Klause, auf nichts bedacht als auf seinen eigenen Schreiberkram.

Einige Tage vergingen; Bartleby saß wieder über einer langwierigen Arbeit. Das seltsame Verhalten, das er jüngst an den Tag gelegt, ließ mich mit Grausamkeit auf ihn achten. Ich beobachtete, daß er nie zum Essen ging, genau gesagt, daß er überhaupt nie das Haus verließ. Außerhalb meines Büros war er mir, soviel ich mich erinnerte, noch nie begegnet. Als ewiger Wachtposten hauste er in seinem Winkel. Doch stellte ich fest, daß um elf Uhr vormittags Pfeffernuß auf die Öffnung in Bartlebys spanischer Wand zutrat, als würde er von einer, von meinem Platz aus unsichtbaren Handbewegung stillschweigend dorthin befohlen. Er verließ sodann die Kanzlei, mit einigem Kleingeld klimpernd, und erschien wieder mit einer Handvoll Pfeffernüsse, die er in der Klause ablieferte, nicht ohne zwei Stück als Lohn für seine Mühe zu empfangen.

Er lebt also von Pfeffernüssen, dachte ich. Mittagbrot, oder was man so nennt, ißt er nicht. Er muß demnach Vegetarier sein – aber nein: er ißt ja auch keine Vegetabilien, er ißt lediglich Pfeffernüsse. Mein Geist erging sich in allerlei müßigen Betrachtungen darüber, welche Wirkung es wohl auf die menschliche Konstitution ausüben müsse, wenn jemand ausschließlich von Pfeffernüssen lebte. Pfeffernüsse heißen deshalb so, weil sie als charakteristischen Bestandteil und als entscheidende Geschmackszutat Pfeffer enthalten. Und was war Pfeffer? Etwas Hitziges, Gewürziges. War Bartleby hitzig und gewürzig? Durchaus nicht. Pfeffer tat demnach auf Bartleby keine Wirkung. Wahrscheinlich war es ihm lieber so.

Nichts kann einen ernsthaften Menschen so aufbringen wie passiver Widerstand. Ist der, dem auf solche Weise begegnet wird, von einigermaßen humaner Gemütsart und der Widerstandleistende seinerseits harmlos in seiner Passivität, dann wird der Fall eintreten, daß jener, bei einigermaßen guter Stimmung, Mitleid walten läßt und mit Hilfe seiner Einfühlungsgabe anzudeuten versucht, was ihm verstandlich unerklärlich bleibt. Dergestalt beurteilte auch ich, von Ausnahmefällen abgesehen, meinen Bartleby und seine Eigenarten. Der arme Kerl!, dachte ich; er meint es nicht böse; offensichtlich hat er keine Unverschämtheit im Sinn; sein Aussehen schon bietet die Gewähr dafür, daß keine Absicht hinter seinen Verschrobenheiten steckt. Er ist mir nützlich. Ich komme mit ihm zurecht. Wenn ich ihn an die Luft setze, gerät er womöglich an einen weniger nachsichtigen Brotgeber und dann wird er grob angepackt und verhungert vielleicht zuguterletzt ganz elendiglich. So ist es. Für mich bietet sich hier eine wohlfeile Gelegenheit, mich so zu benehmen, daß ich mit mir selbst zufrieden sein kann. Wenn ich mich des Bartleby annehme, wenn ich ihn in seiner kuriosen Dickköpfigkeit gewähren lasse, so kostet mich das wenig oder nichts, und ich lege mir damit seelisch eine Art Kapital an, das mir dereinst vielleicht einen süßen Gewissenstrost bedeutet. Freilich erlitt diese Einstellung Bartleby gegenüber mitunter auch eine Unterbrechung. Bartlebys Passivität ging mir manchmal auf die Nerven. Es trieb mich rätselhaft, ihn auf einer neuen Widersetzlichkeit zu ertappen – einen Zornesfunken aus ihm hervorzulocken, an dem ich mich selber entzünden könnte. Ich hätte genauso gut versuchen können, mit meinen Fingerknöcheln aus einem Stück Windsorseife Feuer zu schlagen. Eines Nachmittags übermannte mich der böse Trieb, und folgende kleine Szene entspann sich:

»Bartleby«, sagte ich, »wenn diese Papiere alle abgeschrieben sind, werde ich sie mit Ihnen kollationieren.«

»Ich möchte lieber nicht.«

»Wie denn? Sie werden sich doch nicht auf diese eigensinnige Grille versteifen wollen?«

Keine Antwort.

Ich riß die Flügeltür neben mir auf und wandte mich an Puter und Beißzange mit dem Ausruf: »Bartleby erklärt schon wieder, daß er seine Papiere nicht kollationieren will. Was halten Sie davon, Puter?«

Es war Nachmittag, nicht zu vergessen. Puter saß glühend da wie ein Teekocher; seine Glatze dampfte, seine Hände tasteten fahrig zwischen seinen bekleckstcn Papieren.

»Was ich davon halte?« brüllte er, »ich halte das davon, daß ich demnächst mal zu ihm hintergehe hinter seine spanische Wand und ihm eine runterhaue.«

Mit diesen Worten sprang er auf und warf die Arme in eine Ringkämpferpositur. Er wollte alsbald losrennen und sein Versprechen erfüllen, aber ich hielt ihn zurück, weil ich mir mit Schrecken überlegte, welche Folgen es haben könnte, wenn ich Puters nachmittägliche Kampfeslust unvorsichtig wachriefe.

»Setzen Sie sich hin, Puter«, sagte ich, »und hören Sie, was Beißzange zu sagen hat. Was meinen Sie, Beißzange? Hätte ich nicht das Recht, Bartleby fristlos zu entlassen?«

»Verzeihung, das haben Sie zu entscheiden, Sir. Meiner Meinung nach ist sein Verhalten durchaus ungewöhnlich und, Puter und mir gegenüber, unbillig. Vielleicht handelt es sich aber nur um eine vorübergehende Laune von ihm.«

»So, so?« rief ich, »Sie haben Ihre Ansichten ja erstaunlich geändert. Sie sprechen auf einmal sehr nachsichtig von ihm.«

»Das Bier!« schrie Puter dazwischen, »die ganze Nachsicht kommt nur vom Bier! Beißzange und ich haben heute zusammen gegessen. Schauen Sie nur, wie nachsichtig *ich* bin, Sir! Soll ich hinein und ihm eine langen?« »Sie sprechen von Bartleby? Nein, Puter, heute nicht«, erwiderte ich. »Nehmen Sie bitte die Fäuste herunter.«

Ich schloß die Tür und trat abermals auf Bartleby zu. Mehr noch als zuvor verspürte ich die Lust, es aufs Ganze ankommen zu lassen. Widerspruch zu erleben wäre mir hochwillkommen gewesen. Ich entsann mich, daß Bartleby nie die Kanzlei verließ.

»Bartleby«, sagte ich, »Pfeffernuß ist ausgegangen; gehen Sie doch eben mal rüber aufs Postamt, bitte«, – es war nur drei Minuten entfernt – »und sehen Sie nach, ob etwas für mich da ist.«

»Ich möchte lieber nicht.«

»Sie wollen nicht?«

»Ich *möchte* nicht.«

Ich taumelte zu meinem Pult und versank in tiefes Nachdenken. Die zwanghafte Lust von vorhin kehrte wieder. Gab es noch etwas, worin ich mir von diesem armseligen Hungerleider, meinem bezahlten Angestellten, eine schmähliche Abfuhr holen konnte? Fand sich nicht noch ein Auftrag, ein durchaus vernünftiger und billiger Auftrag, den auszuführen er sich bestimmt weigern würde?

»Bartleby!«

Keine Antwort!

Lauter: »Bartleby!«

Keine Antwort!

Mit Stentorstimme: »Bartleby!«

Wie der leibhaftige Geist, nach den Gesetzen magischer Beschwörung erst der dritten Aufforderung erbötig, erschien er im Eingang seiner Klause.

»Gehen Sie hinüber und sagen Sie Beißzange, er soll kommen.«

»Ich möchte nicht«, sagte er langsam und ehrerbietig und verschwand mit einer Miene der Sanftmut.

»Schön, schön, Bartleby«, sagte ich in einem gesammelten Ton, der, zwischen Strenge und Gelassenheit schwankend, meinen unabänderlichen Entschluß ausdrücken sollte, demnächst mit einem fürchterlichen Strafgericht aufzuwarten. Tatsächlich hatte ich dergleichen halb und halb im Sinn. Doch hielt ich es schließlich, zumal da die Stunde meines Nachtmahls herannahte, für geraten, meinen Hut aufzusetzen und für den heutigen Tag nach Hause zu gehen. Ratlosigkeit und Kümmernis quälten mich sehr.

Soll ich es gestehen? Das Ende des Handels bestand darin, daß als eine stehende Einrichtung meiner Kanzlei ein blasser junger Schreiber namens Bartleby ein Pult daselbst einnahm; daß er für mich kopierte, zum üblichen Satz von vier Cents für die Folioseite zu hundert Wörtern; daß er aber dauernd von der Pflicht entbunden war, seine Abschriften zu kollationieren, welche Pflicht den Herrn Puter und Beißzange übertragen blieb, vermutlich in Anerkennung ihres höher entwickelten Scharfsinns. Überdies durfte besagter Bartleby niemals und unter keinen Umständen auch nur zu dem bescheidensten Botengang entsandt werden, und auch wenn er höflichst gebeten wurde, dergleichen auf sich zu nehmen, mußte damit gerechnet werden, daß er »lieber nicht mochte« – mit anderen Worten, daß er sich rundheraus weigerte.

Die Tage gingen dahin, und ich machte mehr und mehr meinen Frieden mit Bartleby. Seine solide Art, die ihn allen Zerstreuungen abgeneigt machte, sein unermüdlicher Fleiß [wenn er nicht gerade einmal, hinter seinem Wandschirm stehend, in eine gewisse Träumerei verfiel], seine Lautlosigkeit, sein unter allen Umständen gleichbleibendes Benehmen – all dies machte ihn zu einer wertvollen Erwerbung. Ganz unübertrefflich war dies: *er war stets zugegen* – morgens der Erste am Platze, tagsüber ständig anwesend, und abends der Letzte. Auf seine Ehrlichkeit verließ ich mich felsenfest. Meine wertvollsten Papiere, fühlte ich, waren in seinen Händen völlig sicher. Natürlich kam es dann und wann vor, daß ich, ob ich wollte oder nicht, in eine plötzliche jähzornige Aufwallung ihm gegenüber geriet. Es war über alle Maßen schwierig, sich beständig die seltsamen Eigenbröteleien, Vorrechte und unerhörten Ausnahmebestimmungen vor Augen zu halten, die für Bartleby die stillschweigenden Voraussetzungen seines weiteren Wirkens in meinem Büro bildeten. Bisweilen forderte ich in der Eile drängender Geschäfte Bartleby, ohne mir Böses dabei zu denken, in einem kurzen, hastigen Ton dazu auf, sagen wir seinen Finger auf eine im Entstehen begriffene Schleife zu legen, wenn ich Papiere mit rotem Faden zu heften gedachte. Wie sich denken läßt, kam hinter der spanischen Wand hervor unweigerlich die übliche Antwort: »Möchte lieber nicht«, und wie konnte da ein menschliches Geschöpf, behaftet mit den Schwächen der Menschennatur, umhin, sich bitter über dergleichen Widersinn, dergleichen Unvernunft zu beklagen? Immerhin trug jede neue Zurechtweisung, die ich mir auf solche Art zuzog, weiter dazu bei, daß sich die Wahrscheinlichkeit fernerer Unachtsamkeit meinerseits verminderte.

Es ist hier zu berichten, daß ich, wie die meisten in dichtbesiedelten Juristenhäuser praktizierenden Rechtskundigen, mehrere Schlüssel zu meiner Kanzleitür besaß. Den einen hatte eine Frau in Aufbewahrung, die, im Dachgeschoß wohnhaft, meine Räume täglich fegte und abstaubte und einmal wöchentlich gründlich sauber machte. Einen zweiten hatte aus praktischen Gründen Puter in Verwahr. Den dritten hatte ich selber manchmal in der Tasche. Wer den vierten hatte, wußte ich nicht.

An einem Sonntagmorgen nun besuchte ich zufällig die Trinity Kirche, um einen berühmten Prediger zu hören, und war etwas zu früh zur Stelle, weshalb ich mich entschloß, noch kurz in meine Kanzlei hinüberzugehen. Zum Glück hatte ich meinen Schlüssel bei mir; als ich ihn aber ins Schloß steckte, stieß ich auf einen Widerstand und merkte, daß von innen etwas im Türschloß stak. In meiner Überraschung tat ich einen lauten Ausruf, und wer beschreibt mein Staunen, als innen der Schlüssel gedreht wurde und Bartleby durch die halb offen gehaltene Tür sein hageres Gesicht zu mir herausstreckte – eine Erscheinung in Hemdsärmeln und merkwürdig zerlumptem Morgenrock – und mir in aller Ruhe erklärte, es tue ihm leid, er habe aber gerade im Augenblick dringend zu tun und – möchte mich lieber nicht einlassen. In knappen Worten fügte er hinzu, es sei vielleicht angezeigt, daß ich zwei- oder dreimal um den Häuserblock herumspazierte; bis dahin werde er voraussichtlich mit seinen Angelegenheiten zu Ende sein.

Bartlebys durchaus unvermutete Erscheinung als Sonntagmorgengast in meiner Anwaltskanzlei, seine abgestorbene und doch weltmännische Nonchalance dabei, die gepaart war mit einer großen Bestimmtheit und Kaltblütigkeit – all das zusammen machte auf mich einen so seltsamen Eindruck, daß ich mich unwillkürlich von meiner eigenen Tür davonschlich und seinem Verlangen nachkam. Allerdings nicht ohne viel ohnmächtiges inneres Aufbegehren gegen die sanfte Frechheit meines rätselhaften Schreibers. Es war ja in der Tat vor allem seine erstaunliche Sanftmut, die mich nicht nur entwaffnete, sondern schon förmlich entmannte. Denn das möchte ich doch wohl einen Zustand der Entmannung nennen, wenn man sich von seinem bezahlten Angestellten Vorschriften machen und aus dem eigenen Geschäftslokal hinausweisen läßt. Zu allem anderen beunruhigte mich die Frage, was Bartleby am Sonntagmorgen in Hemdsärmeln und einem auch sonst verwahrlosten Aufzug in meinem Büro verloren hatte. Gingen da fragwürdige Dinge vor sich? Nein, das war ausgeschlossen. Keinen Augenblick wagte ich zu denken, daß Bartleby etwa gegen die Gebote der Sittlichkeit verstoßen könne. Aber was trieb er dort? Kopierte er etwa? Wiederum nein: bei all seiner Verschrobenheit war Bartleby ein Mensch, der ungemein auf äußeren Anstand hielt. Er wäre der Letzte gewesen, der sich in einem auch nur einigermaßen entblößten Zustande an seinem Pult niedergelassen hätte. Außerdem war Sonntag, und etwas an Bartleby entkräftete von vornherein den Verdacht, als könne er mit weltlicher Beschäftigung den Tag des Herrn schänden.

Doch kam ich keineswegs mit mir ins reine, und ruhelos vor Neugierde kehrte ich schließlich an meine Tür zurück. Ohne Behinderung steckte ich den Schlüssel ins Schloß, öffnete und trat ein. Bartleby war nicht zu sehen. Ich schaute mich aufs genaueste um, guckte auch hinter seinen Wandschirm, mußte aber bald erkennen, daß er fort war. Bei genauerer Untersuchung der Örtlichkeit drängte sich mir die Vermutung auf, daß Bartleby offenbar seit einer nicht näher zu bestimmenden Zeit in meiner Kanzlei gegessen, sich angekleidet und geschlafen hatte, und zwar ohne Geschirr, ohne Spiegel und Bett. Die gepolsterte Sitzfläche eines wackligen alten Sofas trug in einer Ecke den schwachen Ausdruck einer mageren Gestalt, die dort geruht hatte. Unter seinem Pult fand ich eine zusammengerollte Wolldecke; unter dem leeren Kaminrost Schuhwichse und Bürste; auf einem Stuhl ein Blechgefäß mit Seife und zerrissenem Handtuch; in eine Zeitung eingeschlagen einige Pfeffernußkrumen und ein Stückchen Käse. Ja, dachte ich, nun ist es klar: Bartleby hat sein Heim hier aufgeschlagen und ganz allein einen Junggesellenhaushalt geführt. Sogleich überfiel mich auch der Gedanke, welch unendlich freundearmes, einsames und elendes Leben hier zutagekäme. Arm ist er im höchsten Maß – aber nun erst seine Einsamkeit, wie entsetzlich! Man bedenke nur am Sonntag ist Wall Street verlassen wie Petra, die Ruinenstadt; und auch an jedem gewöhnlichen Werktag versinkt sie nachts ins Leere. Und das Haus hier, was während der Woche von Leben und Betriebsamkeit summt, hallt bei Einbruch der Nacht wider vor Verlassenheit, und den ganzen Sonntag regt sich keine Menschenseele dort. Und hier schlägt Bartleby sein Heim auf: einziger Betrachter der Einsamkeit, die er auch menschenüberfüllt gekannt hat – ein anderer, unschuldiger Marius, auf Karthagos Trümmern brütend!

Zum ersten Mal in meinem Leben ergriff mich ein Gefühl überwältigender, herzverzehrender Schwermut. Bis dahin hatte ich dergleichen nicht gekannt, nur eine leichte, nicht unangenehme Art von Melancholie. Jetzt aber zog mich die Fessel gemeinsamen Menschentums unwiderstehlich in Trübsinn hinab. Brüderliche Schwermut! – denn beide, Bartleby und ich, waren wir ja Adams Söhne. Die prächtigen Seidenkleider, die von Wohlleben gerundeten Gesichter kamen mir in den Sinn, die ich heute erst, in ihrem Sonntagsstaat, schwanengleich den Mississippi des Broadway hatte hinabgleiten sehen; und ich stellte mein blaßgesichtiges Schreiberlein dagegen und dachte bei mir:

Siehe, das Glück wiegt sich im Licht, also daß wir uns bedünken lassen, die Welt sei heiter; das Elend aber verbirgt sich, also will uns bedünken, es gebe des Elends nicht. Diese traurigen Phantasien – Hirngespinste sicher eines kranken, dumpfen Kopfes – führten mich weiter zu anderen, mehr ins einzelne gehende Gedanken über Bartlebys wunderliches Wesen. Das Vorgefühl seltsamer Entdeckungen tastete auf mich zu. Des Schreibers bleiche Gestalt trat mir vor Augen: unter lauter fremden gleichgültigen Menschen lag er hingestreckt, frostblaß im Leichentuch.

Unvermittelt zog Bartlebys verschlossenes Schreibpult meine Aufmerksamkeit auf sich. Der Schlüssel stak deutlich sichtbar im Schloß.

Ich plane nichts Unrechtes, will auch keine herzlose Neugier stillen, dachte ich bei mir; außerdem gehört das Pult mir und der Inhalt ebenso; also darf ich mich wohl erdreisten und hineinschauen. Alles war ordentlich eingerichtet; die Papiere lagen sauber geschichtet. Die Fächer reichten tief nach innen: ich schob die Aktenfaszikel beiseite und tastete ins Dunkle. Plötzlich stieß ich gegen etwas und zog es hervor. Es war ein altes seidenes Schnupftuch, schwer und wohlverknotet. Ich machte es auf und sah: es diente als eine Art Sparstrumpf.

Mit einem Schlag kamen mir die stillen Heimlichkeiten wieder in den Sinn, die ich an dem Menschen wahrgenommen hatte. Er sprach nur, wenn er Antwort geben mußte; ich hatte ihn, obwohl er zuweilen ganz viel Zeit für sich hatte, nie lesen sehen, nicht einmal eine Zeitung; oft stand er lang an seiner blassen Fensterluke hinter der spanischen Wand und blickte auf die blinde Ziegelmauer hinaus. Nie ging er zu einem Mittagstisch oder Speisehaus, und sein blasses Gesicht bezeugte hinlänglich, daß er auch kein Bier trank, wie Puter, und auch nicht Tee oder Kaffee wie andere Leute. Niemals, es hätte denn hinter meinem Rücken geschehen müssen, begab er sich zu irgendeiner Veranstaltung; er ging auch nicht spazieren, es sei denn im gegenwärtigen Augenblick, und er hatte es abgelehnt mir zu sagen, wer er sei, woher er kam, ob er irgendwo Verwandte besaß. Auch klagte er, so mager und bleich er aussah, nie über schlechte Gesundheit. Am stärksten aber stand mir der unbewußte Ausdruck eines – wie soll ich es nennen? – eines fahlen Hochmuts vor Augen, oder vielleicht besser gesagt einer herben Zurückhaltung, die mich buchstäblich eingeschüchtert hatte, so daß ich mich auf alle seine Wunderlichkeiten einließ, sobald ich fürchten mußte, etwas noch so Geringfügiges, außer der Reihe Liegendes von ihm zu verlangen. Und das auch dann, wenn ich nach seiner langanhaltenden Regungslosigkeit ganz genau wußte, daß er hinter seinem Wandschirm nur dastand und träumerisch auf seine Feuermauer hinausstarrte.

Das alles überlegte ich bei mir und hielt es mit der soeben entdeckten Tatsache zusammen, daß Bartleby meine Kanzlei zu seinem dauernden Absteigequartier und Wohnsitz erkoren hatte; auch erinnerte ich mich seines launenhaften und mürrischen Wesens und fühlte, indem ich mir dies alles vergegenwärtige, eine Stimmung der nüchternen Überlegung über mich kommen. Mein erstes Empfinden war das einer reinen Schwermut und aufrichtigen Mitleids gewesen. Je mehr aber Bartlebys Verlassenheit in meiner Phantasie sich steigerte und immer noch steigerte, desto mehr steigerte sich auch meine Schwermut zur Furcht, mein Mitleid zum Widerwillen. So wahr es ist, so schrecklich wahr, daß der Anblick oder die Vorstellung des Elends bis zu einem gewissen Punkt unsere besten Regungen wachruft, so gilt doch in gewissen besonders gelagerten Fällen die Tatsache, daß jenseits jenes Punktes die Wirkung aufhört. Irrtümlich wäre die Behauptung, daß daran einfach die angeborene Selbstzucht des Menschenherzens schuld sei. Es kommt vielmehr aus der Aussichtslosigkeit, einem allzu grenzenlosen organischen Übel zu steuern und Heilung zu spenden. Für ein empfindsames Gemüt ist Mitleid nicht selten Schmerz. Wenn sich dann schließlich herausstellt, daß das Mitleid doch zu keiner wirklichen Hilfe führt, verlangt die Selbsterhaltung, daß sich die

Seele davon frei macht. Was ich an jenem Morgen sah, brachte mich zu der Überzeugung, daß mein Schreiber an einer angeborenen, unheilbaren Krankheit litt. Ich konnte seinem Leib gewisse almosenartige Erleichterungen zuteil werden lassen; aber sein Leib quälte ihn ja nicht, sondern seine Seele war es, die litt, und seine Seele konnte ich nicht erreichen.

Meine Absicht, in die Trinity Kirche zu gehen, blieb an jenem Morgen unausgeführt. Was ich gesehen hatte, machte mich für den Augenblick irgendwie ungeeignet zum Kirchbesuch. Ich wanderte statt dessen heimwärts, in Überlegungen versunken, was mit Bartleby zu geschehen habe. Schließlich kam ich zu folgendem Entschluß. Ich wollte ihm am nächsten Morgen in aller Ruhe einige Fragen stellen, seinen Lebenslauf und dergleichen betreffend, und wenn er es ablehnte, sie offen und rückhaltlos zu beantworten [und ich vermutete allerdings, daß er es »lieber nicht« tun würde], so wollte ich ihm über das hinaus, was ich ihm schuldig war, einen Zwanzig-Dollar-Schein geben und ihm erklären, daß ich seiner Dienste nicht länger bedürfe. Zu jeder anderen Hilfe jedoch, würde ich ihm erklären, sei ich mit Freuden bereit; vor allem würde ich, wenn er an seinen Heimatort zurückkehren wollte [wo der auch immer liegen mochte], mich gern an den Kosten beteiligen. Nicht nur das; auch wenn er nach seiner Heimkehr irgendwann der Hilfe bedürfe, brauche er mir nur zu schreiben und werde sicher eine Antwort bekommen.

Der nächste Morgen kam heran.

»Bartleby«, sagte ich; ich rief es, so sanft ich konnte, hinter seinen Wandschirm.

Keine Antwort.

»Bartleby«, sagte ich noch sanfter. »Kommen Sie her. Ich werde Ihnen nichts auftragen, was Sie lieber nicht tun möchten. Ich möchte nur mit Ihnen sprechen.«

Daraufhin kam er lautlos zum Vorschein.

»Wollen Sie mir sagen, Bartleby, wo Sie geboren sind?«

»Ich möchte lieber nicht.«

»Wollen Sie mir überhaupt Auskunft über sich geben?«

»Ich möchte lieber nicht.«

»Was haben Sie denn um Gotteswillen für einen Grund, daß Sie nicht mit mir sprechen wollen? Ich meine es doch gut mit Ihnen.«

Er schaute mich nicht an, während ich sprach, sondern hielt seinen Blick auf meine Cicerobüste geheftet, die sich unmittelbar hinter meinem Stuhl befand, sechs Zoll hoch über meinem Kopf.

»Was haben Sie zu antworten, Bartleby?« sagte ich, nachdem ich längere Zeit gewartet hatte. Sein Antlitz blieb die ganze Zeit regungslos, nur um den weißen, eingetrockneten Mund bebte es kaum wahrnehmbar.

»Ich möchte im Augenblick lieber keine Antwort geben«, sagte er und zog sich in seine Klause zurück.

Ich gebe zu, es war kein Zeichen meiner Stärke – aber seine Art bei diesem Gespräch erbitterte mich. Zunächst einmal schien sich darin eine gewisse stille Nichtachtung zu verbergen; und außerdem wirkte seine Halsstarrigkeit undankbar auf mich, nach all der unbestreitbar guten Behandlung und Nachsicht, die ihm von mir zuteil geworden war.

Wieder saß ich da und grübelte, was zu tun sei. Ich war gekränkt über sein Verhalten und hatte, als ich ins Büro kam, den festen Entschluß in mir getragen, ihn zu entlassen – und doch fühlte ich etwas wie bange Ahnung an mein Herz pochen und mir sagen, ich dürfe keinesfalls meine Absicht ausführen, es wäre ein wahrer Schurkenstreich, wenn ich auch nur ein bitteres Wort gegen dieses verlassenste Geschöpf auf Gottes Erden von mir gäbe. Ich schleppte schließlich wie ein guter Freund meinen Stuhl hinter seinen Wandschirm, setzte mich zu ihm und sagte: »Bartleby, lassen wir es gut sein – Sie brauchen mir nichts aus Ihrem Leben zu offenbaren – nur das eine bitte ich Sie, unter Freunden: fügen Sie sich, soweit als möglich, in die Gepflogenheiten unserer Kanzlei ein. Sagen Sie nur, daß Sie morgen oder übermorgen auch mitmachen wollen, wenn wir Manuskripte kollationieren. Ich meine, sagen Sie mir, daß Sie in den nächsten Tagen anfangen wollen, ein bißchen vernünftig zu sein – sagen Sie mir nur das, Bartleby!«

»Im Augenblick möchte ich lieber nicht ein bißchen vernünftig sein«, war seine geisterhaft milde Antwort.

In diesem Augenblick öffnete sich die Flügeltür und Beißzange kam herein. Er hatte offenbar eine ungewöhnlich schlechte Nacht hinter sich; sein Magenleiden hatte sich wohl schlimmer geäußert als sonst. Er hörte Bartlebys letzte Worte eben noch mit an.

»Möchte lieber nicht, he?« knirschte er. »Dem Möchtenicht würde ich's mal zeigen, wenn ich Sie wäre, Sir – –« – an mich gewandt – »– ich würde ihm mal zeigen, was Mögen ist, dem Möchtenicht, dem Maulesel, dem störrischen! Was ist es denn schon wieder, Sir, bitte schön, was er lieber nicht möchte?«

Bartleby rührte kein Glied.

»Herr Nippers«, sagte ich, »ich möchte lieber, Sie zögen sich eine Weile zurück.«

Auf rätselhafte Weise hatte ich es mir neuerdings angewöhnt, das Wort »möchte lieber« bei allen möglichen und unmöglichen Gelegenheiten zu verwenden. Ich zitterte bei dem Gedanken, daß meine nahe Berührung mit meinem Schreiber mich womöglich bereits ernstlich geistig geschädigt habe. Zu welchen weiteren und tieferen Verirrungen mochte es noch kommen? Die Besorgnis davor war nicht ohne Einwirkung auf meinen Entschluß gewesen, zu summarischen Maßregeln zu greifen.

Beißzange war kaum verschwunden, mit äußerst sauerem und verdrießlichem Gesicht, als Puter geschmeidig und ergeben seine Aufwartung machte.

»Mit schuldiger Ehrerbietung, Sir«, sagte er; »ich habe gestern über unseren Bartleby nachgedacht, und ich möchte meinen, wenn er nur lieber mal täglich ein Viertel gutes Bier trinken möchte, würde es bald besser mit ihm und er könnte auch wieder dabei sein, wenn wir seine Papiere kollationieren.«

»So, Sie gebrauchten den Ausdruck also auch schon?« sagte ich, leise aufgebracht.

»Mit schuldiger Ehrerbietung, Sir: welchen Ausdruck?«, fragte Puter, indem er sich respektvollst in den beengten Raum hinter der spanischen Wand drängte, so daß ich mit Bartleby eng aneinander geriet. »Welchen Ausdruck, Sir?«

»Ich möchte hier innen lieber allein bleiben«, sagte Bartleby, gleichsam ungehalten darüber, daß eine Volksmenge sich störend in seine Zurückgezogenheit drängte.

»Da haben Sie den Ausdruck, Puter«, sagte ich. »Da hören Sie ihn.«

»Achso: möchte lieber... – ja, komischer Ausdruck: Kommt bei mir nicht vor. Was ich sagen wollte, Sir: wenn er nur lieber das Viertel Bier trinken möchte...«

»Puter«, unterbrach ich, »ziehen Sie sich bitte zurück!«

»Aber gewiß, Sir, wenn Sie lieber möchten...«

Als er die Flügeltür öffnete und hinausging, fühlte sich Beißzange an seinem Pult zufällig von meinem Blick getroffen und fragte mich, ob ich ein bestimmtes Schriftstück auf blauem oder auf weißem Papier abgeschrieben haben möchte. Es lag beileibe kein arglistiger Ausdruck auf dem Wort »lieber möchte«; ganz offenbar floß es ihm in aller Unbefangenheit von der Zunge. Bei Gott, dachte ich, ich muß den Wahnsinnigen loswerden, der mir und meinen Angestellten schon bis zu einem gewissen Grad die Zunge, wenn nicht gar den Kopf verdreht hat. Doch schien es mir geraten, die Entlassung nicht auf der Stelle vorzunehmen.

Am nächsten Tag mußte ich feststellen, daß Bartleby nicht arbeitete, sondern nur den ganzen Tag am Fenster stand und in seiner träumerischen Art auf die Brandmauer hinausstarrte. Auf meine Frage, weshalb er nicht schreibe, erklärte er, er habe sich entschlossen, das Kopieren überhaupt aufzugeben.

»Wie? Was soll das heißen?« rief ich aus. »Das Kopieren aufgeben?«

»Ganz richtig.«

»Und aus welchem Grunde?«

»Sehen Sie den Grund denn nicht selber?«, erwiderte er gleichgültig.

Ich schaute ihn von oben bis unten an und bemerkte, daß seine Augen einen trüben, glasigen Ausdruck hatten. Die Vermutung drängte sich mir auf, daß der beispiellose Eifer, mit dem er während der ersten Wochen seiner Tätigkeit bei mir am trüben Fensterchen kopiert hatte, seinem Augenlicht vorübergehend geschadet haben möchte.

Der Gedanke rührte mich. Ich äußerte einige teilnehmende Worte und brachte zum Ausdruck, daß es recht getan sei, wenn er sich nun eine Zeitlang des Kopierens enthielte; er möge, schärfte ich ihm ein, die Gelegenheit benützen und sich einer gesunden Tätigkeit im Freien zuwenden. Dies tat er jedoch nicht. Als einige Tage darauf meine anderen Angestellten abwesend waren und ich Briefe rasch zur Post zu bringen hatte, kam ich auf den Gedanken, Bartleby werde jetzt, wo er auf Gottes Erdboden nichts weiter zu tun hatte, weniger unbeugsam sein als sonst und mir die Briefe zum Postamt bringen. Er schlug es jedoch rundheraus ab. So ungelegen es mir fiel: ich mußte selber gehen.

Die Tage kamen und gingen. Ob sich Bartlebys Augen gebessert hatten oder nicht, vermochte ich nicht zu sagen. Allem Anschein nach ging es ihm besser, doch wenn ich ihn fragte, wie es mit seinen Augen stehe, ließ er mir keine Antwort zuteil werden. Schreibarbeiten jedenfalls machte er keine. Als ich wiederholt danach fragte, erklärte er mir schließlich ausdrücklich, er habe das Kopieren endgültig aufgegeben.

»Was?«, rief ich, »gesetzt Ihre Augen werden wieder ganz gut – vielleicht sogar besser als zuvor – wollen Sie dann trotzdem nicht kopieren?«

»Ich habe das Kopieren aufgegeben«, antwortete er und glitt von dannen. Im übrigen blieb alles beim alten: er war eine stehende Einrichtung in meiner Kanzlei. Oder vielmehr: er wurde, wenn möglich, immer noch mehr zur stehenden Einrichtung. Was sollte ich tun? Er leistete keine Arbeit im Büro – warum also blieb er bei mir? Nüchtern betrachtet, war er allmählich geradezu ein Mühlstein um meinen Hals: als Zierat nicht zu brauchen und unerquicklich zu tragen. Und dennoch tat er mir leid. Ich bleibe hinter der Wahrheit zurück, wenn ich sage, daß ich, und zwar ausschließlich um seinetwillen, eine Art Bedrücktheit empfand. Hätte er mir nur einen einzigen Verwandten oder Freund namhaft gemacht, so hätte ich sofort hingeschrieben und veranlaßt, daß man den armen Kerl an irgendeinen geeigneten Zufluchtsort gebracht hätte. Aber er schien allein, durchaus allein auf der weiten Welt. Ein Wrack mitten auf dem Atlantik. Der Augenblick kam, wo geschäftliche Rücksichten alle anderen Überlegungen in den Schatten rückten. So schonend ich konnte, teilte ich Bartleby mit, binnen sechs Tagen müsse er unter allen Umständen mein Büro verlassen. Ich machte ihn darauf aufmerksam, daß er in der Zwischenzeit gut daran tue, sich nach einer anderen Bleibe umzusehen. Bei diesem Unternehmen würde ich ihm gern behilflich sein, wenn er nur seinerseits den ersten Schritt zum Umzuge tue. »Und wenn Sie mich dann endgültig verlassen, Bartleby«, setzte ich hinzu, »werde ich zusehen, daß Sie nicht ganz unversorgt von mir gehen. Sechs Tage von diesem Augenblick an, vergessen Sie es nicht!«

Nach Ablauf der Frist guckte ich hinter den Wandschirm, und siehe da: Bartleby war zugegen.

Ich knöpfte mir den Rock bis oben zu und sammelte mich: dann trat ich langsam auf ihn zu, berührte ihn an der Schulter und sprach: »Die Zeit ist gekommen – Sie müssen fort von hier. Es tut mir leid für Sie – hier ist Geld – aber Sie müssen jetzt fort.«

»Ich möchte lieber nicht«, erwiderte er, immer noch den Rücken mir zugekehrt.

»Sie *müssen*!«

Er verharrte in Schweigen.

Ich hatte, muß man wissen, ein grenzenloses Vertrauen zu Bartlebys grundsätzlicher Ehrlichkeit. Er hatte mir öfters Sixpence- und Schillingstücke wiedergegeben, die achtlos auf dem Fußboden verstreut worden waren, denn ich neige in solchen Kleinigkeiten zur Schlamperei. Die folgende Szene möge also nicht unglaubwürdig wirken.

»Bartleby«, sagte ich, »ich bin Ihnen laut Konto zwölf Dollar schuldig. Hier haben Sie zweiunddreißig – die restlichen zwanzig gehören Ihnen – hier, nehmen Sie doch bitte!« – damit reichte ich ihm die Geldscheine hin.

Er rührte sich nicht.

»Ich lasse das Geld also hier liegen«, sagte ich und schob die Scheine unter einen Briefbeschwerer auf dem Tisch. Hierauf nahm ich meinen Hut und meinen Stock und setzte, an der Tür noch einmal ruhig kehrt machend, hinzu: »Wenn Sie Ihre Sachen hier fortgeschafft haben, Bartleby, verschließen Sie doch bitte die Tür – es ist ja jetzt außer Ihnen niemand mehr hier. Den Schlüssel schieben Sie bitte unter den Abstreifer, damit ich ihn morgen früh finde. Wiedersehen werden wir uns nicht – leben Sie also recht wohl. Und wenn ich Ihnen später, in Ihrer neuen Unterkunft, von Nutzen sein kann, lassen Sie es mich ungeniert brieflich wissen. Leben Sie wohl, Bartleby, und viel Glück!«

Er antwortete kein Sterbenswörtchen. Wie die letzte Säule eines verfallenen Tempels anzusehen, stand er stumm und einsam in dem sonst so gänzlich kahlen Raum.

Nachdenklich ging ich nach Hause, und allmählich gewann meine Eitelkeit das Übergewicht über mein Mitleid. Ich war doch recht stolz darauf, wie meisterhaft ich es eingerichtet hatte, Bartleby los zu werden. Ich sage meisterhaft, und wer die Sache unvoreingenommen überdenkt, muß mir recht geben. Das Schöne an meinem Vorgehen bestand, wie mir schien, darin, daß es sich völlig ruhig abgespielt hatte. Es war ohne ordinäres Auftrumpfen meinerseits abgegangen, ohne Aufschneiderei und gereiztes Herumkommandieren; auch war ich keineswegs aufgeregt durch die Räume gerast und hatte Bartleby angeherrscht, er möge seinen lächerlichen Krempel zusammenpakken. Nichts dergleichen. Statt Bartleby laut und grob zum Gehen aufzufordern – wie ein untergeordneter Geist es vielleicht getan hätte – machte ich stillschweigend die Voraussetzung, daß er fort müsse, und baute auf diese Voraussetzung alles auf, was ich ihm zu sagen hatte. Je länger ich mir mein Verfahren überlegte, desto mehr sagte es mir zu. Am andern Morgen allerdings, als ich erwachte, hatte ich meine Zweifel – ich hatte gewissermaßen die Dünste der Eitelkeit ausgeschlafen. Zu den kühlsten, besonnensten Augenblicken im Menschenleben gehören ja die Stunden morgens unmittelbar nach dem Erwachen. Mein Verfahren kam mir scharfsinnig vor wie zuvor – aber nur in der Theorie.

Wie es sich in der Praxis bewähren würde – da lag der Haken. Es war gewiß ein trefflicher Einfall, Bartlebys Auszug einfach stillschweigend vorauszusetzen; die Voraussetzung galt aber ausschließlich meinerseits und ging durchaus nicht von Bartleby aus. Der entscheidende Punkt lag nicht darin, ob ich annahm, daß er mich verlassen würde, sondern ob es seinem Belieben entsprach. Er war mehr ein Mensch des Beliebens [»möchte lieber«] als der stillschweigenden Voraussetzungen.

Nach dem Frühstück wanderte ich stadtwärts und überlegte mir die Wahrscheinlichkeit des Für und Wider. Bald kam mir der Gedanke, die Sache werde sich als Schlag ins Wasser erweisen und Bartleby werde bestimmt in alter Frische in der Kanzlei anwesend sein; bald war ich durchdrungen davon, daß ich seinen Stuhl leer finden würde. So schritt ich unschlüssigen Gemüts einher. An der Ecke Broadway-Canal Street sah ich eine Gruppe erregter Menschen in ernster Unterhaltung beieinanderstehen.

»Wetten, daß er's nicht wird!«, sagte jemand, als ich vorbeiging.

»Daß er nicht gehen wird? – da halt' ich dagegen!«, sagte ich. »Raus mit Ihrem Geld!«

Ich schob instinktiv die Hand in die Tasche und wollte meinen Einsatz hervorholen, als mir einfiel, daß wir Wahltag hatten. Die von mir aufgeschnappten Worte bezogen sich nicht auf Bartleby, sondern auf die Aussichten eines der Bewerber um das Bürgermeisteramt. Bei meinem gespannten Gemütszustand hatte ich mir unwillkürlich eingebildet, der ganze Bartleby müsse meine Erregung teilen und sich über dieselbe Frage ereifern wie ich. Ich ging weiter, recht dankbar, daß der Straßenlärm meine vorübergehende Geistesabwesenheit so gut beschirmte.

Wie beabsichtigt war ich früher als sonst vor meiner Kanzlei. Ich lauschte einen Augenblick. Alles war still. Er mußte fort sein. Ich drehte am Türknopf – die Tür war versperrt. Ja, mein Verfahren hatte sich wunderbar bewährt – er war gegangen. In meinem Triumph mischte sich jedoch eine gewisse Schwermut – ich war beinahe betrübt, daß mir alles so glänzend gelungen war. Ich suchte unter der Matte nach dem Schlüssel, den Bartleby dort für mich deponiert haben sollte, und stieß dabei zufällig gegen die Türfüllung, so daß ein Geräusch entstand wie ein Anklopfen. Sogleich erscholl von innen Antwort: »Noch nicht – ich bin beschäftigt.«

Es war Bartleby.

Ich war wie vom Donner gerührt. Einen Augenblick stand ich da wie jener Mann, der vor langer Zeit im Staate Virginia an einem wolkenlosen Nachmittag, mit der Pfeife im Mund, vom Wetterleuchten erschlagen wurde. An seinem offenen, wärmedurchfluteten Fenster traf ihn der Blitz, und er lehnte weiter in den schläfrigen Nachmittag hinaus, bis jemand ihn anrührte – da fiel er um.

»Nicht fort!«, sagte ich leise vor mich hin. Abermals gehorchte ich der wunderlichen Gewalt, die der rätselhafte Schreiber über mich auslebte und der ich, so sehr es mich verdroß nicht völlig entgehen konnte, und ging langsam die Treppe hinunter und auf die Straße hinaus, wo ich, den Häuserblock umwandernd, bei mir überlegte, was nun in dieser unerhörten Verlegenheit als Nächstes zu geschehen habe. Mit Körpergewalt konnte ich den Menschen nicht wohl hinauswerfen, ihn durch Beschimpfungen von dannen zu treiben, schien mir nicht recht angebracht; die Polizei herbeizurufen, widerstrebte mir ebenfalls; ihm aber seinen Triumph über mich zu gönnen, – das paßte mir noch weniger in den Kram. Was war zu tun? – oder, wenn nichts zu tun war, gab es wenigstens eine weitere stille Voraussetzung, auf die ich mich in der Angelegenheit stützen konnte? In der Tat: so wie ich bisher vorsorglich angenommen hatte, Bartleby werde gehen, so konnte ich jetzt, nachträglich betrachtet, die Voraussetzung machen, daß er bereits gegangen sei. In der rechtmäßigen Anwendung dieser meiner Annahme konnte ich beeilten Schritts meine Kanzlei betreten und, unter dem Anschein, als sähe ich Bartleby gar nicht, ihm in den Weg treten, als wäre er Luft. Wenn ich mich so verhielte, hätte ich zweifellos einen unverkennbaren Gegenschlag getan. Es war kaum anzunehmen, daß Bartleby der derart deutlich angewandten Lehre von den stillschweigenden Voraussetzungen widerstehen konnte. Allein bei näherem Nachdenken schien mir die Wirksamkeit meines Plans doch recht zweifelhaft. Ich beschloß die Sache noch einmal mit Bartleby durchzusprechen.

»Bartleby«, sagte ich beim Betreten der Kanzlei mit einem Ausdruck ruhiger Strenge, »ich bin ernstlich ungehalten. Sie enttäuschen mich, Bartleby. Ich hatte Besseres von Ihnen erwartet. Ich dachte, Sie wären so vornehm veranlagt, daß in einer delikaten Situation eine bloße Andeutung genügen würde – eine stillschweigende Voraussetzung. Es scheint aber, ich habe mich da geirrt. Da –« ich sagte es mit unwillkürlicher Überraschung – »– Sie haben ja nicht einmal das Geld angerührt! ...«, und ich deutete auf die Geldscheine, die immer noch da lagen, wo ich sie am Abend vorher hingelegt hatte.

Er gab keine Antwort.

»Wollen Sie nun eigentlich gehen oder nicht?« fragte ich, jählings aufgebracht, und trat nah an ihn heran.

»Ich möchte lieber nicht gehen«, erwiderte er, mit einer zarten Betonung auf dem »nicht«.

»Mit welchem Recht wollen Sie denn aber bleiben? Zahlen Sie hier Miete? Zahlen Sie meine Steuern? Gehört dieses Büro Ihnen?«

Er gab keine Antwort.

»Sind Sie denn wenigstens bereit, wieder für mich zu schreiben? Haben Ihre Augen sich gebessert? Können Sie heute morgen ein kleines Schriftstück für mich kopieren? oder ein paar Zeilen kollationieren helfen oder rüber aufs Postamt gehen? Mit einem Wort: wollen Sie wenigstens irgend etwas tun, damit Ihre Weigerung, diesen Ort zu verlassen, doch den Anstrich der Vernunft erhält?«

Er schwieg und wandte sich seiner Klause zu.

Ich war bei alledem in einen derartigen Zustand der Empfindlichkeit und Erregung geraten, daß es mir angezeigt schien, mich im Augenblick weiterer Äußerungen zu enthalten. Ich war mit Bartleby allein, und das tragische Ereignis kam mir in den Sinn, das sich zwischen dem unglücklichen Adams und dem noch unglücklicheren Colt in des letzteren einsamer Kanzlei abgespielt hatte: der arme Colt war von Adams aufs unerträglichste gereizt worden, hatte sich unvorsichtigerweise seiner Erregung überlassen und war so unversehens zu einer kopflosen, verhängnisvollen Tat hingerissen worden – einer Tat, die wahrscheinlich dem Täter selbst am allermeisten leid getan hat. Ich hatte oft über den Vorfall nachgedacht und war dabei zu der Ansicht gelangt, daß die Meinungsverschiedenheit, wenn sie auf offener Straße oder in einer Privatwohnung vor sich gegangen wäre, wohl schwerlich den bekannten verhängnisvollen Ausgang genommen hätte. Der Umstand aber, daß sie allein in einem verlassenen Büro waren im Obergeschoß eines von gesitteten, häuslichen Schwingungen gänzlich unberührten Gebäudes, – in einem Büro noch dazu ohne Teppiche, wo alles sicher denkbar verstaubt und wüst aussah – dieser Umstand hat sicher wesentlich dazu beigetragen, daß der unselige Colt sich noch weiter in seine gereizte, verzweifelte Stimmung hineinsteigern ließ.

Als der alte Adam der Empfindlichkeit denn also in mir hochsteigen und mich in Bartlebys Sache versuchen wollte, packte ich ihn herzhaft an und brachte ihn zu Fall. Und wie gelang mir dies? Einfach, indem ich mir Gottes Gebot vor Augen hielt: »Eine neue Satzung gebe ich euch, daß ihr einer den andern lieben sollt.« Dieses Gotteswort hat mich gerettet. Von allen höheren Überlegungen abgesehen, erweist sich die Nächstenliebe oft auch als ein höchst weises und vorsichtiges Prinzip: als ein großer Schutz für den, der sie besitzt. Man hat Morde begangen aus Eifersucht und aus Zorn, aus Haß und Selbstsucht und aus geistiger Hoffahrt – nie aber habe ich gehört, daß jemand aus süßer Nächstenliebe einen teuflischen Mord begangen hätte. Schon die bloße Selbsterhaltung sollte also, wenn kein höheres Motiv aufgeboten werden kann, die Menschen, und zumal die leicht erregbaren, zur Nächstenliebe und zur Menschenfreundlichkeit anhalten. Bei der augenblicklichen Gelegenheit jedenfalls legte ich es darauf an, meine Erbitterung gegen den Schreiber dadurch zu unterdrücken, daß ich mir sein Verhalten in einem Geiste des Wohlwollens zurechtlegte. Der arme Kerl, der arme Kerl, dachte ich – er denkt sich nichts dabei – und außerdem hat er harte Zeiten erlebt und verdient Nachsicht.

Ich suchte denn auch alsbald nach einer Beschäftigung, um auf diese Weise meiner verzagten Stimmung Herr zu werden. Dabei malte ich mir aus, wie Bartleby im Laufe des Vormittags, wenn es ihm gelegen wäre, freiwillig aus seiner Einsiedelei hervorkommen und einen entschlossenen Kurs in Richtung auf die Tür einschlagen würde. Aber nein. Es wurde halbeins; Puters Gesicht begann zu erglühen, er warf das Tintenfaß um und wurde auch sonst laut und unangenehm; Beißzange flaute ab zu Ruhe und Höflichkeit; Pfeffernuß kaute an seinem Mittagsapfel – und

Bartleby stand am Fenster, in seine tiefste Brandmauer-Träumerei versunken. Wird man es mir glauben? Und soll ich es bekennen? An jenem Nachmittag verließ ich die Kanzlei, ohne auch nur noch ein weiteres Wort an ihn zu richten.

Einige Tage vergingen, während deren ich ab und zu, wie sich die Gelegenheit bot, in zwei Büchern schmökerte: »Über den Willen« von Edwards und »Über die Notwendigkeit« von Priestley. In meiner Lage boten mir diese Bücher einen heilsamen Eindruck. Allmählich gewöhnte ich mich an die Überzeugung, daß meine Anfechtungen mit meinem Schreiber mir von Ewigkeit her zugemessen waren und daß Bartleby aus rätselhaften Gründen von einer allweisen Vorsehung, die ein geringer Erdenwurm wie ich nicht zu ergründen vermochte, bei mir einquartiert sei. Ja, Bartleby, bleib du nur hinter deinem Wandschirm, dachte ich mir. Ich werde dich nicht mehr verfolgen; du bist harmlos und still wie einer von den alten Stühlen hier – ich muß auch sagen, mir ist nie so traulich zumut, wie wenn ich weiß, daß du hier bist. Jetzt endlich seh ich's und weiß es: ich dringe ein in den vorbestimmten Zweck meines Daseins. Ich bin zufrieden. Andere mögen erhabenere Rollen zu spielen haben; meine Aufgabe auf dieser Welt besteht darin, daß ich dich, Bartleby, mit Kanzleiraum versehe, so lang es dir belieben mag, bei mir zu bleiben.

Ich glaube, diese weise und gesegnete Gemütsverfassung wäre mir erhalten geblieben, wenn mir nicht meine Geschäftsfreunde, wenn sie mein Büro besuchten, mit ihren ungebetenen und unbarmherzigen Bemerkungen in die Parade gefahren wären. So geht es ja oft; der stete Tropfen engherziger Gesinnungen höhlt schließlich den Stein der besten und großmütigsten Entschlüsse. Es war ja allerdings, wenn ich's recht überlege, nicht weiter erstaunlich, daß die Besucher meiner Kanzlei vom wunderlichen Anblick des unerklärlichen Bartleby einigermaßen betroffen waren und sich zu abschätzigen Bemerkungen über ihn veranlaßt sahen. So kam es wohl vor, daß ein Anwalt, der geschäftlich mit mir zu tun hatte und bei mir vorsprach, dort nur meinen Schreiber antraf und sich von ihm genauer auseinandersetzen lassen wollte, wo ich zu finden sei. Bartleby jedoch achtete überhaupt nicht auf des Besuchers müßiges Gerede, sondern blieb unbeweglich mitten im Zimmer stehen. Dem Anwalt blieb nichts anderes übrig als sich den Mann eine Weile anzusehen und dann von dannen zu gehen, nicht klüger als zuvor.

Oder es war eine Zeugenvernehmung im Gang, der Raum war voll von Rechtsanwälten und Zeugen, und die Geschäfte drängten: dann entdeckte vielleicht einer von den anwesenden, tief beschäftigten Advokaten den so gänzlich untätigen Bartleby und ersuchte ihn, er möge doch rasch in seine [des Advokaten] Kanzlei hinübergehen und dies oder jenes Schriftstück für ihn holen. Die Folge war, daß Bartleby gelassen ablehnte, jedoch ebenso müßig blieb wie vorher. Der Rechtsanwalt machte dann gewöhnlich ein langes Gesicht und wandte sich an mich. Was konnte ich ihm aber sagen? Mit der Zeit mußte ich mir eingestehen, daß überall im Kreise meiner Geschäftsfreunde geflüstert und getuschelt wurde, was ich da für eine seltsame Kreatur in meiner Kanzlei beherbergte. Das war für mich doch sehr quälend und unangenehm. Der Gedanke dämmerte in mir auf, daß Bartleby womöglich uralt werden, in alle Ewigkeit meine Kanzlei bewohnen und meine Autorität in Frage stellen könnte. Er würde meine Besucher erschrecken und auf meinen geschäftlichen Ruf ein übles Licht werfen; er würde als eine Art Spuk meines Geschäftslokals gelten, würde dabei bis zum Schluß mit seinen Ersparnissen Leib und Seele zusammenhalten [denn was brauchte er schon? noch keine fünf Cent am Tag] und mich womöglich noch überleben und mit dem Rechte seiner beständigen Anwesenheit Ansprüche auf meine Kanzlei erheben. Diese und andre düsteren Ahnungen bedrängten mich mehr und mehr, und dazu kamen meine Freunde mit ihren unablässigen, unbarmherzigen Bemerkungen über die Erscheinung in meinem Büro – kurz, es kam in mir zu einer großen Wandlung. Ich beschloß, alle Kraft zusammenzunehmen und mich ein für allemal von dem unerträglichen Alp zu befreien.

Bevor ich mir indessen irgendwelche umständlichen Pläne zu diesem Zweck zurechtlegte, legte ich Bartleby noch einmal nahe, das Schickliche zu tun und endgültig abzureisen. In ruhigem, ernstem Ton empfahl ich meinen Vorschlag seiner sorgfältigen und reiflichen Überlegung. Er nahm sich drei Tage Bedenkzeit und benachrichtigte mich dann, sein ursprünglicher Entschluß bestehe nach wie vor: er möchte, kurz gesagt, lieber bei mir wohnen bleiben.

Was soll ich tun? sagte ich nun zu mir selbst und knöpfte meinen Rock bis zum obersten Knopf zu. Was soll ich tun? Was tut man in dieser Lage? Was rät mir mein Gewissen, mit diesem Menschen, diesem Gespenst zu beginnen? Loswerden muß ich ihn; gehen soll er mir. Aber wie? Du wirst ihn doch nicht, den armen, blassen, niemandem ein Haar krümmenden Menschen – du wirst ihn doch nicht in seiner Hilflosigkeit einfach zur Tür hinaus werfen? Du wirst dir doch nicht die Schande einer solchen Grausamkeit antun? Nein, das will ich nicht, das kann ich nicht. Lieber laß ich ihn schon hier leben und sterben und maure seine Überreste in die Hauswand ein. Gut, was willst du also tun? Wenn du ihm auch noch so süß zuredest, er rührt sich nicht vom Fleck. Bestechungsgeld läßt er einfach unter deinem Briefbeschwerer auf dem Schreibtisch liegen. Mit einem Wort: ganz offensichtlich möchte er lieber hier bei dir hängen bleiben.

Also muß etwas Durchschlagendes, etwas Ausgefallenes geschehen. Aber was? Du willst ihm doch sicher nicht den Wachtmeister auf den Hals hetzen und dieses bleiche Unschuldsgebilde kurzerhand ins Kittchen bringen? Außerdem: aus welchem Grunde könntest du dergleichen überhaupt bewirken? – Ein Landstreicher, ist er das? Wie – er ein Landstreicher, ein Herumwanderer – er, der sich überhaupt nicht von der Stelle rührt? Weil er kein Landstreicher sein möchte, willst du ihn als Landstreicher anschwärzen! – Das ist doch zu unsinnig! Keine nachweisbaren Unterhaltsmittel – da habe ich ihn! Nein, wieder falsch: denn zweifellos unterhält er sich, und das ist der einzige unanfechtbare Beweis, daß man die Mittel dazu besitzt. Nichts weiter also. Da er mich nicht verlassen will, muß ich ihn verlassen. Ich wechsle meine Kanzlei; ich ziehe woanders hin und lasse ihn wissen, daß ich ihn bei einem Betreten meines neuen Lokals als unbefugten Eindringling gerichtlich belange.

Diesem Vorsatz gehorchend, sprach ich meinen Bartleby anderen Tages folgendermaßen an: »Meine Kanzlei liegt mir doch zu weit vom Rathaus entfernt; außerdem ist die Luft unbekömmlich. Kurz und gut, ich beabsichtige, nächste Woche mein Büro zu verlegen, und werde Ihre Dienste nicht länger benötigen. Ich sage es Ihnen schon heute, damit Sie sich einen anderen Posten suchen können.«

Er gab keine Antwort und wir sprachen nicht länger darüber.

Am festgesetzten Tage mietete ich Wagen und Arbeiter, fuhr zur Kanzlei und hatte, da nur wenig Einrichtungsgegenstände vorhanden waren, den Umzug in einigen Stunden hinter mich gebracht. Mein Schreiber blieb während der ganzen Zeit hinter seiner spanischen Wand stehen, die ich wohlweislich als letzten Gegenstand entfernen ließ. Endlich kam auch sie an die Reihe, sie wurde zusammengefaltet wie ein riesiger Foliant, und der hinter ihr stehende blieb als regungsloser Bewohner in einem kahlen Raum zurück. Ich stand noch unter der Tür und betrachtete ihn einen Augenblick, während eine Art innerer Vorwurf in mir emporkroch.

Ich trat noch einmal ein, die Hand in der Tasche – und, ich muß es gestehen, in atemloser Spannung.

»Leben Sie wohl, Bartleby, ich gehe jetzt – leben Sie wohl, und Gott segne Sie, so gut es geht. Hier, nehmen Sie –« ich schob ihm etwas in die Hand, aber es fiel zu Boden – und da – seltsam zu sagen – riß ich mich schier mit Gewalt von ihm, den loszuwerden ich mich so gesehnt hatte.

Als ich in meiner neuen Kanzlei eingerichtet war, hielt ich erst einmal einige Tage die Tür verschlossen und fuhr bei jedem Schrittgeräusch auf den Gängen zusammen. Kam ich nach kurzer Abwesenheit ins Büro zurück, so hielt ich auf der Schwelle einen Augenblick inne und lauschte erst angestrengt, ehe ich meinen Schlüssel ins Schlüsseloch schob. Meine Furcht war jedoch unnütz. Bartleby nahte sich mir nicht.

Ich dachte schon, alles ginge gut, als mich ein verstört aussehender Herr aufsuchte und wissen wollte, ob ich der Mann sei, der bis vor kurzem Kanzleiräume in der Wall Street Nr.... innegehabt hatte.

Voll böser Ahnungen sagte ich, ja der sei ich.

»Dann, Sir«, sagte der Fremde, der sich als Rechtsanwalt zu erkennen gab, »sind Sie für den Mann verantwortlich, den Sie dort zurückgelassen haben. Er will keine Kopierarbeit machen, er will überhaupt nichts tun; er sagt nur immer, er möchte lieber nicht, und das Lokal zu verlassen, weigert er sich auch.«

»Ich bedaure unendlich, Sir«, sagte ich mit angenommener Ruhe, innerlich aber zitternd und zagend, »aber der Mann, von dem Sie sprechen, geht mich nichts an. Er ist weder mit mir verwandt noch steht er bei mir in Dienst – ich wüßte also nicht, inwiefern ich für ihn verantwortlich sein sollte.«

»Aber in Gottes Namen: wer ist denn der Mann?«

»Ich kann Ihnen leider keine Auskunft geben. Ich weiß nichts von ihm. Ich habe ihn eine Zeitlang als Kopisten beschäftigt, er hat aber schon eine ganze Weile nicht mehr für mich gearbeitet.«

»Dann werde ich also selbst die Sache mit ihm ins reine bringen – guten Morgen, Sir.«

Mehrere Tage vergingen, und ich hörte nichts mehr. Mehr als einmal empfand ich eine barmherzige Regung, die mich anhalten wollte, in meiner alten Kanzlei vorzusprechen und den armen Bartleby zu besuchen, aber eine gewisse Scheu, ich weiß nicht wovor, hielt mich zurück.

Die Sache ist ja inzwischen doch vorüber, dachte ich mir, als mich eine weitere Woche hindurch keine neue Nachricht erreichte. Aber schon am Tage darauf fand ich beim Eintreffen in meinem Büro mehrere aufs höchste empörte Menschen vor meiner Tür warten.

»Das ist er – da kommt er!« rief der Vorderste von ihnen. Ich erkannte ihn: es war der Rechtsanwalt, der mich damals allein aufgesucht hatte.

»Sie müssen ihn auf der Stelle wegholen, Sir«, rief ein wohlbeleibter Mensch und trat auf mich zu. Auch ihn kannte ich: es war der Hausherr von Wall Street Nr. . . . »Diese Herren, meine Mieter, halten es nicht länger aus. Herr B. –« er deutete auf den Rechtsanwalt, »hat ihn aus der Kanzlei gewiesen, nun treibt er sich überall im Hause herum, sitzt bei Tag auf dem Treppengeländer und schläft nachts unter der Tür. Das ist für alle Beteiligten lästig; die Kundschaft fängt schon an, die Kanzleien zu meiden, und manche fürchten, es entwickelt sich ein öffentlicher Skandal daraus. Sie müssen unbedingt etwas unternehmen, und zwar unverzüglich.«

Ich war schreckensstarr über diesen Sturzbach und hätte mich in meines Nichts durchbohrendem Gefühl am liebsten in meinem neuen Büro eingeschlossen. Vergeblich berief ich mich darauf, daß Bartleby mich nichts angehe – nicht mehr als irgend jemanden sonst. Vergeblich: ich war der letzte, von dem man wußte, daß er mit ihm zu schaffen gehabt hatte, und sie hielten sich an mir schadlos. Gepeinigt von dem Gedanken, man könne mich in der Presse bloßstellen [denn das hatte einer der Anwesenden in dunklen Andeutungen angedroht], überlegte ich hin und her und erklärte schließlich, wenn mir der Rechtsanwalt in seinem Büro Gelegenheit zu einer vertraulichen Besprechung mit dem Schreiber gebe, wollte ich noch desselbigen Nachmittags nach besten Kräften versuchen, die Herrschaften von der mir geschilderten Plage zu befreien.

Als ich zu meinem alten Quartier hinaufstieg, fand ich Bartleby still auf dem Treppengeländer sitzen, da, wo die Treppe einen Absatz machte.

»Was tun Sie hier, Bartleby?« sagte ich.

»Ich sitze auf dem Treppengeländer«, erwiderte er milde.

Ich winkte ihm, mir in das Anwaltsbüro zu folgen; dort ließ man uns allein.

»Bartleby«, sagte ich, »ist es Ihnen bekannt, daß Sie den Anlaß zu mir sehr beschwerlichen Mißverständnissen geben, indem Sie sich hartnäckig hier im Hauseingang herumtreiben, nachdem man Sie aus dem Büro hinausgewiesen hat?«

Keine Antwort.

»Es muß jetzt eines oder das andere geschehen. Entweder Sie fassen einen Entschluß oder er wird über Ihren Kopf weg gefaßt. In was für einem Berufszweig würden Sie sich gern betätigen? Möchten Sie wieder für jemanden Abschreibarbeiten machen?«

»Nein, ich möchte mich lieber nicht verändern.«

»Würde Ihnen ein Posten als Kommis in einem Kurzwarengeschäft zusagen?«

»Da ist man zu sehr an einen Fleck gebunden. Nein, ein Posten als Kommis sagt mir nicht zu – ich bin aber nicht wählerisch.«

»Zu sehr an einen Fleck gebunden«, rief ich. »Sie binden sich ja selber an einen Fleck!«

»Nein, einen Posten als Kommis möchte ich lieber nicht annehmen«, versetzte er, als wolle er diesen bescheidenen Punkt sofort geklärt wissen. »Und wie wäre es mit einem Posten als Schenkkellner? Dabei strengt man die Augen nicht an.«

»Das würde mir in keiner Weise zusagen – obwohl ich, wie gesagt, nicht wählerisch bin.«

Seine ungewohnte Gesprächigkeit ermutigte mich. Ich versuchte von neuem mein Heil.

»Na schön – vielleicht möchten Sie im Land herumreisen und für Kaufleute Rechnungen einziehen? Das käme Ihrer Gesundheit zustatten.«

»Nein, ich möchte lieber etwas anderes tun.«

»Aha – und als Reisebegleiter nach Europa fahren, einen

jungen Herrn gesellschaftlich unterhalten – wie würde Ihnen das passen?«

»Sehr schlecht. Für mein Gefühl ist da gar nichts Dauerndes dabei. Ich möchte gern seßhaft werden. Aber ich bin nicht wählerisch.«

»So, seßhaft? Na, seßhaft sollen Sie also werden!« schrie ich ihn an, denn ich verlor nun alle Geduld und geriet zum erstenmal, seit ich diese auf die Nerven gehende Bekanntschaft unterhielt, in eine wirkliche Wut.

»Wenn Sie nicht bis heute abend dieses Grundstück verlassen, sehe ich mich veranlaßt – und nicht nur veranlaßt, sondern verpflichtet – das – das Grundstück selbst zu verlassen...« Ich kam zu diesem etwas sinnlosen Schluß, weil ich nicht wußte, mit welcher Drohung es mir gelingen möchte, den unbeweglichen Gesellen hinlänglich zur Raison zu bringen. Jede weitere Bemühung schien mir unnütz und ich wollte schon davonstürzen als mir ein letzter Einfall kam – ein Einfall, mit dem ich auch vorher schon zuweilen geliebäugelt hatte.

»Bartleby«, sagte ich, so freundlich ich es in meiner gegenwärtigen Erregung vermochte, »wollen Sie mit mir nach Hause kommen – nicht in mein Büro, sondern zu mir in meine Wohnung? Und bei mir bleiben, bis wir uns in aller Ruhe und Gemütlichkeit auf einen passenden Ausweg geeinigt haben? Kommen Sie, wir wollen gleich zusammen losziehen!«

»Nein, im Augenblick möchte ich mich lieber überhaupt nicht verändern.«

Ich gab keine Antwort mehr. In jäher, rascher Flucht, die mich denn auch vor jeder Begegnung bewahrte, stürzte ich auf die Straße hinaus, lief die Wall Street hinauf nach dem Broadway und sprang dort in den ersten Omnisbus, der mich bald jeder Verfolgung entzog. Sobald mir die ruhige Besinnung wiederkehrte, konnte ich mir in voller Deutlichkeit sagen, daß ich das Menschenmögliche getan hatte, sowohl mit Rücksicht auf die Forderungen des Hausherrn und seiner Mieter, wie auch im Hinblick auf meinen Wunsch und mein Pflichtgefühl, die mich drängten, Bartleby Gutes zu tun und ihn vor roher Verfolgung zu bewahren. Ganz bewußt strebte ich nun nach einer Gemütsstimmung der Ausgeglichenheit und Sorglosigkeit, und mein Gewissen gab mir darin recht – aber freilich, ganz so wie ich wollte, gelang mir der Versuch nicht. Meine Furcht, der aufs äußerste gereizte Hausherr und seine ergrimmten Mieter können mir aufs neue auf den Hals kommen, war so groß, daß ich Beißzange für einige Tage mit der Führung des Geschäfts beauftragte und in meinem Kütschchen in die obere Stadt und in die Vororte hinausfuhr. Auch nach Jersey City und Hoboken setzte ich über und stattete Manhattanville und Astoria flüchtige Besuche ab. Ich lebte während dieser Zeit geradezu in meiner Kutsche.

Als ich wieder in die Kanzlei kam, lag denn auch tatsächlich ein Brief von dem Hausherrn auf meinem Pult. Ich öffnete ihn mit zitternder Hand. Mir wurde mitgeteilt, der Absender habe nach der Polizei geschickt und Bartleby als Landstreicher in die sogenannten Gräber einliefern lassen. Da ich besser über ihn Bescheid wisse als sonst jemand, ersuche er mich, dort vorzusprechen und den Hergang in zweckmäßiger Weise zu Protokoll zu geben. Die Nachricht machte auf mich einen zwiespältigen Eindruck. Zuerst war ich empört, schließlich aber empfand ich doch so etwas wie Zustimmung. Indem der Hausherr derart energisch durchgegriffen hatte, war er auf einen Ausweg verfallen, zu dem ich mich höchstwahrscheinlich nicht entschlossen hätte. Andererseits war es, unter diesen eigentümlichen Umständen, das einzig mögliche letzte Auskunftsmittel.

Wie ich später erfuhr, erhob der arme Schreiber bei der Nachricht, er werde nach den Gräbern abgeführt, nicht den mindesten Widerstand, sondern ließ in seiner bläßlichen, regungslosen Weise alles ruhig mit sich geschehen.

Von Mitleid oder Neugier getrieben, schlossen sich etliche von den Zuschauern dem Zuge an, und so schob sich denn – an der Spitze ein Polizist Arm in Arm mit Bartleby – eine schweigende kleine Prozession durch den Lärm, die Hitze und die vergnügte Betriebsamkeit der mittäglichen Verkehrsadern.

Am gleichen Tag noch, an dem ich den Brief erhalten, begab ich mich nach den Gräbern oder, um mich korrekter auszudrükken, nach der Strafanstalt. Ich fragte mich zum zuständigen Beamten durch, setzte ihm den Zweck meines Kommens auseinander und erfuhr, die von mir beschriebene Person befinde sich allerdings im Hause. Ich versicherte dem Beamten, Bartleby sei ein durchaus redlicher Mensch und verdiene großes Mitleid – er sei nur in einer ganz unerklärlichen Weise überspannt. Ich erzählte, was ich von ihm wußte, und regte schließlich an, man möge ihn in einer tunlichst gelinden Haft im Hause behalten, bis sich eine Möglichkeit zu noch versöhnlicherem Verfahren biete – wiewohl ich nicht recht wußte, was sich da bieten sollte. Für den Fall, daß man zu keinem Entschluß gelangte, mußte ihn das Armenhaus aufnehmen. Zum Schluß bat ich um die Erlaubnis, ihn zu sprechen.

Da er keines groben Vergehens bezichtigt war und sich in jeder Weise still und harmlos verhielt, hatte man ihm gestattet, sich frei innerhalb des Gefängnisses zu bewegen und sich besonders in den eingefriedeten, grasbewachsenen Höfen aufzuhalten. Da fand ich ihn denn, allein in dem stillsten von den Höfen, das Gesicht einer hohen Mauer zugekehrt, während ringsum, so mußte ich denken, aus den engen Schlitzen der Zellenfenster die Blicke von Mördern und Dieben nach ihm ausspähten.

»Bartleby!«

»Ich kenne Sie«, sagte er, ohne umzublicken, »und ich habe Ihnen nichts zu sagen.«

»Ich war es nicht, der Sie hierher gebracht hat, Bartleby«, sagte ich, schmerzlich betroffen von dem in seinen Worten angedeuteten Verdacht. »Sie sollten auch nicht so bitter von Ihrem Aufenthalt hier denken. Es hat nichts Ehrenrühriges, daß Sie hier sind. Sie sehen ja auch, es ist kein so trauriger Platz, wie man meinen sollte. Schauen Sie, da ist der Himmel, und da das Gras ...«

»Ich weiß, wo ich bin«, erwiderte er. Mehr war nicht aus ihm herauszubringen, und ich verließ ihn.

Als ich wieder auf den Gefängnisgang kam, sprach mich ein breiter, wie ein Stück Fleisch aussehender Mensch mit einer Schürze an. Er schlenkerte den Daumen über die Schulter und fragte: »Ist das ein Freund von Ihnen?«

»Ja.«

»Will der verhungern? Dann brauchen Sie ihn nur auf Gefängniskost zu setzen – das genügt.«

»Wer sind Sie?« fragte ich. Ich wußte nicht recht, was ich aus einem so wenig amtlich redenden Gesellen an diesem Ort machen sollte.

»Ich bin der Mann mit dem Essen. Die Herrschaften, die Freunde hier sitzen haben, stellen mich an, damit sie etwas Gutes zu futtern bekommen.«

»Ist das so?« fragte ich, an den Beschließer gewandt.

Er sagte, es stimme.

»Na schön«, sagte ich und ließ dem Essensmann [denn so nannte man ihn] etwas Silbergeld in die Hand gleiten, »ich möchte, daß Sie auf meinen Freund besonders achtgeben. Besorgen Sie ihm das beste Essen, das Sie auftreiben können. Und dann: seien Sie immer recht höflich zu ihm.«

»Stellen Sie mich doch bitte vor«, sagte der Essensmann und schaute mich mit einem Ausdruck an, der mir zu bedeuten schien, er sei ganz Ungeduld und wünsche sich dringend eine Gelegenheit, seiner guten Erziehung die Zügel schießen zu lassen.

In der Erwartung, es werde für den Schreiber von Vorteil sein, erklärte ich mich einverstanden. Ich bat den Essensmann um seinen Namen und ging mit ihm zu Bartleby hinaus.

»Bartleby, da ist ein Mann, der es gut meint. Er wird Ihnen manches nützen können.«

»Ihr Diener, Sir, Ihr Diener«, sagte der Essensmann und machte hinter seiner Schürze eine tiefe Verbeugung. »Hoffentlich sagt es Ihnen zu hier, Sir? gepflegtes Grundstück – kühle Wohnräume – hoffentlich bleibt der Herr eine Weile bei uns – alles tun, daß Sie sich behaglich fühlen. Was möchten Sie heute zum Essen haben?«

»Ich möchte heute lieber nicht essen«, sagte Bartleby und wandte sich zum Gehen. »Es würde mir nicht bekommen – ich bin an Mahlzeiten nicht gewöhnt.« Mit diesen Worten entfernte er sich langsam nach der anderen Seite des Hofes und stellte sich vor einer kahlen Mauer auf.

»Nanu?« sagte der Essensmann, mit einem erstaunten Blick an mich gewandt. »Der ist wohl komisch, was?«

»Ich glaube, er ist ein bißchen gestört«, sagte ich traurig.

»Gestört? Gestört also? Wissen Sie, Ehrenwort, wenn Sie mich gefragt hätten, ich hätt'n für einen von den Herrn Falschmünzern gehalten. Die sind immer so bleich und wohlerzogen, die Falschmünzers. Mir tun sie immer leid, Sir, weiß Gott, mir tun sie immer leid. Haben Sie Monroe Edwards gekannt?« fragte er eindringlich und wartete, daß ich antworten sollte. Er legte seine Hand mit einem wehleidigen Ausdruck auf meine Schulter und seufzte: »Er ist in Sing-Sing gestorben, an der Schwindsucht. Sie haben ihn also nicht gekannt, den Monroe?«

»Nein, ich habe nie in Falschmünzerkreisen verkehrt. Aber ich kann mich leider nicht länger aufhalten. Kümmern Sie sich um meinen Freund da drüben. Es soll Ihr Schaden nicht sein. Auf Wiedersehen.«

Einige Tage später erhielt ich abermals Zutritt zu den Gräbern und lief durch die Gänge auf der Suche nach Bartleby. Ich konnte ihn aber nicht finden.

»Es ist noch nicht lang her, da hab ich ihn aus seiner Zelle kommen sehen«, sagte ein Wärter. »Vielleicht ist er auf den Hof hinaus und macht sich Bewegung.«

Ich wandte mich der angegebenen Richtung zu.

»Suchen Sie nach dem Stillen?« sagte ein anderer Wärter, an dem ich vorüberkam. »Draußen liegt er – schläft da draußen im

Hof. Vor ’ner Viertelstunde hab ich gesehen, wie er sich niederlegte.«

Im Hof herrschte völlige Stille. Die gemeinen Sträflinge durften nicht hinein. Die Mauern ringsum, erstaunlich dick gebaut, hielten jeden Laut ab. Die gleichsam ägyptische Architektur lastete düster auf mir. Unter meinen Füßen aber sproß ein weicher, hier eingefangener Rasen. Man war hier wie im Herzen der uralten Pyramiden, wo kraft seltsamer Magie, von Vögeln vertragen, durch die Ritzen Grassamen eingedrungen war und aufgegangen.

Seltsam zusammengesunken zu Füßen der Mauer, die Knie angezogen, auf der Seite liegend, den Kopf auf den kalten Steinen – so fand ich ihn liegen, den verkommenen Bartleby. Nichts rührte sich. Ich wartete; dann trat ich nahe hinzu, beugte mich über ihn und sah, daß seine trüben Augen offen standen; im übrigen schien er tief im Schlaf versunken. Es trieb mich, ihn anzufassen. Ich fühlte seine Hand – da lief ein prickelnder Schauder meinen Arm empor, mein Rückgrat entlang, bis hinab zu meinen Füßen.

Das runde Gesicht des Essensmanns blickte auf mich herab. »Sein Essen ist fertig. Will er heute wieder nicht essen? Oder lebt er ohne Essen?«

»Lebt ohne zu essen«, sagte ich und drückte ihm die Augen zu.

»He? – Der schläft doch, was?«

»Mit Königen und Ratsherren«, sagte ich leise.

Eigentlich ist dieser Geschichte kaum noch etwas hinzuzufügen. Mit einiger Phantasie kann man sich die Schilderung von der Beerdigung des armen Bartleby leicht selber ergänzen. Doch möchte ich, bevor ich mich vom Leser trenne, gerne noch das eine sagen: sollte ihn die kleine Erzählung hinlänglich gefesselt haben, so daß er etwa wissen möchte, wer Bartleby war und welches Leben er vor seinem Eintritt in den Bekanntenkreis des Erzählers geführt haben mag, so kann ich nur erwidern, daß ich diese Wißbegierde vollauf teile, aber leider durchaus nicht zu stillen in der Lage bin. Ich weiß auch nicht recht, ob ich hier eine unbeträchtliche Nachricht mitteilen soll, die mir einige Monate nach dem Hinscheiden meines Schreibers gerüchtweise zu Ohren gekommen ist. Worauf sie sich gründete, konnte ich niemals in Erfahrung bringen; kann also auch nicht sagen, wie weit ihr zu glauben ist. Immerhin, für mich ist der äußerst unbestimmte Bericht von einem gewissen anregenden Interesse gewesen, so traurig er auch klang, und so mag es anderen ähnlich ergehen – ich erwähne ihn daher hier in aller Kürze. Er lautete so: Bartleby habe einen untergeordneten Schreiberposten im Amt für nichtzustellbare Briefe in Washington innegehabt und sei dort infolge eines Wechsels in der Verwaltung plötzlich entlassen worden. Wenn ich über dieses Gerücht nachdenke, überfallen mich immer unaussprechliche Empfindungen. Nichtzustellbare Briefe! – Haben sie nicht etwas von Gestorbenen? Man stelle sich einen Menschen vor, den schon Natur und Schicksalsungunst für eine fahle Hoffnungslosigkeit vorbestimmen – kann es für einen solchen Menschen einen geeigneteren Beruf geben als den beständigen Umgang mit den nichtzustellbaren Briefen, den Briefen, die er für den Flammentod sortieren muß? Denn ganze Wagenladungen solcher Briefe werden alljährlich verbrannt. Manchmal entnimmt der blasse Beamte dem zusammengefalteten Papier einen Ring – der Finger, für den er bestimmt war, modert vielleicht schon im Grab; oder eine Banknote, die Botin rascher Hilfsbereitschaft – aber der, dem sie Hilfe bringen sollte, weiß nichts mehr von Essen und von Hunger nichts. Verzeihung denen, die verzweifelnd starben; Hoffnung denen, die hinübergingen ohne Hoffnung: gute Nachricht denen, die gestorben sind unterm Würgegriff der ungelinderten Not. Briefe, um des Lebens willen abgesandt, eilen sie dem Tod entgegen.

Ja, Bartleby! Ja, Menschentum!

»Dieser Holder! Er bewegt sich immer so traurig und gehemmt,
als wanderte er auf dem Grunde des Meeres umher
und müßte die Last des Wassers ertragen.«

Manfred Hausmann

Holder

Die Straße geht gerade durch das Dorf. Auf beiden Seiten stehen Lindenbäume. Und der Herr Pfarrer kommt daher und will in sein Haus treten. Da sieht er den Holder die Straße entlangschleichen. Dieser Holder! Er bewegt sich immer so traurig und gehemmt, als wanderte er auf dem Grunde des Meeres umher und müßte die Last des Wassers ertragen. Der Herr Pfarrer geht also zu dem Jungen hin und schlägt ihm, der trotz seiner weit aufgerissenen Augen weder die Häuser noch die Bäume noch den Herrn Pfarrer zu bemerken scheint, ein bißchen ärgerlich auf die Schulter.

»Guten Tag, Holder! Sieh einer an, wie kläglich der Mensch dasteht! Du mußt nicht immer so zusammenschrecken!«

»Guten Tag, Herr Pfarrer! Ich... es... es ist mir nur so gekommen... Guten Tag!... Ja...«

»Wo willst du denn drauflos in dieser Mittagsglut?«

»Nein... ich gehe nur so umher.«

»So so, du gehst nur so umher. Und die Sonne, die brennt dir nur so auf den Schädel, was?«

»Nur so auf den Schädel.«

»Die Haare kannst du dir aber mal schneiden lassen, wenn sie auch schön gelb sind wie Haberstroh. Sie stehen dir ja um die Ohren herum, als seist du ein Unkepauz und nicht der Kirchendiener von Sankt Johannes.«

»Ich will sie mir mal schneiden lassen, Herr Pfarrer.«

»Das ist recht. Aber, aber! Immer hübsch gerade gehen! So, das will ich meinen. Ein Bursch wie du. Guten Tag, Holder!«

»Ja, Herr Pfarrer.«

»Du, Holder, warte mal! Ist auch alles genau gerichtet für unsere Einquartierung?«

»Jawohl, Herr Pfarrer.«

»Ich sage dir, es gerät eine lustige Welt in unser Haus. Sie müssen gleich da sein, die beiden. Du sollst mal sehen! Und oben auf der Burg wollen sie was aufführen. Die Leute aus der Stadt werden kommen. Nun, mein Lieber, was meinst du dazu?«

»Ja, Herr Pfarrer.«

»Sei nur recht akkurat, Holder, hörst du? Wo guckst du denn schon wieder hin?«

»Es sind Fäden aus Glas in der Luft, Herr Pfarrer.«

»Unsinn, Holder, schlaf nicht, träum nicht! He!«

Der Herr Pfarrer stößt die Haustür auf, wendet sich aber noch einmal um.

»Ja, was ich sagen wollte... du kannst mir mal ein bißchen helfen.«

»Jawohl, Herr Pfarrer.«

Sie gehen ins Haus.

Da hat sich der Herr Pfarrer also zwei junge Schauspieler auf den Hals geladen. Das mag was Rechtes geben! Wozu stöbert er nun bloß in der Kommode herum?

»Hier«, sagt er plötzlich zu Holder, und da hat er wahrhaftig ein gelbes Tuch gefunden. »Das können wir ihnen über die Lampe breiten. Es sind eben Künstler, das mußt du bedenken, Holder. Aber unsereins ist auch nicht ahnungslos. Und hier hinter dem Schrank muß auch noch ein Bild stehen. Siehst du! Du brauchst es übrigens nicht so genau zu betrachten, mein Lieber. Es sind eben Künstler, und da ist es was anderes. Also! Wo ist der Hammer? Wir wollen's gleich aufhängen.«

Da klingelt die Haustürglocke! Der Herr Pfarrer guckt geschwind aus der Stube auf den Flur und Holder natürlich auch.

Ein Herr und eine Dame. »Sieh da!« sagt der Herr Pfarrer.

Holder sagt gar nichts. Aber das Bild klirrt zu Boden und ist entzwei, weil Holder es einfach hat hinfallen lassen. Großer Gott, wie schön die Dame ist! Holder lehnt sich ganz erschrokken an den Türpfosten. Er sieht zwei bloße Schultern. So ein Kleid hat die Dame an. Ein feiner Hals steigt empor, und ein blasses Gesicht ist da, und zwei sehr zierlich geflochtene schwarze Zöpfe senken sich von den Schläfen bis fast auf die nackten Schultern und gehen wieder empor. Es ist eine Prinzessin, denkt Holder und fängt an zu zittern vor lauter Staunen. Aber da sieht er, daß die Prinzessin keine Strümpfe anhat. So etwas! Er findet sich überhaupt nicht mehr zurecht. Und das Bild hat er auch entzweigeworfen.

»Guten Tag«, sagt der junge Herr, der mit hereingekommen ist. »Wir sind...... «

»Ja, guten Tag allerseits!« sagt die Prinzessin und macht einen Knicks vor dem Herrn Pfarrer und nickt auch Holder ganz freundlich zu. Holder glaubt jedoch nicht, daß er gemeint ist. Was für große Augen die Prinzessin hat!

»Willkommen!« sagt also der Herr Pfarrer. »Wenn ich nicht irre...«

»Ja«, sagt der Herr, »mein Name ist Bergdorf. Dies ist meine Frau.«

Der Herr Pfarrer freut sich, es ist ihm eine Ehre, wenn er so sagen darf. »Da haben wir also unsere Künstler!« Der junge Herr freut sich auch. Man redet über dies und das.

Die Prinzessin möchte sich gern ein bißchen frisch machen.

»Gewiß, gewiß!« Der Herr Pfarrer ist so frei und geht voran. Das Zimmer liegt im zweiten Stock, ein bißchen schräg. Aber man muß eben fürliebnehmen.

»So, bitte schön. Frisches Wasser kommt sofort. Holder wird sofort frisches Wasser bringen.«

Der Herr Pfarrer geht hinaus, ruft etwas hinab und kommt wieder herein.

»Ja«, meint er und reibt sich die Hände, »für die Lampe habe ich ein gelbes Tuch.«

»Holder?« fragt die Prinzessin. »Das ist einmal ein schöner Name! Ist das der Bursch, der unten bei Ihnen stand?«

»Ja, der ist es.«

»Was für einen seltsamen Menschen haben Sie da, Herr Pfarrer?« »So?«

»Ja. Er sieht so zart und müde aus, obwohl er doch ein Bauer ist. Oder irre ich mich?«

»Nein, ein Bauernsohn.«

»Er ist doch hoffentlich nicht krank, der arme Mensch?«

»Krank...? Nun, es ist so eine Sache. Er geht jetzt ins neunzehnte Jahr. Als damals seine Mutter starb, und sein Vater... also sein Vater setzte sich auf die Bank in seinem Gärtchen und fing an zu singen und konnte gar nicht wieder aufhören. Nun ist er im Irrenhaus. Den Knaben nahm ich dann zu mir. Er hält sich ja recht wacker. Bälgetreten, Glockenläuten, Kerzenanzünden, den Klingelbeutel schwenken, das Gärtchen bestellen und solcherlei Dinge tut er ganz behutsam und mit so glücklichen Händen, daß jedermann seine Freude daran hat. Freilich, er geht auch als mal nachts im Hause umher. Er steht auch als mal stundenlang auf demselben Fleck, aber...«

Da schlurft Holder die Treppe herauf und bringt Wasser. Die Prinzessin wendet sich zum Fenster und ruft: »Ei, was haben wir für einen entzückenden Blick in den Garten, Herr Pfarrer! Und dieser Holunder! Das sind ja richtige Bäume, so groß! Das Haus versinkt fast darin. Ich habe fast ein bißchen Angst vor ihrem Duft. Wir werden wilde Dinge träumen, Gerd.«

»Wie du meinst«, lacht Gerd und drückt seine Hände zusammen. Holder geht hinaus.

»Unser Zimmer ist wie ein Vogelnest.« Die Prinzessin läuft zum Waschtisch...

»Weißt du, Gerd:
Wo in süßduftenden Holunderbüschen
der Zeisig zwitschernd sich das Nest gebaut.«

Draußen auf der Treppe steht Holder. Er kann nicht hinabsteigen. Er muß diese hohe schwebende Stimme noch einmal hören. Da lacht sie ja schon wieder.

»Wenn ein Wind kommt, werden wir schaukeln, paß auf, wir werden gewiß hin und her schaukeln! Seien Sie mir nicht böse, Herr Pfarrer, daß ich so durcheinanderschwatze, aber es ist eben zu schön bei Ihnen!«

Der Herr Pfarrer will nun nicht länger stören. Er lächelt, aber er muß doch denken, daß sie sich noch nicht einmal bedankt haben. Ist es etwa so selbstverständlich, wenn ein Pfarrer eine ganz weltliche Einquartierung aufnimmt?

Holder steigt die Treppe hinab, geht in seine Kammer und wirft sich aufs Bett. Da liegt er nun und ist traurig und schläft ein.

Als er wieder hochfährt, macht die Abendsonne die Luft rot. Er wäscht sich, reibt sich die Schmerzen von der Stirn und guckt zum Fenster hinaus. Ein Mistwagen fährt vorbei, dann kommt ein Radfahrer, dann gehen zwei Kühe um die Ecke. Sie schleifen ihre Schwengel hinter sich her, bleiben stehen und schieben sich, nachdem sie sehnsüchtig gemuht haben, langsam weiter. Der Schleim fließt ihnen in langen Fäden aus dem Maule. Und nun, da die Straße leer ist, treibt's den Jungen, hinabzuspucken. Der Herr Pfarrer hat es ihm zwar auf Leben und Tod verboten, aber er kann's nicht lassen. Er muß zusehen, wie die Spucke sich im Fallen zerteilt, wie sie ein bißchen vom Luftzug seitwärts getrieben wird und auf den Pflastersteinen zerspringt: pitsch. Jeden Augenblick kann der Herr Pfarrer zur Tür heraustreten, und dann spuckt Holder ihm womöglich auf den Kopf. Mag es geschehen. Es ist nicht zu ändern.

Mit einem Male läuft er die Treppe hinab, die Dorfstraße hin, über die Brücke, über den Hügel in den Wald. Zwischen den

Stämmen ist es schon fast dunkel, aber eine warme Luft steht da. Die Erde atmet, die Bäume schwitzen. Hier und da knistert es in den hohen Wipfeln. Das Laub hängt müde herab. An manchen Stümpfen wachsen Pilze und an anderen sickert Feuchtigkeit nieder. Es riecht nach Fäulnis. Da sinkt der Wald ins Tal. Holder geht schneller. Es wird hell. Er steht über einem Steinbruch. Die Sonne ist fort. Ein blasses Blau schwebt oben. Er legt sich hin. Über die hohen Gräser spielt ein metallischer Schimmer hin. Nun kommt der Abend herab mit seinen sanften Farben und mischt alles durcheinander. Der Wald schwebt, die Straße dort unten schwebt, zuletzt schwebt auch die Erde auf und nieder. Ein Schwindel steigt in Holders Kopf. Er klammert sich fest. Da liegt er nun über dem Steinbruch und sagt fast schluchzend:

»Wo in süßduftenden Holunderbüschen
der Zeisig zwitschernd sich das Nest gebaut.«

Und dann sagt er es noch einmal und noch einmal. Aber was hilft das alles? Er küßt die Gräser und schleicht nach Hause. Wie er im Dorfe an der Schule vorbei will, hört er Musik. Der Schulmeister versucht sich auf dem Klavier mit einem alten Schleifer. Holder lehnt sich an die Wand. Wie traurig seine Seele ist! Er blickt in die dunkle Stube hinein. Der Schulmeister spielt bedächtig vor sich hin, und seine Frau, die neben ihm in der Dämmerung sitzt und Bohnen schnippelt, singt manchmal ein bißchen mit. So richtig singen kann sie nicht, sie hat so eine Stimme, als wenn sie gleich weinen würde. Nebenan in den Gärten duftet Heliotrop. Da legt Holder das Gesicht in die linke Hand und fängt an, laut zu atmen.

So findet ihn der Herr Pfarrer.

»Holder, was ist denn los?«

Weshalb der Herr Pfarrer sich nur so aufregt? Gewiß, Holder hat die Abendbrotzeit versäumt. Aber er will gar kein Abendbrot. Nein. Und hier das Seufzen? Was versteht so ein Herr Pfarrer davon? Holder sagt kein Wort. Er geht neben dem

Herrn Pfarrer her, geht ins Haus, nimmt einen Wasserkrug, zündet sich eine Kerze an und sagt gute Nacht.

Der Herr Pfarrer ist ärgerlich. Natürlich hat der Junge wieder vergessen, den Hühnerstall abzuschließen. Nun muß man wahrhaftig auch das noch selbst tun.

Im Stiegenhaus hinter der Fensterscheibe steht Holder und sieht zu, wie der Herr Pfarrer über den Hof geht. Ein paar Holunderblüten pressen sich gegen das Glas. Holder denkt nach. Hier ist also drinnen, und dann kommt die Scheibe, und das andere ist draußen. Der Herr Pfarrer bewegt sich draußen wie ein Schatten. Ein paar Blüten rieseln nieder. Aber es geschieht so schweigend. Eine andere Welt regt sich hinter der Scheibe, geheimnisvoll und anders. Holder hustet, daß die Kerze anfängt zu flackern. Das Husten kann er wohl hören, aber die Schritte des Herrn Pfarrers kann er nicht hören und das Fallen der Holunderblüten auch nicht. Weich und gedämpft geht es da draußen zu. Aber die Scheibe ist dazwischen. Ach, die verfluchte Scheibe! Holders Gesicht verzerrt sich plötzlich wie unter einer furchtbaren Erinnerung. Er biegt sich zurück und stößt mit einem klagenden Schrei seine Faust durch das Glas.

Der Herr Pfarrer kommt heraufgestürzt: »Was ist passiert? Hast du dich gestoßen? Bist du gefallen? Holder? Hörst du nicht? Holder?«

Er bekommt keine Antwort. Gedankenlos wickelt Holder sein Schnupftuch um die blutende Hand, schnauft verlegen die Luft durch die Nase, nimmt Licht und Wasserkrug und geht auf seine Kammer.

Erst horcht er, ob der Herr Pfarrer hinterherkommt, dann stellt er die Kerze auf den Waschtisch und besieht sich im Spiegel. Er zieht die Augenbrauen hoch und stülpt den Mund nach vorn. So könnte er der Herr Pfarrer sein. Mit einem Male lacht er ganz breit, so daß die Zähne bloß liegen. Er fährt zusammen und drückt die Kerze aus. Der Mond kommt über die Dächer. Ein bißchen gelbes Licht dringt in die Kammer.

An einem Nagel hängt der alte Zylinderhut seines Vaters. Er findet, es sei schön, wenn er mit dem Zylinderhut spazierenginge. So setzt er ihn auf und tastet sich die Treppe hinunter. Die Haustürglocke klingelt.

Die Landstraße schwingt sich draußen vor dem Dorf schnurgerade durch die Felder und schweigend hinein in den Nebelstreif, der flachgeballt über den Flußwiesen schwebt. Der Mond ist inzwischen kreideweiß geworden. Fern rauscht das Wehr. Da sind Apfelbäume und dahinter weite Getreideflächen. Dem Wind, der manchmal vom Dorf herüberkommt, merkt man an, daß er über Holunder gestrichen ist. Holder schnauft den bitteren Duft, obwohl er ihm Kopfschmerzen macht, begierig ein und geht auf der Landstraße weiter. Nun ist er am Fluß. Er schlürft am Ufer entlang und taucht in den Nebel, eine eisige Dumpfheit schlägt über ihm zusammen. Er schnuppert und meint, der Nebel röche nach Holunder. Blutet denn die Nase? Er faßt hin. Nein. Das Kopfweh braust wieder leise in den Schläfen. Die Feuchtigkeit des Grases, in dem er wandert, quillt durch seine Schuhe. Wo nur dieser Holundergeruch herkommt? Da hüpft ein Frosch schwerfällig auf und plumpst ins Wasser. Holder traut sich nicht weiter. Wenn er nun auf so ein Tier tritt! Man kann ja nicht sehen, was im Grase hockt. Jetzt... vielleicht zappelt jetzt schon was unter seinem Fuß. Vor Entsetzen macht er einen Sprung. Aber jetzt... jetzt hat er gewiß etwas zerquetscht! Er schreit und springt, die Knie vor Ekel bis unters Kinn reißend, blind drauflos. Schneller! Noch schneller! Nur die Zehenspitzen tippen eben auf den Boden. Er schreit immer noch. Der Ekel betäubt ihn fast. Zuletzt trippelt er mit rasender Geschwindigkeit auf derselben Stelle und schlägt mit den Armen um sich, als sei er von einem Bienenschwarm bedrängt, bis er zusammensinkt und wimmernd im Grase liegt.

Nach einer halben Stunde schlendert er an einem Weizenfelde entlang, geht vorwärts, geht rückwärts, schneidet Fratzen und stößt plötzlich gegen einen Birnbaum. Erschrocken duckt er sich nieder: was wird nun kommen? Endlich hebt er behutsam den Kopf, sieht den Birnbaum an und grinst. Die Zweige des Baumes steigen ins Mondlicht. Holder verbeugt sich und bewegt den Mund, als rede er. Sein Gesicht verzieht sich bald zu einem Lächeln, bald zu einer Drohung und bald zu einem ungläubigen Erstaunen. Aber es ist kein Ton zu hören. Plötzlich sieht er sich vorsichtig um. Obgleich dahinten nur der blinde Glanz des Mondes durch den Nebel sickert, schleicht er beiseite ins Weizenfeld. Die niedergetretenen Halme richtet er scheu wieder auf. Dann geht er schneller. Nun steht er mitten im Felde. Die Menschen wohnen weit weg. Er steht und starrt zum Mond hinauf. Seine Augen sind sehr groß. Es sieht aus, als zöge der Mond ihn an. Der dünne Körper hebt sich auf die Zehen, sinkt langsam zurück, hebt sich von neuem und sinkt wieder zurück. Das ist wie ein geheimnisvolles Atemholen. Seine Arme hängen schlaff herab. Seine Augen sind dem Monde zugewandt. Das große Gestirn zieht weiter. Holder dreht sich leise mit.

Über eine Stunde bleibt er so. Mit einem Male sieht es so aus, als wolle er zusammensinken. Aber er gibt den Knien einen Ruck, stößt die Fäuste in die Hosentaschen und geht nach Hause. Quer durch das Weizenfeld, durch ein Erbsenbeet, in den Pfarrgarten. Überall streift er betaute Spinnweben und Mondlicht ab. Als er in seiner Kammer das nasse Zeug vom Leibe tut, überfällt ihn ein heftiger Frost. Zuckend wälzt er sich ins Bett, zuckend liegt er da. Seine bläulichen Lippen lassen manchmal ein kurzes, knirschendes Hohngelächter heraus. Aber allmählich durchquillt ihn Wärme und Beruhigung. Und schließlich kündet sich der Schlaf mit langsam dahinschwebenden Bildern an. Unter tiefer Musik erhebt sich ein Traum.

Nein... um Gottes willen! Es gibt Holder einen Stich in die Herzgrube. Er wacht auf. Die Nacht rauscht. Wo ist das... Fenster... die Tür...? Ja richtig! Und dann ist die Musik wieder da.

Jemand läßt aus einer Laute drei dunkle Töne aufsteigen, eine Flöte macht ein paar Kapriolen dazu und eine Geige seufzt ganz leise. Holder horcht zum Fenster hin. Unten auf der Straße bereitet sich etwas vor. Er schließt die Augen und hält doch den Atem an vor Erwartung. Und wahrhaftig, nach einer kleinen Stille flüstert jemand: »... Zwei ... drei«, die Geige zirpt, und dann geht es los: Laute, Geige und Flöte fließen in einem goldenen Strom dahin, aus dem sich erst die Flöte und dann die Geige bebend emporhebt. Und dann wird die Musik gedämpft und entfernt, und eine schöne Stimme singt am Pfarrhaus empor:

»In dieser Nacht ertrinken wir...
Ich bin am Fenster dunkel neben dir,
und alle Sehnsucht, alle Sommerfülle
wird überselig in der großen Stille.
Wir haben uns noch nie geküßt.
Wie still die Sterne wehen,
wie still die Stunden gehen,
wie still dein Antlitz ist!«

Die Flöte wagt sich zögernd eine halbe Oktave hinauf, und die schöne Stimme wiederholt, allmählich in die Tiefe sinkend:

»... Wie still dein A-hant-litz ist!«

Dann rauschen die drei Instrumente ineinander, und dann ist alles vorbei. Es dauert eine ganze Weile, bis oben aus dem Pfarrhaus die Prinzessin ruft: »O Gerd, das habt ihr aber wirklich fein gemacht.« Holder springt aus dem Bett und läuft ans Fenster.

»Ja«, ruft die Prinzessin, »herzlichen Dank auch. Aber ihr geht doch noch nicht weg?«

Die Musikanten lachen und stimmen ihre Instrumente. Holder streckt den Kopf zum Fenster hinaus. Schräg über ihm schimmert der blasse Arm der Prinzessin in der Dunkelheit. »Wie warm es heute nacht ist!« sagt sie und läßt das Mondlicht über ihre Hände fließen.

Holders Gesicht ist todblaß.

Da singen die Drei:

»Es blasen drei Musikanten,
so leise durch die Nacht,
sie kommen aus weiter Ferne
und wandern und blasen so sacht.
Die Apfelbäume blühen . . .«

Die Laute schnarrt lustig dazwischen, manchmal wagt der Flötenspieler einen melodischen Triller, der Geiger wagt schmachtende Doppelgriffe. Es wird ein richtiges Ständchen.

Tief in der Nacht wacht Holder auf. Draußen weht es. Ein mäßiger Wind hat sich erhoben. Holder tritt im Hemde auf die Treppe hinaus. Von oben fällt ein feiner Lichtstrahl über die Stufen. Er steigt schwankend hinauf und kriecht bis an die Tür. Das ruhige Sausen des Windes erfüllt das Stiegenhaus. Hinter der Tür sind Stimmen. Holder drückt die Fäuste unters Kinn und horcht.

»Du«, sagt drinnen der Mann, »jetzt liege ich schon eine halbe Stunde im Bett.«

Dann ist es still. Ein Kamm knistert durch widerspenstiges Haar.

»Süße Kanaille, wenn du jetzt nicht kommst, dann hole ich dich.«

»Will Er wohl!« droht nun eine helle Stimme und lacht leise in sich hinein. »Sieht er denn nicht, daß ich mir das Haar erst flechten muß? Oder meint Er, ich wagte mich mit offenem Haar in sein wildes Bett? Wieviel Stunden gibt Er mir morgen früh zum Kämmen? Ist etwa keine Probe angesetzt? Ist etwa morgen früh um acht Uhr keine Probe angesetzt?«

Nach einer Weile hört Holder einen starken Tapps auf dem Fußboden und einen erschrockenen Schrei, und dann lacht der

Mann: »Beiß nur! Ha, ha! Beiß nur!« und dann wird es still, und dann stöhnt die helle Stimme ein paarmal auf. Aber sie ist gar nicht mehr hell, es ist eine andere Stimme. Es tut so wahnsinnig weh, sie zu hören.

Holder kriecht vor der Tür umher. Drinnen rauscht das Bett. Aber Holder kriecht immer im Kreis vor der Tür umher. Immer im Kreise.

»Was ist denn los?«

»Hilfe! Menschenskind, komm doch her! Beim Pfarrer! Menschenskind!«

Ein dumpfer Hornstoß. Dann noch einer und dann ununterbrochen das unheimliche Tuten. Der Himmel ist rot.

»Ne, das ist der Himmel nicht, das ist alles Qualm.«

»Menschenskind!«

»Jawohl, alles Qualm.«

Die Spritze rasselt vorbei.

»Wo? Wo?«

»Beim Pfarrer.«

Dröhnend fällt das Sturmgeläut der Glocke in das Geschrei.

In allen Häusern hüpfen Lichter auf. Der Wind saust langsam über die Dächer hin und plötzlich heulend hinein in die Flammen. Ein Funkenfeuerwerk schießt hoch. »Aaaah!« schreien die hellen Gesichter, die sich rings um das Pfarrhaus drängen.

Immer mehr rennen herbei. Barfuß, in Unterhosen und mit klappernden Holzschuhen. Viele Männer schleppen Wasser. Eine alte Frau sitzt auf einem Ackerwagen und weint laut. Immer noch geht der Nachtwächter umher und tutet. Aber die Glocke ist still geworden. Die Kirche brennt nun auch. Was soll da die Feuerwehr mit ihren Eimern machen?

»Menschenskind, wie ist das denn angegangen?«

»Die Schauspieler sollen's ja angesteckt haben.«

»Mensch, quatsch doch nicht!«

»Karl, wenn ich dir's sage.«

»Ne, ne, der Herr Pfarrer ist beim Studieren eingeschlafen und hat die Lampe umgeschmissen.«

»Der Herr Pfarrer? – Habt ihr's gehört? Der arme, arme Herr Pfarrer ist verbrannt.«

»Holder auch.«

»Unsinn!«

»Jawohl, sie haben zwei Tote rausgeholt, unser August hat's doch gesehen.«

Hui, wie die Flammen aufschwärmen!

Der Herr Pfarrer kommt mit dem Vorsteher die Straße entlang. Wer einen Hut auf hat, tut ihn ab.

»Guten Tag, Herr Pfarrer!«

»Guten Tag, lieber Herr Pfarrer!«

Es wird still. Die Flammen singen und knistern. Und die alte Frau weint ganz laut. Aber der Herr Pfarrer sagt kein Wort. Der Vorsteher auch nicht. Sie gehen stracks in die Schule. Der Landjäger erwartet sie schon.

»Niemanden hereinlassen.«

»Jawohl, Herr Vorsteher!«

In der Schulstube auf der ersten Bank liegt die Prinzessin. Der Herr Pfarrer zeigt dem Vorsteher die Kratzwunden und die unheimlichen roten Flecken am Halse. Dann nimmt er die Kerze vom Pult und hebt ein Tuch hoch, das die zweite Bank verdeckt. Da liegt Gerd. Sein Schädel ist entsetzlich zugerichtet. Das Gehirn hängt heraus. Schräg über die Nase und quer durchs linke Auge zieht sich ein tiefer Hieb. »Mit dem Küchenbeil«, sagt der Herr Pfarrer. Der Vorsteher nickt und zerreibt das angekohlte Hemd des Toten zwischen seinen Fingern.

»Wo ist... er?«

Der Herr Pfarrer schließt die Tür zu einem kleinen Nebenzimmer auf. Holder kauert am Fußboden. Seine Hände sind blutig und tasten unaufhörlich an seiner Brust herum, sein Gesicht ist wie mit braunem Lehmwasser bespritzt. Er steht beim Schein der Kerze, die der Herr Pfarrer hochhebt, langsam auf, drückt die

Hände vor den Mund und führt sie dann wieder vor der Brust auf und ab. Er geht auf den Herrn Pfarrer zu und will ihm etwas sagen. Der Herr Pfarrer zuckt unwillkürlich zurück. Holder sieht ihn an, lächelnd und heftig zitternd. Aber der Blick ist so, daß er durch den Herrn Pfarrer hindurchgeht, irgendwohin in eine weite, weite Ferne. Der Herr Pfarrer dreht sich um und wendet sich dann Holder wieder zu. Der steht noch immer da mit seinem Lächeln und seinem Blick in die Ferne.

»Ich kann und kann es nicht verstehen«, sagt der Herr Pfarrer ganz traurig. Der Vorsteher starrt finster vor sich hin.

».. . sie waren ja nicht Sammler nur, abwegige, wunderliche Käuze,
aus allen Wurzeln des Seins nährten sie sich,
und dieses Begehren nach Schönheit,
dieses Drängen nach kostbarem Besitz war nur einer ihrer Triebe,
ein wuchernder zwar, aber er hatte ihr Leben nicht erstickt,
dieses lustige und traurige Leben; und doch, dieses stille und tröstliche,
oft auch wilde und leidenschaftliche Wirken im Reich der Kunst,
es baute einen hohen Raum um sie,
und wie von Engelshänden waren sie geführt durch verworrene Jahre.«

Eugen Roth

Die beiden Sammler

Bald nach dem Großen Kriege konnten die Münchner einen jungen Mann beobachten, wie er, mitten im Winter etwa, dahinging, einen breiten Hut auf dem langbeschopften Geierkopf, in einem gestutzten Soldatenmantel und an den Füßen Schaftstiefel, dieselben, die er vordem in Flandern getragen hatte und die er nun weiter trug, obwohl er längst verwundet aus dem Feld heimgekommen war und aus dem Dienst entlassen. Er trug eine gewaltige, vor Alter brüchige Mappe unterm Arm; sie war notdürftig verschnürt, die Stricke schnitten ihm in die ungeschützte Hand, aber keuchend schleppte er sie weiter, der Wind drohte sie aufzustoßen, es war ein mühseliger Gang, wie ihn nur ein Sammler auf sich nehmen konnte, einer wie dieser, der Blätter heimtrug, die ihm Herr Korbinian Zitzelsberger, der kleine Antiquar aus der Türkenstraße, zur Ansicht mitgegeben, ungesiebt, wie er sie selber soeben erst vom Speicher einer Witwe geholt hatte. Der Eifrige trug seine Beute durch die langen, eisdurchklirrten Straßen nach Hause, bei den Eltern wohnte er, und vor ihnen galt es nun, die Mappe zu verbergen, vor der Mutter besonders, die in solch unseliger Neigung des Sohnes, in so drangvollen Zeiten gar, schon Untergang und Verderben der ganzen Familie sah. Der Großvater bereits, ihr eigener Vater, war der Leidenschaft des Sammelns verfallen gewesen, übereilt, zu ungünstiger Stunde, war der ganze Plunder von Münzen, Waffen und Stoffen abgestoßen worden und nichts war geblieben als ein wenig Geld, das jetzt rettungslos dahinschmolz, und ein Klebeband mit Zeichnungen und Wassermalereien, der dem Sohn in die Hände gefallen war und der nun den gefährlichen Funken neu entzündet hatte.

Als der junge Mann, ungesehen diesmal, in sein Zimmer entwischt war, stellte er seine Last auf den Boden; und nicht sehnsüchtiger kann ein Liebhaber seine Geliebte entkleiden, als er nun, mit noch klammen Fingern, die Verschnürung von seiner Mappe zu nesteln begann, um nach dem flüchtigen und abschätzenden Blick, den er, Aug in Auge mit dem Händler, auf die Blätter geworfen hatte, jetzt in vollen Zügen ihren Reiz auszukosten, bis er zuletzt, hüpfend und wunderliche Worte murmelnd, sich dem Glücksrausch seines Fundes hingab.

Eine Welt erschloß sich ihm, eines Zaubers schien er mächtig, aus dem Dunkeln die strahlendsten Dinge zu ziehen, mit beharrlicher Liebe einzudringen in den strömenden Kreis höchster deutscher Kunst. Denn die Romantiker hatte er sich, nach einigem Schwanken, zum Ziel seines Sammelns erkoren, Namen, heute von jedermann genannt, damals erst scheu und edel erblühend, Werke, für wenig Geld noch zu erwerben in jenen Jahren, wenn man nur unverdrossen suchte, mit geschärftem Blick und sein Wissen mehrte, das hier Macht war wie selten sonst.

Was freilich diese Kennerschaft anbelangt, so dachte Herr Zitzelsberger in der Türkenstraße wesentlich geringer von ihr und auch Herr Füchsl in der Theresienstraße fand, daß der Anfänger ein Segen sei für das Geschäft, ein williger Abnehmer von Ladenhütern, die, schon von vielen Kunden beäugt, achtlos liegen gelassen worden waren. Bald erfuhren sie auch, vertrauter mit ihm werdend, daß er Eigenbrot heiße, und der Name schien ihnen wie gespitzt zu passen für einen, der sich anschickte, in die Reihe der Käuze und Abseitigen zu treten, von denen sie die närrischen Abarten zu betreuen hatten.

So vergingen einige Jahre, der junge Rechtsstudent hatte seinen Doktor gemacht und war ein gutbezahlter Anwalt geworden, er hatte eine wohlabgestimmte Wohnung am Fluß, keine wirre und wüste Sammlerhöhle, wie man hätte glauben können, und längst trug er nicht mehr den feldgrauen Flausrock und die schweren Stiefel. Niemand hätte ihn für einen leidenschaftlichen, ja schrulligen Sammler gehalten, wie ja auch die Zauberkünstler, Zahnbrecher und Kunstmaler heutzutage wohlgekleidet einhergehen, ohne Aufhebens von sich zu machen. Nur wer ihn in dem weitläufigen, von Mappen und Büchern verstellten Bau des düsterfröhlichen Herrn Füchsl zu sehen bekam oder in dem lichtlosen, engen Verlies des Herrn Kinderlein, des leichenfahlen, feuchtbärtigen Flüsterers, stehend, als einen völlig Verwandelten, grabend mit staubschwarzen Händen im Wust des Papiers und den Händen noch voraus den pfeilschnellen Blick des heißen, gierigen Auges, der spürte jenes zweiten Lebens Gewalt, die in ihm war und ihn als seinen eigenen Doppelgänger erscheinen ließ. Längst hatten die Händler verlernt, ihn zu belächeln, sie liebten vielmehr seine rasche Entscheidung und seine Art, zu zahlen, ohne zu schachern.

Dieses Sammeln war bei Doktor Eigenbrot wie der jähe Anfall einer Krankheit, er stand dann von der Arbeit auf und durchstreifte die Altstadt oder die Straßen Schwabings, obwohl er sich eben erst geschworen hatte, sie eine Woche und länger nicht mehr zu betreten. Dann wieder fluchte er diesem Dämon, der ihn in solche Bereiche des Moders und der abgelebten Zeiten zwang, um gleich darauf, von einer Postkarte gerufen, mit einem Durste ohnegleichen, den lockenden Abenteuern und erregenden Geistesfreuden neuer Entdeckungen entgegenzueilen.

Woran es ihm aber fehlte, das waren die Sammlerfreunde, mit denen er sich hätte besprechen, von denen er hätte lernen können. Was half aller Erwerb und Besitz, wenn keines verständigen Menschen Auge darauf ruhte, wenn er nicht das eigene Gut am fremden messen konnte. Die Freunde des Sammlers aber, das muß hier gesagt werden, können niemals die Sammlerfreunde ersetzen. Doktor Eigenbrot bewirtete manch guten Kameraden, manch kluger Kopf zählte zu den Seinen. Nie aber wollten sie seiner Sammlung die gebührende Ehre antun, mit flüchtigen, unverstehenden Blicken oder gar mit schlimmen Scherzen wurden die besten Mappen abgetan, und fast immer endeten solche Versuche, seine Schätze zu zeigen, mit dem spottenden Rat, dergleichen kostspielige Späße sein zu lassen, Zeichnungen in den öffentlichen Sammlungen nach Herzenslust zu betrachten und das Geld für Dinge auszugeben, von denen auch sie, die guten Freunde, etwas hätten, als da sind Wein, Weib und Gesang, und mehr als einmal trieben sie ihn, der leicht zu hänseln war, in hundert Höllen des Schreckens und Ärgers, wenn sie in gut gespielter Unachtsamkeit ein kostbares Blatt zu zerreißen drohten, oder ihm weismachten, erst neulich irgendwo – und der genauen Umstände konnten sie sich natürlich nicht mehr erinnern – Zeichnungen von einem gewissen Flor oder Fohr, bei Verwandten vielleicht, ziemlich gering geschätzt, liegen gesehen zu haben.

Wohl hatte unser Sammler da und dort auf seinen Streifzügen ein paar alte Herren kennengelernt, mit denen sich über dies und das plaudern ließ, leichte Gespräche waren es geblieben, denen er längst entwachsen war. Noch nie aber war er dem berühmten Herrn Stöber begegnet, aus dessen Sammlung bereits der wunderbare Glanz der Legende floß. Und Doktor Eigenbrot wußte, traurig genug, daß mehr als ein Blatt, das er hatte fahren lassen müssen, in dieser sagenhaften Sammlung prangte; denn Herr Wilhelm Stöber war reich.

Er war im Kriege Offizier gewesen, und, spät aus russischer Gefangenschaft zurückgekehrt, mußte er sich, statt die Kunstwissenschaft zu ergreifen, dem väterlichen Bankhause widmen, dem er nun seit mehreren Jahren vorstand. Der innerste Drang aber war so mächtig in ihm, daß er alsbald begann, wenige, aber erlesene Blätter der Romantiker, Nazarener und Deutschrömer zu sammeln. An Geldmitteln und Kenntnissen war er seinen Mitstrebenden weit überlegen, und Doktor Eigenbrot hatte nur den einen Vorteil, mehr Zeit aufwenden zu können, die ja Geld ist, wie die Weltkinder sagen, und die wirklich mehr sein kann als Geld, gar wenn es gilt, unermüdlich umherzuschweifen und auf der Lauer zu liegen in solch weiten und immer noch glückhaften Jagdgründen; oft genug gelang es dem Doktor, den kleinen Treibern und Jägern ihre Beute abzulisten, noch ehe die großen Wind bekommen hatten, ja, noch ehe die kleinen selbst recht wußten, was in ihren Netzen und Schlingen sich gefangen hatte.

Schaudervoll freilich war oft an solchen Dingen noch der Hauch des Todes zu spüren, denn vielleicht war die Leiche noch nicht aus dem Hause, als schon die Fledderer anrückten, in Kisten und Kasten zu graben, im Einverständnis häufig mit den Erben, die schon lange gewartet hatten, den unnützen Trödel in klingende Münze zu wandeln.

Herr Stöber kam nur selten in die Bereiche der kleinen Trödler, er liebte sie nicht, diese Todesverwandtschaft, er nahm diese schicksalhaften Stücke Papiers, wenn sie wieder sachlicher geworden waren, freilich auch teuerer; und da andrerseits der Doktor nur sehr gelegentlich in die vornehmen Kreise des großen Handels sich wagte, währte es Jahre, bis die beiden einander begegneten, zumal ja die Verkäufer ihre Kunden, wie auch die rätselvollen Wege der Ware so geheim als möglich zu halten suchten und jedem Sammler die Blätter anboten, als wären sie jungfräulich und er, der Bevorzugte, sähe sie als der erste, gewiß und wahrhaftig. – –

Ein bedeutendes Versteigerungshaus legte seine Schätze zur Besichtigung aus, und da Anschauen nichts kostet, ging auch der Doktor hin; und was jahrelang nicht hatte gelingen wollen, ergab sich hier wie spielend, daß er nämlich Herrn Stöber kennenlernte, gar nicht flüchtig, sondern gleich gründlich, im Streitgespräch um eine bezweifelte Federzeichnung. Rascher und herzlicher, als es sonst die herrische Schüchternheit Stöbers erlaubte, war das Einvernehmen hergestellt, und wider Erwarten sagte er sogar zu, als der Doktor, bescheiden genug, die Bitte aussprach, der geschätzte Kenner möchte doch einmal auch seine Sammlung, sowenig sie im Ganzen bedeuten wolle, um einiger beachtlicher Stücke willen, gelegentlich eines Blickes für wert halten.

Glühend wie eine Braut erharrte er den hochwillkommenen Gast; der erschien pünktlich und forderte unverzüglich die Mappen zu sehen, als wollte er damit deutlich machen, wie ausschließlich der Besuch der Sache und nicht der Person gelte. Stoß um Stoß wurde herbeigeschleppt, und als der Doktor des mächtigen Gegners Erstaunen spürte über die Fülle und den Wert dessen, was er ihm zu bieten vermochte, da wuchs ihm in Freuden das Herz. Endlich floß nun, ach, zum erstenmal und als ein holder Lohn der Mühen, der langgehemmte Strom der Rede, und jetzt erst, so schien es ihm, im gemeinsamen Anschauen, gewannen die Werke der verschollenen Künstler ihren Wert, diese Bleistift- und Pinselstriche, die ohne den Blick der Liebe heimatlos sind auf dieser Welt.

Eine der Zeichnungen, farbig getönt, hätte Herr Stöber gerne gehabt, wenn er sie auch nur sparsam lobte und vorgab, ihn reize bloß die Darstellung, Winzer nämlich waren es, bei der Lese am Rebenhügel, recht hübsch, wie er sich vorsichtig ausdrückte. Die Meinung des Eigentümers, das Blatt könnte von Schwind sein, wies er mit wiegendem Kopf als wenig zusagend von sich. Und doch wußte er es so gut wie sicher, daß es ein Schwind war, und zwar das Blatt Oktober aus einer Folge der zwölf Monate, und in den neunziger Jahren, das hatte er in einer alten Versteigerungsliste erschnüffelt, war eine solche Folge in Wien versteigert und seitdem vielleicht in alle Welt verstreut worden. Es konnte aber auch sein, daß die übrigen elf Monate eines Tages geschlossen im Kunsthandel auftauchten, und dann war es von unschätzbarem Wert, diesen einen Ausreißer sichergestellt zu haben.

Herr Stöber, so schlau er es anfing, hatte seinen Mann doch kopfscheu gemacht, der erklärte, sich von so einem guten Blatte nicht trennen zu wollen, ehe er nicht wisse, wessen Handschrift es sei. Ziemlich schroff und durch die Weigerung, auf einen Tausch einzugehen, sichtlich verstimmt, zog der Beschauer die Uhr, schien aufs höchste überrascht, daß Mitternacht schon vorüber sei, und erhob sich, um aufzubrechen.

Doktor Eigenbrot, der gern noch volle Stunden gesäumt hätte, geleitete den Gast über die Treppe, als er plötzlich, am Haustor, mit Schrecken bemerkte, daß er den Schlüsselbund am Mappenschrank hatte stecken lassen. Wohl ließ sich das Haustor durch einen geschickten Griff in die Feder des Schlosses öffnen; aber ihm selbst, der die Wohnungstür hinter sich zugeschlagen hatte, blieb der Rückweg versperrt, und er wußte nicht, wo er die Nacht verbringen sollte.

Dieser Sorge enthob ihn Herr Stöber, der ihm vorschlug, mit ihm nach Hause zu fahren und dort zu übernachten, ein Angebot, das in solch peinlicher Lage nur schwer auszuschlagen war. So fuhr er denn, in einem weit zwingenderen Maße Gast seines Gastes, durch die stille Stadt gegen Süden, wo der Bankherr, am Rande des Waldes, in einem vornehmen Landhaus wohnte, in das er gewiß noch keinen geladen hatte, den er zum erstenmal gesehen.

Einen Haken freilich, so mußte Herr Stöber unterwegs zaudernd gestehen, hatte diese wunderliche Beherbergung noch, den nämlich, daß seine Frau, so lieb und verständig sie sonst auch sein mochte, wenig übrighatte für die künstlerischen Neigungen ihres Gatten. Nie und nimmer durfte sie erfahren, wieviel Zeit und Geld Herr Stöber an diese Spielerei verwende.

Doch erwies sich diese lächerlich-ernste Sorge als unbegründet, Frau Stöber war früh zu Bett gegangen, und während in dem weitläufigen und prächtigen Haus die Dienerschaft dem Fremden das Zimmer rüstete, konnte der Hausherr, bei einem Glase Schnaps, den Gast noch einen flüchtigen Blick auf seine Mappen tun lassen; noch einmal und dringlicher kam er auf den Tausch zu sprechen, bot auch gleich einige Blätter an, und der Doktor, unter solch wunderlichen Umständen dem andern mehr verpflichtet, als ihm lieb war, zögerte nun nicht länger, einzuschlagen, wie sehr ihn auch eine innere Stimme warnen mochte, gerade solcher, an Nötigung grenzenden Hartnäckigkeit nachzugeben.

So schlief er denn auch schlecht genug in dem herrlichen Bette und empfahl sich, unrasiert und ungefrühstückt, beim ersten Sonnenstrahl. Eine leichte Verstimmung blieb, die noch wuchs, als ihm Zwischenträger berichteten, Herr Stöber tue sich viel zugute auf seinen jüngsten Fang, wo er einen hervorragenden Schwind einem Gimpel abgejagt hätte.

Gleichwohl begegneten sich die beiden Sammler im Lauf der nächsten Jahre öfter, die Wunde vernarbte, Herr Stöber war von gleichmäßiger Freundlichkeit und lud ihn sogar, als seine Frau in der Sommerfrische war, zu einer ausgiebigen Betrachtung seiner Sammlung ein, wobei Doktor Eigenbrot allerdings mit Ingrimm feststellen mußte, daß sein Blatt als Schwind in der besten Mappe lag. – Das Schicksal wollte der Freundschaft der beiden Sammler nicht wohl und es hatte sich in den Sinn gesetzt, diese Monatsbilder des Meisters Schwind schlimmlaunisch zwischen sie zu werfen. Doktor Eigenbrot war wieder einmal zu Herrn Füchsl gegangen, und weiß Gott, er hatte eine glückliche Hand, als er einen Schwung vergessener Blätter aus einer staubigen Schublade zog. Er traute, wie man so sagt, seinen Augen nicht, als er darunter vier Bilder fand, wie er eins an seinen großen Gegner verloren hatte. Unverzüglich wollte er sie erwerben, nicht nur sie allein, es war noch manch edle Hand unter den

Zeichnungen zu entdecken. Allein, Herr Füchsl selbst, der die Preise noch nicht gemacht hatte, war nicht zugegen, die Tochter war nur im Geschäft und der Sohn, ein Lateinschüler noch, sie getrauten sich nicht, einen gültigen Kauf abzuschließen. Aber neue Sachen wären gestern hereingekommen, sagte die Tochter, hinten lägen sie noch, in der Kammer, und bis der Vater zurück sei, und er müsse jeden Augenblick kommen, könnte ja der Herr Doktor schauen, ob auch für ihn etwas Geeignetes darunter wäre.

Doktor Eigenbrot übergab, mit der ausdrücklichen Bemerkung, daß er sie als gekauft betrachte, dem Fräulein die herausgesuchten Blätter und drang darauf, daß sie entsprechend verwahrt wurden; dann erst ging er, seinem Stern vertrauend, mit der Tochter ins rückwärtige Lager, während der Sohn den Laden hüten, und falls ein Kunde erschiene, die Bedienung rufen sollte.

Als die beiden nach längerer Zeit, staubstarrend vom ergebnislosen Wühlen, wieder im Laden erschienen, trafen sie dort Herrn Füchsl an, und stracks forderte der Doktor seine Blätter, um sie, die er in Bausch und Bogen, um jeden Preis gewissermaßen, schon erworben hatte, jetzt einzeln auszuhandeln. Aber als die Tochter, ganz selbstverständlich, nach ihnen griff, waren sie nicht mehr da. Der verwirrte Herr Füchsl mußte zugeben, daß er sie soeben dem Herrn Stöber, der mit ihm zugleich den Laden betreten hatte, verkauft habe – in traumwandlerischer Sicherheit habe dieser das Versteck aufgefunden, einen Blick darauf geworfen, ohne Feilschen den gar nicht geringen, ja, wie Herr Füchsl beteuerte, abschreckend hohen Preis bezahlt und fort sei er gewesen, mit einer verdächtigen Schnelligkeit.

Doktor Eigenbrot tobte, das Mädchen weinte, Herr Füchsl beteuerte seine Unschuld und erklärte sich immer wieder bereit, den Schaden durch hundert Bemühungen zu ersetzen. Er sah die Gefahr, von seinen beiden besten Kunden unweigerlich den einen zu verlieren. Doktor Eigenbrot blieb unerbittlich, er verlangte vom Herrn Füchsl, daß er sogleich Herrn Stöber davon verständigen müsse, die Ware sei bereits rechtsverbindlich verkauft gewesen, der Käufer, dessen Namen er unter keinen Umständen nennen sollte, erwarte die Rückgabe der Blätter. Der verängstigte Herr Füchsl griff, widerwillig genug, zum Fernsprecher und rief, gegen alle Vereinbarung, den Bankherrn in der Wohnung an; er war jedoch nicht zu Haus. Frau Stöber nahm die beweglichen Klagen des Händlers entgegen, erfuhr auf solche Weise mit zornigem Staunen, was ihr jahrelang verschwiegen worden war. Herr Stöber, der kurz darauf in bester Laune, den glücklichen Fang unter Geschäftspapieren verborgen, hereintrat, ward mit Tränen und Vorwürfen übel genug empfangen; er ließ, kaum daß er seine Frau notdürftig und unter beschämenden Ausflüchten beschwichtigt hatte, in der ersten Wut Herrn Füchsl einen eingeschriebenen Brief zugehen des Inhalts, daß er dessen Laden nie wieder betreten werde, im übrigen aber eine gerichtliche Entscheidung in Ruhe erwarte.

Doktor Eigenbrot, der Anwalt, hatte nicht übel Lust, sich in eigner Sache gegen seinen großen Nebenbuhler die Sporen zu verdienen, aber bei ruhiger Überlegung fand er, daß das, was einzig zu erfechten sich lohnte, der Besitz der vier Zeichnungen von Schwind, nicht zu erzwingen war. Alles andere aber, Genugtuung und Ersatz, kam einer Niederlage gleich. So bezwang er seinen Groll und nahm wenigstens insofern seinen Vorteil wahr, als Herr Füchsl in der Tat sich erbötig zeigte, ihm mit verdoppeltem Eifer bei seinen Erwerbungen zu dienen.

Gewiß hatte der Bankherr längst erfahren, wem er die köstlichen Blätter weggekauft hatte. Aber er sprach kein Wort davon und auch der Doktor schwieg sich aus; es blieb eine schwelende Feindlichkeit, ihre Begegnungen blieben selten und frostig, sie gingen einander aus dem Wege und keiner lud den andern mehr ein, seine Neuerwerbungen zu besichtigen. Und wenn auch beide inzwischen andere Sammelfreunde hatten, es waren doch Stümper oder dürre Schwätzer, und im tiefsten Herzen ließ weder der eine noch der andere sich darüber täuschen, daß nichts den ebenbürtigen Gegner ersetzt und daß sie mit schmachtender Entbehrung büßen mußten für ihren Trotz. Wie im Märchen war es, wo zwei Zauberer sich verfeinden, wo eine vergiftete Liebe das Böse tut mit wehem Herzen. Der Doktor entbehrte die tiefen Gespräche mit Herrn Stöber schmerzlich, und auch dieser mußte sich gestehen, daß er öfter als einmal schon den Hörer von der Gabel genommen hatte, den Widersacher anzurufen, und ihn dann doch wieder zurücklegte, als wäre das Hindernis zu groß für seinen Stolz.

So verging die Zeit wieder so einsam, wie sie vordem gewesen war, ehe sie sich kennengelernt hatten. Die Männer, die damals noch nicht Dreißigjährige gewesen waren, mehr als Vierzigjährige waren sie jetzt, vieles war lebendig herübergeglitten mit ihnen, anderes war abgestorben im ständigen Wechsel und Wandel, die Süßigkeit des Auf-der-Welt-Seins war gewiß nicht größer geworden, und nur das Glück der Stille, die mächtige Sehnsucht nach der Dauer war gewachsen mit ihren Jahren. Die Schicksale der Welt hatten sich inzwischen verändert in einem Umsturz ohnegleichen, und auch rings um die beiden Sammler hatte Großes sich erhoben, sicher Scheinendes war gestürzt. Aber jene Gewohnheit, die den Menschen nährt und wiegt von Tag zu Tag, bis zum Grabe ihn begleitet, in das sie ihn dann stößt, diese trägtückische Gewohnheit war stärker geblieben, und gar der Besitzende, in unfreier Angst vor der Veränderung, redet sich leicht ein, nichts wäre geschehen, das ihn erschüttern müßte.

Immerhin, es galt wacher zu leben, und wie die beiden Sammler sonst lebten, müßten wir ausführlich schildern, denn sie waren ja nicht Sammler nur, abwegige, wunderliche Käuze, aus allen Wurzeln des Seins nährten sie sich, und dieses Begehren nach Schönheit, dieses Drängen nach kostbarem Besitz war nur einer ihrer Triebe, ein wuchernder zwar, aber er hatte ihr Leben nicht erstickt, dieses lustige und traurige Leben, das tausendfältige, in schwere Jahre gestellte Leben; und doch, dieses stille und tröstliche, oft auch wilde und leidenschaftliche Wirken im Reich der Kunst, es baute einen hohen Raum um sie, und wie von Engelshänden waren sie geführt durch verworrene Jahre.

Manches also war anders geworden als früher, vieles, ja alles war von Grund auf verwandelt, aber das gehört nicht in unsere Geschichte. Daß man aber eines Tages nicht mehr wie sonst nach Österreich reisen konnte, ins Nachbarland, das gehört hierher.

Doktor Eigenbrot fuhr nämlich doch nach Österreich, nach Wien, eine Genehmigung der Behörden war dazu erforderlich, nur für wichtige Geschäfte wurde sie erteilt, und der Anwalt, der dort mit der Gegenpartei verhandeln mußte, hatte ein wichtiges Geschäft.

Das hatten auch andere, Bankleute etwa, und so kam es, daß der erste, dem er an der Bahn begegnete, Herr Stöber war, der ebenfalls beruflich in Wien zu tun hatte. Einen Herzschlag lang hatten sie beide wegzuschauen versucht, aber zu überraschend waren sie aufeinandergeprallt und mußten sich nun wohl begrüßen, verlegen begannen sie eine stockende Unterhaltung von ausgesuchter Artigkeit.

Der Monatsbilder von Schwind ward keine Erwähnung getan, und doch blätterten sie unaufhörlich zwischen ihnen, die unvergeßlichen, dem Gewinner, der sie zwar recht und billig, aber nicht ganz einwandfrei erworben, und dem Verlierer, der sie eingebüßt, nicht ganz ohne eigenes Versagen, aber mehr durch Fügung des Schicksals, das ihm noch eine Genugtuung schuldig schien. Dann wurde das Gespräch ohnehin einsilbig, wie das so zu gehen pflegt auf Reisen, dies und das fragten sie sich noch aus Höflichkeit, wie lange man zu bleiben gedenke, und Herr Stöber bedauerte, morgen schon zurück zu müssen, mit dem Mittagszuge, und zum Herumschnurren bleibe ihm keine Zeit, diesmal, aber er hoffe, das nächste Mal, und bald, Muße zu finden, die Geschäfte nach Bildern abzuklopfen. Allzu lange erwiderte der Doktor, werde auch er nicht bleiben, schon wegen der knapp bemessenen Schillinge nicht. Der Bankherr, gern zu Diensten, bot, nach der Brieftasche greifend, seine Hilfe an, aber der Doktor winkte ab, er wollte sich nicht gern verpflichtet sehen. In Wien aber, wo sie am Nachmittag ankamen, trennten sie sich mit kurzem Gruß und tauchten unter in der großen, wintergrauen Stadt.

Doktor Eigenbrot holte sich auf seinen Auszahlbrief zweihundert Schillinge, mehr hatte er nicht zu erwarten. An Einkäufe war bei so magerem Beutel nicht zu denken, gleichwohl schlenderte er durch die Gassen und ward wie von Geisterhänden in die entlegensten Winkel geführt, wo in halblinden Auslagen und rumpeligen Gewölben der Trödelkram der alten Kaiserstadt feilgeboten ward. Dies und jenes hätte ihn gereizt, aber die wunderliche Armut, die ihm hier aufgezwungen war, verbot ihm, auch nur nach dem Preise zu fragen. Es dämmerte schon, da und dort wurden Läden geschlossen, da trat er noch bei einem Glaser und Rahmenmacher ein, der unter scheußlichen neuen Kitschbildern auch ein paar ältere Stiche und Handzeichnungen ins Fenster gehängt hatte. Er ließ sich einiges vorlegen, es war schwer genug, dem unverständig-freundlichen Mann begreiflich zu machen, was er eigentlich suche. Endlich, zögernd, als wüßte er noch immer nicht, ob er das Rechte getroffen, sagte der Meister, vorgestern hätte er von einem alten Hofrat, der verarmt gestorben sei, und ob er ihn nicht gekannt hätte, den Hofrat Patschlizek, einen großen Sammler – aber nein, der Herr sei ja nicht von hier, so, aus München sei der Herr, eine schöne Stadt, und im Reich draußen sei es ja doch viel besser zu leben, also von dem Hofrat habe er ein paar Bilder gekauft, keine Ölbilder, Zeichnungen eigentlich, aber doch farbig, und leider seien die Bilder, wenigstens glaube er das, nicht vollständig, es sähe so her, als ob es die zwölf Monate sein sollten, aber es seien bloß sieben Bilder, und ob er sie holen gehen solle oder ob der Herr nicht besser morgen vormittag vorbeischauen wollte, da seien sie bestimmt da, denn vergessen, nein, da könnte er sich darauf verlassen, vergessen würde er das nicht.

Himmel und Hölle stürzten bei dieser weitläufigen Rede auf den

Sammler ein. Hoffnungen stiegen in ihm auf mit feurigen und süßen Qualen, Abgründe des Mißtrauens verschlangen sie, eiskalt. Wer weiß, welchen Bafel ihm der Schwätzer hier vorlegen würde, ein Teufel, ohne es zu wissen – ein Engel, ohne es zu wissen, ja, auch ein Engel konnte er sein, ein himmlischer Bote unaussprechlicher Seligkeit. Aber unmöglich durfte die Entscheidung auch nur eine Stunde hinausgeschoben werden. Die oft geübte Klugheit, nur eine gedämpfte, beiläufige Anteilnahme zu zeigen, der Fiebernde ließ sie fahren, er beschwor den Glaser, unverzüglich die Bilder herbeizuschaffen, oder, noch besser, er selbst wollte, nach Ladenschluß, mit in die Wohnung gehen. Jedenfalls war er entschlossen, nicht vom Platze zu weichen, den Mann nicht aus den Augen zu lassen. War denn nicht der große Zauberer, der Unhold in den Mauern dieser Stadt, konnte nicht jeden Augenblick Herr Stöber zur Türe hereintreten, ja, in die Wohnung war er vielleicht schon geschlichen, vom Teufel selbst auf die Spur gesetzt und hatte der ahnungslosen Meisterin die Bilder abgeschwatzt.

Die Wege der Menschen sind wunderbar, aber auch die Dinge, die sie geschaffen, sind lebendige Wesen und haben ihre Schicksale: Als der Glaser, in der düsteren, schlimm riechenden Wohnung, zu der sie über holprige Treppen heraufgestiegen waren, dem Doktor die Bilder, noch gerahmt, wie sie waren, vorwies, genügte ein Blick, um ihn zu überzeugen, daß das Unwahrscheinliche Ereignis geworden war. Er hielt die Monatsbilder von Schwind in bebenden Händen, und so übel es roch nach versottenem Kraut und schmurgelndem Fett, er mußte tief Atem schöpfen, und der Aufforderung der Meisterin, die mit der Schürze den Stuhl abwischte und ihn bat, Platz zu nehmen, hätte es nicht bedurft, er saß schon, klopfenden Herzens, in Schauern von Entzückung.

Noch stand ihm freilich bevor, daß die Bilder unerschwinglich waren, hier und für ihn, denn auch der Alte mochte gewittert haben, daß es nichts Alltägliches sei, was seinen Kunden so in

Wallung versetzt hatte. Stockend fragte der, was sie wohl kosten würden. Der Meister begann abermals eine umständliche Rede, um endlich erst, als der Wartende schier bersten wollte, vor kribbelnder Unrast, sich zu der schlichten Aussage zu sammeln, er dächte, dreißig Schilling sei gewiß nicht zuviel für das Stück, oder zweihundert Schillinge für alle zusammen.

Doktor Eigenbrot, der vor Erregung nur stumm mit dem Kopf nickte, zählte dem Mann in vier Fünfzigschillingnoten den Kaufpreis hin, so wie er sie selber bekommen hatte, vor nicht zwei Stunden, um vier Tage zu leben in Wien. Und nun waren sie fort, am ersten Abend.

Unter vielen Empfehlungen und Segenswünschen stolperte der Fremde die Stiegen hinunter.

Draußen hatte es inzwischen angefangen zu schneien. Wallend und wirbelnd flossen die dichten Flocken nieder, tanzend um die goldenen Lichter. Doktor Eigenbrot ging dahin, als schwebe er, leicht wie der flatternde Flaum. Und als er, aus den engen, naßzertretenen Gassen hinaustrat auf einen freien Platz, darauf unberührt der Schnee lag, eine weiße, glitzernde Fläche, da schlitterte und tanzte er, eine wilde Weise summend und vielverschlungene, seltsame Zeichen schliff und stapfte er in den lautlosen Teppich, seinen ungeheuern Fund an sich gepreßt in der Brusttasche des Mantels, betrunken vor Glück hinschaukelnd durch die fremde, nachttiefe, schneevermummte Stadt Wien.

Dann freilich ernüchterten ihn Hunger und Müdigkeit, und er war wieder in dieser Welt, schlecht genug gerüstert, wie er sich gestehen mußte, es mit ihr aufzunehmen. In einem Torgang suchte er seine Taschen aus; er hatte, bei Licht besehen, noch etwas reichsdeutsche Münze, fünf Mark und etliche dreißig Pfennige brachte er zusammen.

Plötzlich fiel ihm Herr Stöber ein, der ja morgen mittag zurückfuhr. An der Bahn würde er ihn abfangen und ihm sagen, daß er nun doch von dem liebenswürdigen Anerbieten Gebrauch machen wolle. Und nun, da er doch im reinen Glücksgefühl nicht einen Augenblick an seinen Gegner gedacht hatte und an den ungeheuerlichen Trumpf, den er in Händen hielt gegen ihn, ja, nun überkam ihn das Bewußtsein der tollsten Laune, deren Fortuna fähig war: Mit seinem eignen Geld sollte jener den Kauf erst ermöglichen, mit der eignen Waffe blindlings den Hieb tun, der saß.

Doktor Eigenbrot ging vergnügt in das nächste Weinhaus, bescheiden genug, wie er meinte, aber das Sparen will gelernt sein; als er in seinen Gasthof kam, besaß er noch zwei Schillinge, die ihm der Pförtner, wer weiß mit welcher Begründung, mit hurtiger Höflichkeit abnahm. Doch was hatte all dies zu bedeuten, gemessen an dem Märchenschatz, den er jetzt hervorzog, mit Augen verschlang, mit Händen herzte, bis er ihn endlich und endgültig in die Tiefe seiner Reisetasche verschloß.

Andern Tags, bei nassem und stürmischem Wetter, mußte er ungefrühstückt seine Tätigkeit aufnehmen und die Gegenpartei besuchen, einen mürrischen Herrn, von dem er sich weder in seiner Sache noch, wie er vielleicht gehofft hatte, in seiner Person irgendeines Wohlwollens versehen durfte. Rasch brach er mittags die Verhandlung ab, zu Fuß mußte er den weiten Weg machen zum Westbahnhof, bitter bereute er, sich gestern nicht mit einem Kipfel begnügt oder wenigstens dem Pförtner seine Verlegenheit entdeckt zu haben. Erhitzt und atemlos, im dicken Wintermantel laufend, kam er an, reichlich spät. Und wie, das fiel ihm jäh und siedend ein, sollte er durch die Sperre kommen? Aber wie oft dem großen Glück noch ein winziges nachläuft, wie eine Schnuppe am Sternenhimmel – vor ihm, im nassen Schmutz, lag ein verlorenes Nickelstück, eifrig hob er es auf, der feine Herr, löste eine Karte und eilte durch die Sperre. Zug auf, Zug ab, nirgends war Herr Stöber zu entdecken. Da, als er schon die Hoffnung aufgab, sah er ihn, der sich noch mehr verspätet hatte, herbeitraben, zappelig und wenig geneigt, sich aufhalten zu lassen. Er verstand auch zuerst gar nicht, was der Doktor wollte: verwirrt und keuchend sich nachdrängend im übervollen Zug, mußte dieser seine Bitte vorbringen, und was gestern noch eine einfache, verbindliche Sache gewesen wäre, sah jetzt verdammt nach einer peinlichen Schnorrerei aus. Denn es zeigte sich, daß Herr Stöber, nicht darauf gefaßt, noch um einen größeren Betrag angegangen zu werden, sein Geld verbraucht hatte, und was er, selbst ungeheim betreten von dem Schauspiel, das sie beide boten, an österreichischer Währung aus den Taschen fingerte, waren sechsundvierzig Schillinge und etliche Groschen, und der Doktor nahm sie, feuerrot vor Scham und einen verlegenen Dank stotternd, und gerade hatte er noch Zeit, aus dem Zug zu springen, der schon anfuhr.

Noch am selbem Nachmittag verließ er, unter dem Vorwand, zu Verwandten zu ziehen, das Hotel; und keine dreißig Schillinge hatte er nunmehr und zu Verwandten zog er in der Tat, zu kleinen Leuten nämlich, armen Schluckern, in einen geringen Gasthof in der Vorstadt. Spaßig genug war nun sein Leben, märchenverzaubert, zwei Tage lang, ein Doppelleben war es, eines Menschen, der wohlgekleidet durch die Straßen ging, Bettlern scheu auswich oder sie mit einem Achselzucken abwies, der in Klubsesseln mit gewichtigen Herren verhandelte, vorgab, schon gespeist zu haben, und verdutzte Diener ohne Trinkgeld verließ – und das in Wien! Äußerstenfalls hätte er seine Uhr verpfänden müssen; aber es gelang ihm, die Besprechungen am dritten Tag notdürftig abzuschließen, und in der Nacht noch, verflucht von dem Hausmeister, der leer ausgegangen war und doch unendlich gesegnet, verließ er Wien und reiste nach München zurück.

Eines der sieben Bilder, und es muß nicht gesagt werden, daß es das schwächste war, übersandte er unverzüglich Herrn Stöber, mit höflichem Dank für die erwiesene Hilfe; es entspreche, die Spesen nicht eingerechnet, ungefähr dem, was auf ihn treffe von dem unerhört glücklichen Kauf, den er gemacht habe. Daß er die andern sechs Blätter, die übrigens hinreißend schön und einer Besichtigung, zu der er ihn einlade, sehr würdig wären, nun ein für allemal selbst behalten wolle, das werde er wohl begreifen.

Nun hätte Herr Stöber vor so zauberhaftem Glück die Waffen strecken und, für den immerhin zwanzigfachen Segen, den ihm seine Gefälligkeit gebracht, dankbar, die Gelegenheit ergreifen können, den alten, vertrauten Umgang wieder aufzunehmen. Allein, der stolze Bankherr liebte es nicht, glühende Kohlen auf sein Haupt gesammelt zu sehen und sich auf so herausfordernde Art beschenken zu lassen. Der Neid überrannte sein Herz, und Neid sollte ja auch, das war des Doktors unverblümte Absicht und ist aller Sammler Ziel schlechthin, gelber Neid sollte in ihm erweckt werden, und wie leicht ist er zu wecken, denn er schläft ja kaum je in eines Sammlers Brust. Herr Stöber also auf so empfindliche Art von dem Haupttreffer des beispiellosen Glückspilzes in Kenntnis gesetzt, schickte das angebotene Bild, jede andere Regung niederkämpfend, postwendend zurück, mit dem Bemerken, die paar Schillinge seien ja nur ein Bettel gewesen, kaum der Rede wert, und es stehe ihm nicht zu, eine solche Gegengabe dafür anzunehmen. Für den Fall aber, daß er, Eigenbrot, doch einmal tauschen wolle, sei er zu erheblichen Opfern bereit, er könne vielleicht manche schmerzliche Lücke der Sammlung schließen.

Der Doktor, der das schneidende, das zweischneidige Wort »Bettel« gewiß noch übler auslegte, als es gemeint war, und der das Ansinnen, jetzt noch zu tauschen, als eine bare Unverfrorenheit empfand, schickte den Gegenwert von siebenundvierzig Schillingen, nämlich dreindzwanzig Mark und fünfzig Pfennige, mittels Postanweisung, kurz dankend, an Herrn Stöber, und damit waren offensichtlich die Brücken zwischen den beiden Sammlern abgebrochen.

Es bekommt dem Menschen nicht gut, wenn er als Trumpf ausspielen will, was ihm als Gnade das Schicksal geschenkt hat. So wertvoll, so bezaubernd die nun auf so erstaunliche Art zwischen den beiden geteilten Schwind-Zeichnungen sein mochten, den Riß, den sie in ihr Leben gebracht hatten, konnten sie nicht aufwiegen. Sie waren jeweils nur ein Teil, ein Bruchteil ihrer großen und bedeutenden Sammlungen, und, da ja nicht ihr unsterblicher, dem gesamten Volk, ja der Menschheit gehörender Kunstwert, sondern nur das sterbliche durch Schicksal und Tod, ach, so leicht aufzuhebende Besitzrecht in Frage stand, waren sie geringer einzuschätzen als die lebendige Freundschaft von Männern, die seltener ist und erlesener als alles irdische Gut.

Die beiden grollenden, vereinsamten Sammler legten wohl noch Blatt zu Blatt, wiewohl es immer mühsamer und kostspieliger wurde, bedeutende Stücke, auf die sie ja einzig Wert legten, noch zu erwerben. Im Kleinhandel waren sie nicht mehr aufzutreiben. Nun mußte sich auch Doktor Eigenbrot bequemen, tief in den Beutel zu greifen, Zeit brauchte er nicht mehr so viel, aber Geld; und er legte es hin, oft genug, übers Maß dessen hinaus, was er sich leisten konnte, nur damit der andere, der reiche, nicht die Kunde vernehme, er habe ihn abgehängt; dann wieder, zornig, verschwor er sich, die Sammlerei ganz aufzugeben, eine Last nur war das alles, Papier über Papier, daran er sein Herz gehängt hatte, vom Teufel in die Irre und Dürre verführt.

Und auch der andre, Herr Stöber, hatte grillenhafte Stunden genug, da er über das Schicksal seiner Schätze nachsann, die er verbergen mußte vor seiner Frau, die er einsam hütete und mehrte, ungewiß, für wessen Hände und welches Herz, wenn einmal das seine nicht mehr schlug. Er war dann nicht mehr der Meinung, daß Sammler glückliche Menschen sind, und seinem kleinen Sohn, der gerade anfing, Briefmarken zu ertäuscheln und zu erbetteln, zerriß er zornig das Album, als könnte er das Feuer austreten, das übergesprungen schien auf das Kind. Es kämen andre Zeiten, sagte er, in denen nicht mehr Herz Trumpf sei, sondern Schellen, und Wochen vergingen oft, bis wieder ein stiller Abend kam der Einkehr und des seligen Schauens. Allerdings, wenn dann eine große Versteigerung war, ließen sie auf die entscheidenden Blätter bieten, oder wenn auch nur Herr Füchsl eine Karte schrieb, daß nun doch, endlich, wieder etwas hereingekommen sei, fuhren sie eilig hin, und ihre erste Frage war, ob der andre schon dagewesen sei, was Herr Füchsl auf jeden Fall verneinte, denn er wußte ja, daß jeder ein Cäsar war, der lieber im kleinsten Nest der erste sein wollte als in München der zweite. Und wenn sie sich dann doch trafen, treffen mußten, es war gar nicht anders möglich, dann spürten sie jenen Stich im Herzen, der untrüglich sagt, daß die Liebe nicht gestorben ist, daß sie, gefesselt vom Stolz, im kalten Kerker der Vernunft, mächtiger rüttelt denn je. Viel gäben sie darum, dachten sie, und meinten es sogar ehrlich, wenn sie wieder ihre Freundschaft knüpfen könnten, ohne daß ein Knoten zurückblieb, und hatten doch das wenige nicht gegeben, ein paar Blätter Papiers nicht getauscht, die ihnen das Schicksal in den Weg geworfen, um zu prüfen, wie hoch ihre Herzen wären.

Und dann rollte, im Sommer des Jahres 1939, dieses gleiche Schicksal – denn es gibt nur eines, das mächtig waltet über uns allen und jedem von uns – herauf über den Völkern, und auch diesmal, um zu erproben, was sie wert seien, die Völker und die einzelnen Menschen, in der letzten Entscheidung. Und jetzt wurden auch die beiden Sammler unausweichlich angerührt, denn Krieg und Kriegsgeschrei scholl durch das Land, und nichts ruft so laut in der Welt, als die Trommel in dem Feld mit dem Ruf der Ehre ruft. Und sie rief auch den Anwalt und den Bankherrn, die Männer rief sie, und beide, alte Soldaten, wie sie waren, hatten zur nämlichen Stunde ein Stück Papier erhalten, das alles Papier aufwog, das sie in ihren Schränken bargen, eine Karte, die sie für den andern Morgen schon zu ihrer Truppe befahl. Sie waren nicht von ungefähr gekommen, diese jetzt eilig ausgetragenen Karten, seit Tagen hatte man sie erwartet, in dumpfer Stille, fröstelnd unterm heißen, strahlenden Augusthimmel, und doch, als sie nun kamen und auf dem Tisch lagen, war es gut, wie alles zuletzt gut ist, was so sein muß.

Doktor Eigenbrot, der Junggeselle, hatte, was ihn anging, alles in Ordnung gebracht, denn es war ja nun, in dieser Handvoll Zeit, allzuviel in Ordnung zu bringen oder fast nichts, er saß also, wie im Windschatten des ungeheuern Sturmes, der über die Welt fuhr, an diesem Nachmittag bei offenen Fenstern in der Stille seines Zimmers, bei seinen Blättern saß er, und lange hatte er sie nicht mit solcher Rührung und Innigkeit betrachtet wie jetzt, die Einberufung in der Tasche, und es war ihm, als riefen auch diese edlen Zeugnisse deutschen Wesens ihn auf, das Seine zu tun, und da konnte er, heute, nichts anderes tun, als was er nun wirklich tat: er packte die sieben Blätter ein, die Monatsbilder von Schwind, und fuhr, durch den leuchtenden Sommertag, hinaus vor die Stadt, zu dem vornehmen Haus am Waldrand, zu Herrn Stöber, seinem großen Widerspieler.

Dieser, schon im feldgrauen Kleid, denn als Hauptmann der Landwehr mußte er unverzüglich fort, mit dem Abendzug noch gedachte er wegzufahren, hatte genug zu tun mit Ferngesprächen, Kofferpacken und beruflichen Anweisungen, in der Diele auf- und niederschreitend, von der stillen Frau, von der Dienerschaft wie von Schatten begleitet. Bei offen stehenden Türen, unangemeldet, denn wer wäre zu dieser Stunde erwartet worden, war der unverhoffte Gast hereingetreten, stand er vor dem erstaunten Herrn Stöber, der beinahe schon ganz Soldat, jedenfalls Sammler in diesem Augenblick mit keinem Zoll mehr war, stand also vor ihm wie ein Bote aus einer abgesunkenen Welt. Und flammend rot, unterm süßen Schwall dieses Aufbruchs, die Augen fest auf jenen gerichtet, der ihn starken und liebenden Blickes ansah, hielt er ihm den Umschlag hin, von dem, unbesehen, Herr Stöber wußte, was er barg, und sagte, daß er nun doch tauschen wolle. Der Hauptmann nahm die Blätter, er mußte sie ja nehmen, wie sie ihm hingestreckt wurden, und sagte »gerne!« und nichts sonst, denn was hätte er sprechen sollen, wo alles strömte in einer mächtigen und holden Wallung, die heraufquoll bis in die Kehle, und wo alles in eine Musik einmündete, vor deren heiligem Klingen die Zeit den Atem anzuhalten schien, einen Herzschlag lang, diese Sternstunde der Völker, denn, wir sagten es schon, es ist ein Schicksal, das die Welten lenkt und jede einzelne Brust.

Die Wandlung war geschehen, der wesentliche Tausch mit Geheimniskraft vollzogen, nun gaben sie sich die Hand, das Gespräch begann, der Doktor ward der Hausfrau vorgestellt, während Herr Stöber die Umhüllung zu lösen begann, um einen Blick auf die Blätter zu werfen. Das habe, meinte der Besucher und wollte sich eilig entfernen, noch später Zeit, aber das ließ Herr Stöber nicht gelten. Mit wenigen Schritten war er an seinem Schrank, nicht allzulange wählte er unter seinen Mappen, und ohne diesmal der Frau zu achten, die ihn streng an seine knappe Frist mahnte, breitete er Blatt um Blatt vor dem Gaste aus. Nicht ohne Bedacht, was ihm selbst unentbehrlich schien, aber doch mit großem und freudigem Herzen, schlug er dem Zögernden die Tauschstücke vor, und als dieser mit sieben Blättern es genug sein zu lassen bat, drängte er dies noch und jenes ihm auf, und der Doktor mußte verwundert erkennen, daß Herr Stöber, wie lange er auch seine Sammlung nicht mehr gesehen, noch allzugut ihre Lücken kannte und seine alten, unerfüllten Wünsche. Als der Beschenkte ging er zuletzt, der nur als Schenkender hatte kommen wollen. Und, nach dem Kriege, so lachte der Hauptmann und es war ihm froh und jung zumute, nach dem Kriege wollten sie wieder ihre Sammlungen anschauen und, fügte er scherzend hinzu, er wolle dann sehen, was er, der Zauberlehrling, gelernt habe ohne den Meister.

Bis tief in die Nacht saß Doktor Eigenbrot über seinen neuen Blättern, und ihre Schönheit ward von innen her noch überglänzt von der Freude, daß er den Freund sich zurückgewonnen und daß nun, wer weiß wie bald, glückliche Tage kommen würden.

Andern Morgens aber, um acht Uhr, stand er im Kasernenhof, alte Kameraden begrüßten sich, eine männliche Welt tat sich auf, rasch vertraut, als wäre sie nie anders gewesen, mit Einkleiden und Antreten und Bettenbauen, wenn man nur nicht zimperlich war, sondern herzhaft gesonnen, mitzuschwimmen in diesem breiten und mächtigen Strom des Volkes. Freilich, Doktor Eigenbrot war nur bedingt tauglich, einer Verwundung wegen, die er vor Ypern davongetragen, 1914 schon, und deshalb war er ja auch nicht Hauptmann und nicht Leutnant, ein Gefreiter war er nur, und als Schreiber mußte er alsbald in der Heimat Dienst tun und auf der Karte nur verfolgte er, wie das wütende Gewitter hinbrauste über Polen.

Hauptmann Stöber aber war dabei, er marschierte und kämpfte, und auch um ihn schloß sich der eiserne Ring der Zeiten, dergestalt, als läge nicht zwischen den ersten Kugeln, die jetzt pfiffen, und den letzten, die er damals hatte pfeifen hören, das breite, das tausendfältige Leben von zwanzig übervollen Jahren, sondern als schmölze das alles zusammen zu einem feurigen Kern. Seiner Kunstschätze, seiner Sammlung gedachte er nicht in diesen atemlosen Tagen, oder es wirbelten höchstens die Blätter, die sorgsam gehüteten, flüchtig durch seinen Sinn, welker im Anhauch der Zeit als die, die der Herbst jetzt trieb über die polnischen Landstraßen. Aber diese letzte Begegnung holte er manchmal zärtlich aus seiner Brust; und auch er träumte davon, daß es die erste gewesen wäre von vielen.

Es war aber die letzte. Denn sowenige auch fielen in diesem polnischen Feldzug, so erstaunlich wenige, gemessen an dem ausgedehnten und erbitterten Kampf, der Hauptmann Stöber fiel, vor Lemberg, er fiel nicht als Bankherr, nicht als Bürger und schon gar nicht als Sammler, sondern als ein ganzer Soldat, als ein rundum fester und entschlossener Führer seiner Leute, von mehreren Kugeln getroffen, beim Sturm auf ein vom Feind besetztes Waldstück, wie er schon viele Stürme mitgemacht hatte in den Tagen vorher und ein Vierteljahrhundert früher, und dazwischen hatte er gelebt und einen Sohn gezeugt und bedeutende Pläne verwirklicht und eine Romantikersammlung angelegt, die berühmt war unter den Kennern. Dort, wo er fiel, oder nicht weit davon, wurde er begraben.

Der Krieg in Polen war zu Ende, es kam der strenge, zähe Winter, es kam der ungeheure Durchbruch im Westen, aber daheim, in Deutschland, war Frieden, und auch Doktor Eigenbrot war entlassen worden, er ging wieder seinem Beruf nach, und Herr Füchsl schrieb ihm wieder eine Karte, ab und zu, daß neue Ware hereingekommen sei und er um geehrten Besuch bitte.

Die Sammlung von Herrn Stöber wird im Frühjahr versteigert; die Frau löst den ganzen Haushalt auf, und von nichts trennt sie sich leichter als von den kostbaren Blättern. Als ein Hauptstück werden die zwölf Monatsbilder von Schwind bezeichnet, und es steht zu erwarten, daß Liebhaber den Preis hoch hinauftreiben werden.

Doktor Eigenbrot weiß noch nicht, ob er, mit allen Mitteln und, genau genommen, weit über seine Verhältnisse, in diesen Kampf eingreifen und auf die Folge bieten oder ob er sie dahin gehen lassen soll, wohin sie es treibt. Denn er ist sich noch nicht klar darüber, ob ihm das Schicksal diese Blätter dreimal aufdrängen oder dreimal hat entreißen wollen, um ihn zu prüfen, ob sein Herz stärker sei als die Dinge. Er weiß nicht, ob es ein Frevel ist, noch einmal nach ihnen zu greifen, oder ob der Geist des Toten ihm zürnt, wenn er sie fremden Händen überantwortet. Es lächle aber niemand solcher Ratlosigkeit; denn es kann hier keiner mitreden, der nicht die Höllen und Seligkeiten solcher Leidenschaft an sich selber gespürt hat.

Sucher

»Sie spielen den Wolfgang Amadeus Mozart und
den Sebastian Bach, aber den lieben Gott spielt keiner!«

Franz Grillparzer

Der arme Spielmann

In Wien ist der Sonntag nach dem Vollmonde im Monat Juli jedes Jahres samt dem darauffolgenden Tage ein eigentliches Volksfest, wenn je ein Fest diesen Namen verdient hat. Das Volk besucht es und gibt es selbst; und wenn Vornehmere dabei erscheinen, so können sie es nur in ihrer Eigenschaft als Glieder des Volks. Da ist keine Möglichkeit der Absonderung; wenigstens vor einigen Jahren noch war keine.

An diesem Tage feiert die mit dem Augarten, der Leopoldstadt, dem Prater in ununterbrochener Lustreihe zusammenhängende Brigittenau ihre Kirchweihe. Von Brigittenkirchtag zu Brigittenkirchtag zählt seine guten Tage das arbeitende Volk. Lange erwartet, erscheint endlich das saturnalische Fest. Da entsteht Aufruhr in der gutmütig ruhigen Stadt. Eine wogende Menge erfüllt die Straßen. Geräusch von Fußtritten, Gemurmel von Sprechenden, das hie und da ein lauter Ausruf durchzuckt. Der Unterschied der Stände ist verschwunden; Bürger und Soldat teilt die Bewegung. An den Toren der Stadt wächst der Drang. Genommen, verloren und wiedergenommen, ist endlich der Ausgang erkämpft. Aber die Donaubrücke bietet neue Schwierigkeiten. Auch hier siegreich, ziehen endlich zwei Ströme, die alte Donau und die geschwollnere Woge des Volks, sich kreuzend quer unter und über einander, die Donau ihrem alten Flußbette nach, der Strom des Volkes, der Eindämmung der Brücke entnommen, ein weiter, tosender See, sich ergießend in alles deckender Überschwemmung. Ein neu Hinzugekommener fände die Zeichen bedenklich. Es ist aber der Aufruhr der Freude, die Losgebundenheit der Lust.

Schon zwischen Stadt und Brücke haben sich Korbwagen aufgestellt für die eigentlichen Hierophanten dieses Weihfestes: die Kinder der Dienstbarkeit und der Arbeit. Überfüllt und dennoch im Galopp durchfliegen sie die Menschenmasse, die sich hart vor ihnen öffnet und hinter ihnen schließt, unbesorgt und unverletzt. Denn es ist in Wien ein stillschweigender Bund zwischen Wagen und Menschen: nicht zu überfahren, selbst im vollen Lauf; und nicht überfahren zu werden, auch ohne alle Aufmerksamkeit.

Von Sekunde zu Sekunde wird der Abstand zwischen Wagen und Wagen kleiner. Schon mischen sich einzelne Equipagen der Vornehmeren in den oft unterbrochenen Zug. Die Wagen fliegen nicht mehr. Bis endlich fünf bis sechs Stunden vor Nacht die einzelnen Pferde- und Kutschen-Atome sich zu einer kompakten Reihe verdichten, die, sich selber hemmend und durch Zufahrende aus allen Quergassen gehemmt, das alte Sprichwort: Besser schlecht gefahren, als zu Fuße gegangen, offenbar zu Schanden macht. Begafft, bedauert, bespottet, sitzen die geputzten Damen in den scheinbar stille stehenden Kutschen. Des immerwährenden Anhaltens ungewohnt, bäumt sich der Holsteiner Rappe, als wollte er seinen, durch den ihm vorgehenden Korbwagen gehemmten Weg obenhin über diesen hinausnehmen, was auch die schreiende Weiber- und Kinderbevölkerung des Plebejer-Fuhrwerks offenbar zu befürchten scheint. Der schnell dahinschießende Fiaker, zum erstenmale seiner Natur ungetreu, berechnet ingrimmig den Verlust, auf einem Wege drei Stunden zubringen zu müssen, den er sonst in fünf Minuten durchflog. Zank, Geschrei, wechselseitige Ehrenangriffe der Kutscher, mitunter ein Peitschenhieb.

Endlich, wie denn in dieser Welt jedes noch so hartnäckige

Stehenbleiben doch nur ein unvermerktes Weiterrücken ist, erscheint auch diesem *status quo* ein Hoffnungsstrahl. Die ersten Bäume des Augartens und der Brigittenau werden sichtbar. Land! Land! Land! Alle Leiden sind vergessen. Die zu Wagen Gekommenen steigen aus und mischen sich unter die Fußgänger, Töne entfernter Tanzmusik schallen herüber, vom Jubel der neu Ankommenden beantwortet. Und so fort und immer weiter, bis endlich der breite Hafen der Lust sich auftut und Wald und Wiese, Musik und Tanz, Wein und Schmaus, Schattenspiel und Seiltänzer, Erleuchtung und Feuerwerk sich zu einem *pays de cocagne*, einem Eldorado, einem eigentlichen Schlaraffenlande vereinigen, das leider, oder glücklicherweise, wie man es nimmt, nur einen und den nächst darauffolgenden Tag dauert, dann aber verschwindet, wie der Traum einer Sommernacht, und nur in der Erinnerung zurückbleibt und allenfalls in der Hoffnung.

Ich versäume nicht leicht, diesem Feste beizuwohnen. Als ein leidenschaftlicher Liebhaber der Menschen, vorzüglich des Volkes, so daß mir selbst als dramatischem Dichter der rückhaltlose Ausbruch eines überfüllten Schauspielhauses immer zehnmal interessanter, ja belehrender war, als das zusammengeklügelte Urteil eines an Leib und Seele verkrüppelten, von dem Blut ausgesogener Autoren spinnenartig aufgeschwollenen literarischen Matadors; – als ein Liebhaber der Menschen, sage ich, besonders wenn sie in Massen für einige Zeit der einzelnen Zwecke vergessen und sich als Teile des Ganzen fühlen, in dem denn doch zuletzt das Göttliche liegt, ja, der Gott – als einem solchen ist mir jedes Volksfest ein eigentliches Seelenfest, eine Wallfahrt, eine Andacht. Wie aus einem aufgerollten, ungeheuren, dem Rahmen des Buches entsprungenen Plutarch, lese ich aus den heitern und heimlich bekümmerten Gesichtern, dem lebhaften oder gedrückten Gange, dem wechselseitigen Benehmen der Familienglieder, den einzelnen halb unwillkürlichen Äußerungen, mir die Biographien der unberühmten Menschen zusammen, und wahrlich! man kann die Berühmten nicht verstehen, wenn man die Obskuren nicht durchgefühlt hat. Von dem Wortwechsel weinerhitzter Karrenschieber spinnt sich ein unsichtbarer, aber ununterbrochener Faden bis zum Zwist der Göttersöhne, und in der jungen Magd, die, halb wider Willen, dem drängenden Liebhaber seitab vom Gewühl der Tanzenden folgt, liegen als Embryo die Julien, die Didos und die Medeen.

Auch vor zwei Jahren hatte ich mich, wie gewöhnlich, den lustgierigen Kirchweihgästen als Fußgänger mit angeschlossen. Schon waren die Hauptschwierigkeiten der Wanderung überwunden, und ich befand mich bereits am Ende des Augartens, die ersehnte Brigittenau hart vor mir liegend. Hier ist nun noch ein, wenngleich der letzte Kampf zu bestehen. Ein schmaler Damm, zwischen undurchdringlichen Befriedungen hindurchlaufend, bildet die einzige Verbindung der beiden Lustorte, deren gemeinschaftliche Grenze ein in der Mitte befindliches hölzernes Gittertor bezeichnet. An gewöhnlichen Tagen und für gewöhnliche Spaziergänger bietet dieser Verbindungsweg überflüssigen Raum; am Kirchweihfeste aber würde seine Breite, auch vierfach genommen, noch immer zu schmal sein für die endlose Menge, die, heftig nachdrängend und von Rückkehrenden im entgegengesetzten Sinne durchkreuzt, nur durch die allseitige Gutmütigkeit der Lustwandelnden sich am Ende doch leidlich zurechtfindet.

Ich hatte mich dem Zug der Menge hingegeben und befand mich in der Mitte des Dammes, bereits auf klassischem Boden, nur leider zu stets erneutem Stillestehen, Ausbeugen und Abwarten genötigt. Da war denn Zeit genug, das seitwärts am Wege Befindliche zu betrachten. Damit es nämlich der genußlechzenden Menge nicht an einem Vorschmack der zu erwartenden Seligkeit mangle, hatten sich links am Abhang der erhöhten Dammstraße einzelne Musiker aufgestellt, die, wahrscheinlich die große Konkurrenz scheuend, hier an den Propyläen die Erstlinge der noch unabgenützten Freigebigkeit einernten wollten. Eine Harfenspielerin mit widerlich starrenden Augen. Ein alter invalider Stelzfuß, der auf einem entsetzlichen, offenbar von ihm selbst verfertigten Instrumente, halb Hackbrett und halb Drehorgel, die Schmerzen seiner Verwundung dem allgemeinen Mitleid auf eine analoge Weise empfindbar machen wollte. Ein lahmer, verwachsener Knabe, er und seine Violine einen einzigen ununterscheidbaren Knäuel bildend, der endlos fortrollende Walzer mit all der hektischen Heftigkeit seiner verbildeten Brust herabspielte. Endlich – und er zog meine ganze Aufmerksamkeit auf sich – ein alter, leicht siebzigjähriger Mann in einem fadenscheinigen, aber nicht unreinlichen Moltonüberrock mit lächelnder, sich selbst Beifall gebender Miene. Barhäuptig und kahlköpfig stand er da, nach Art dieser Leute, den Hut als Sammelbüchse vor sich auf dem Boden, und so bearbeitete er eine alte vielzersprungene Violine, wobei er den Takt nicht nur durch Aufheben und Niedersetzen des Fußes, sondern zugleich durch übereinstimmende Bewegung des ganzen gebückten Körpers markierte. Aber all diese Bemühung, Einheit in seine Leistung zu bringen, war fruchtlos, denn was er spielte, schien eine unzusammenhängende Folge von Tönen ohne Zeitmaß und Melodie. Dabei war er ganz in sein Werk vertieft: die Lippen zuckten, die Augen waren starr auf das vor ihm befindliche Notenblatt gerichtet – ja wahrhaftig Notenblatt! Denn indes alle andern, ungleich mehr zu Dank spielenden Musiker sich auf ihr Gedächtnis verließen, hatte der alte Mann mitten in dem Gewühle ein kleines, leicht tragbares Pult vor sich hingestellt mit schmutzigen, zergriffenen Noten, die das in schönster Ordnung enthalten mochten, was er so außer allem Zusammenhange zu hören gab. Gerade das Ungewöhnliche dieser Ausrüstung hatte meine Aufmerksamkeit auf ihn gezogen, so wie es auch die Heiterkeit des vorüberwogenden Haufens erregte, der ihn auslachte und den zum Sammeln hingestellten Hut des alten Mannes leer ließ, indes das übrige Orchester ganze Kupferminen einsackte. Ich war, um das Original ungestört zu betrachten, in einiger Entfernung auf den Seitenabhang des Dammes getreten. Er spielte noch eine

Weile fort. Endlich hielt er ein, blickte, wie aus einer langen Abwesenheit zu sich gekommen, nach dem Firmament, das schon die Spuren des nahenden Abends zu zeigen anfing, darauf abwärts in seinen Hut, fand ihn leer, setzte ihn mit ungetrübter Heiterkeit auf, steckte den Geigenbogen zwischen die Saiten; *sunt certi denique fines*, sagte er, ergriff sein Notenpult und arbeitete sich mühsam durch die dem Feste zuströmende Menge in entgegengesetzter Richtung, als einer, der heimkehrt.

Das ganze Wesen des alten Mannes war eigentlich wie gemacht, um meinen anthropologischen Heißhunger aufs äußerste zu reizen. Die dürftige und doch edle Gestalt, seine unbesiegbare Heiterkeit, so viel Kunsteifer bei so viel Unbeholfenheit; daß er gerade zu einer Zeit heimkehrte, wo für andere seinesgleichen erst die eigentliche Ernte anging; endlich die wenigen, aber mit der richtigsten Betonung, mit völliger Geläufigkeit gesprochenen lateinischen Worte. Der Mann hatte also eine sorgfältigere Erziehung genossen, sich Kenntnisse eigen gemacht, und nun – ein Bettelmusikant! Ich zitterte vor Begierde nach dem Zusammenhange.

Aber schon befand sich ein dichter Menschenwall zwischen mir und ihm. Klein, wie er war, und durch das Notenpult in seiner Hand nach allen Seiten hin störend, schob ihn einer dem andern zu, und schon hatte ihn das Ausgangsgitter aufgenommen, indes ich noch in der Mitte des Dammes mit der entgegenströmenden Menschenwoge kämpfte. So entschwand er mir, und als ich endlich selbst ins ruhige Freie gelangte, war nach allen Seiten weit und breit kein Spielmann mehr zu sehen.

Das verfehlte Abenteuer hatte mir die Lust an dem Volksfeste genommen. Ich durchstrich den Augarten nach allen Richtungen und beschloß endlich, nach Hause zu kehren.

In die Nähe des kleinen Türchens gekommen, das aus dem Augarten nach der Taborstraße führt, hörte ich plötzlich den bekannten Ton der alten Violine wieder. Ich verdoppelte meine Schritte, und siehe da! der Gegenstand meiner Neugier stand, aus Leibeskräften spielend, im Kreise einiger Knaben, die ungeduldig einen Walzer von ihm verlangten. »Einen Walzer spiel!« riefen sie; »einen Walzer, hörst du nicht?« Der Alte geigte fort, scheinbar ohne auf sie zu achten, bis ihn die kleine Zuhörerschar schmähend und spottend verließ, sich um einen Leiermann sammelnd, der seine Drehorgel in der Nähe aufgestellt hatte.

»Sie wollen nicht tanzen«, sagte wie betrübt der alte Mann, sein Musikgeräte zusammenlesend. Ich war ganz nahe zu ihm getreten. »Die Kinder kennen eben keinen andern Tanz als den Walzer«, sagte ich. »Ich spielte einen Walzer«, versetzte er, mit dem Geigenbogen den Ort des soeben gespielten Stückes auf seinem Notenblatte bezeichnend.

»Man muß derlei auch führen, der Menge wegen. Aber die Kinder haben kein Ohr«, sagte er, indem er wehmütig den Kopf schüttelte. – »Lassen Sie mich wenigstens ihren Undank wieder gut machen«, sprach ich, ein Silberstück aus der Tasche ziehend und ihm hinreichend. – »Bitte! bitte!« rief der alte Mann, wobei er mit beiden Händen ängstlich abwehrende Bewegungen machte, »in den Hut! in den Hut!« – Ich legte das Geldstück in den vor ihm stehenden Hut, aus dem es unmittelbar darauf der Alte herausnahm und ganz zufrieden einsteckte; »das heißt einmal mit reichem Gewinn nach Hause gehen«, sagte er schmunzelnd. – »Eben recht«, sprach ich, »erinnern Sie mich auf einen Umstand, der schon früher meine Neugier rege machte! Ihre heutige Einnahme scheint nicht die beste gewesen zu sein, und doch entfernen Sie sich in einem Augenblicke, wo eben die eigentliche Ernte angeht. Das Fest dauert, wissen Sie wohl, die ganze Nacht, und Sie könnten da leicht mehr gewinnen als an acht gewöhnlichen Tagen. Wie soll ich mir das erklären?«

»Wie Sie sich das erklären sollen?« versetzte der Alte. »Verzeihen Sie, ich weiß nicht, wer Sie sind, aber Sie müssen ein wohltätiger Herr sein und ein Freund der Musik«, dabei zog er das Silberstück noch einmal aus der Tasche und drückte es zwischen seine gegen die Brust gehobenen Hände. »Ich will Ihnen daher nur die Ursachen angeben, obgleich ich oft deshalb verlacht worden bin. Erstens war ich nie ein Nachtschwärmer und halte es auch nicht für recht, andere durch Spiel und Gesang zu einem solchen widerlichen Vergehen anzureizen; zweitens muß sich der Mensch in allen Dingen eine gewisse Ordnung festsetzen, sonst gerät er ins Wilde und Unaufhaltsame. Drittens endlich – Herr! ich spiele den ganzen Tag für die lärmenden Leute und gewinne kaum kärglich Brot dabei; aber der Abend gehört mir und meiner armen Kunst. Abends halte ich mich zu Hause, und« – dabei ward seine Rede immer leiser, Röte überzog sein Gesicht, sein Auge suchte den Boden – »da spiele ich denn aus der Einbildung, so für mich ohne Noten. Phantasieren, glaub' ich, heißt es in den Musikbüchern.«

Wir waren beide ganz stille geworden. Er, aus Beschämung über das verratene Geheimnis seines Innern; ich von Erstaunen, den Mann von den höchsten Stufen der Kunst sprechen zu hören, der nicht imstande war, den leichtesten Walzer faßbar wiederzugeben. Er bereitete sich indes zum Fortgehen.

»Wo wohnen Sie?« sagte ich. »Ich möchte wohl einmal Ihren einsamen Übungen beiwohnen.« – »Oh«, versetzte er fast flehend, »Sie wissen wohl, das Gebet gehört ins Kämmerlein.« – »So will ich Sie denn einmal am Tage besuchen«, sagte ich. – »Den Tag über«, erwiderte er, »gehe ich meinem Unterhalt bei den Leuten nach.« – »Also des Morgens denn.« – »Sieht es doch beinahe aus«, sagte der Alte lächelnd, »als ob Sie, verehrter Herr, der Beschenkte wären, und ich, wenn es mir erlaubt ist zu sagen, der Wohltäter; so freundlich sind Sie, und so widerwärtig ziehe ich mich zurück. Ihr vornehmer Besuch wird meiner Wohnung immer eine Ehre sein; nur bäte ich, daß Sie den Tag ihrer Dahinkunft mir großgünstig im voraus bestimmten, damit weder Sie durch Ungehörigkeit aufgehalten, noch ich genötigt werde, ein zur Zeit etwa begonnenes Geschäft unziemlich zu unterbrechen. Mein Morgen nämlich hat auch seine Bestimmung. Ich halte es jedenfalls für meine Pflicht, meinen Gönnern und

Wohltätern für ihr Geschenk eine nicht ganz unwürdige Gegengabe darzureichen. Ich will kein Bettler sein, verehrter Herr. Ich weiß wohl, daß die übrigen öffentlichen Musikleute sich damit begnügen, einige auswendig gelernte Gassenhauer, Deutschwalzer, ja wohl gar Melodien von unartigen Liedern, immer wieder von denselben anfangend, fort und fort herabzuspielen, so daß man ihnen gibt, um ihrer los zu werden, oder weil ihr Spiel die Erinnerung genossener Tanzfreuden oder sonst unordentlicher Ergötzlichkeiten wieder lebendig macht. Daher spielen sie auch aus dem Gedächtnis und greifen falsch mitunter, ja häufig. Von mir aber sei fern, zu betrügen. Ich habe deshalb, teils weil mein Gedächtnis überhaupt nicht das beste ist, teils weil es für jeden schwierig sein dürfte, verwickelte Zusammensetzungen geachteter Musikverfasser Note für Note bei sich zu behalten, diese Hefte mir selbst ins Reine geschrieben.« Er zeigte dabei durchblätternd auf sein Musikbuch, in dem ich zu meinem Entsetzen mit sorgfältiger, aber widerlich steifer Schrift ungeheuer schwierige Kompositionen alter berühmter Meister, ganz schwarz von Passagen und Doppelgriffen, erblickte. Und derlei spielte der alte Mann mit seinen ungelenken Fingern! »Indem ich nun diese Stücke spiele«, fuhr er fort, »bezeige ich meine Verehrung den nach Stand und Würden geachteten, längst nicht mehr lebenden Meistern und Verfassern, tue mir selbst genug und lebe der angenehmen Hoffnung, daß die mir mildest gereichte Gabe nicht ohne Entgelt bleibt, durch Veredlung des Geschmackes und Herzens der ohnehin von so vielen Seiten gestörten und irregeleiteten Zuhörerschaft. Da derlei aber, auf daß ich bei meiner Rede bleibe« – und dabei überzog ein selbstgefälliges Lächeln seine Züge –, »da derlei aber eingeübt sein will, sind meine Morgenstunden ausschließend diesem Exercitium bestimmt. Die drei ersten Stunden des Tages der Übung, die Mitte dem Broterwerb, und der Abend mir und dem lieben Gott, das heißt nicht unehrlich geteilt«, sagte er, und dabei glänzten seine Augen wie feucht; er lächelte aber.

»Gut denn«, sagte ich, so werde ich Sie einmal morgens überraschen. Wo wohnen Sie?« Er nannte mir die Gärtnergasse. – »Hausnummer?« – »Nummer 34 im ersten Stocke.« – »In der Tat,« rief ich, »im Stockwerke der Vornehmen?« – »Das Haus«, sagte er, »hat zwar eigentlich nur ein Erdgeschoß; es ist aber oben neben der Bodenkammer noch ein kleines Zimmer, das bewohne ich gemeinschaftlich mit zwei Handwerksgesellen.« – »Ein Zimmer zu dreien?« – »Es ist abgeteilt«, sagte er, »und ich habe mein eigenes Bette.«

»Es wird spät«, sprach ich, »und Sie wollen nach Hause. Auf Wiedersehen denn!« und dabei fuhr ich in die Tasche, um das früher gereichte gar zu kleine Geldgeschenk allenfalls zu verdoppeln. Er aber hatte mit der einen Hand das Notenpult, mit der andern seine Violine angefaßt und rief hastig: »Was ich devotest verbitten muß. Das Honorarium für mein Spiel ist mir bereits in Fülle zuteil geworden, eines andern Verdienstes aber bin ich mir zur Zeit nicht bewußt.« Dabei machte er mir mit einer Abart vornehmer Leichtigkeit einen ziemlich linkischen Kratzfuß und entfernte sich, so schnell ihn seine alten Beine trugen.

Ich hatte, wie gesagt, die Lust verloren, dem Volksfeste für diesen Tag länger beizuwohnen, ich ging daher heimwärts, den Weg nach der Leopoldstadt einschlagend, und, von Staub und Hitze erschöpft, trat ich in einen der dortigen vielen Wirtsgärten, die, an gewöhnlichen Tagen überfüllt, heute ihre ganze Kundschaft der Brigittenau abgegeben hatten. Die Stille des Ortes, im Abstich der lärmenden Volksmenge, tat mir wohl, und mich verschiedenen Gedanken überlassend, an denen der alte Spielmann nicht den letzten Anteil hatte, war es völlig Nacht geworden, als ich endlich des Nachhausegehens gedachte, den Betrag meiner Rechnung auf den Tisch legte und der Stadt zuschritt.

In der Gärtnergasse, hatte der alte Mann gesagt, wohne er. »Ist hier in der Nähe eine Gärtnergasse?« fragte ich einen kleinen Jungen, der über den Weg lief. »Dort, Herr!« versetzte er, indem er auf eine Querstraße hinwies, die, von der Häusermasse der Vorstadt sich entfernend, gegen das freie Feld hinaus lief. Ich folgte der Richtung. Die Straße bestand aus zerstreuten einzelnen Häusern, die, zwischen großen Küchengärten gelegen, die Beschäftigung der Bewohner und den Ursprung des Namens Gärtnergasse augenfällig darlegten. In welcher dieser elenden Hütten wohl mein Original wohnen mochte? Ich hatte die Hausnummer glücklich vergessen, auch war in der Dunkelheit an das Erkennen irgend einer Bezeichnung kaum zu denken. Da schritt, auf mich zukommend, ein mit Küchengewächsen schwer beladener Mann an mir vorüber. »Kratzt der Alte einmal wieder«, brummte er, »und stört die ordentlichen Leute in ihrer Nachtruhe.« Zugleich, wie ich vorwärts ging, schlug der leise, langgehaltene Ton einer Violine an mein Ohr, der aus dem offen stehenden Bodenfenster eines wenig entfernten ärmlichen Hauses zu kommen schien, das, niedrig und ohne Stockwerk wie die übrigen, sich eben durch dieses in der Umgrenzung des Daches liegende Giebelfenster vor den andern auszeichnete. Ich stand stille. Ein leiser, aber bestimmt gegriffener Ton schwoll bis zur Heftigkeit, senkte sich, verklang, um gleich darauf wieder bis zum lautesten Gellen emporzusteigen, und zwar immer derselbe Ton mit einer Art genußreichem Daraufberuhen wiederholt. Endlich kam ein Intervall. Es war die Quarte. Hatte der Spieler sich vorher an dem Klange des einzelnen Tones geweidet, so war nun das gleichsam wollüstige Schmecken dieses harmonischen Verhältnisses noch ungleich fühlbarer. Sprungweise gegriffen, zugleich gestrichen, durch die dazwischen liegende Stufenreihe höchst holperig verbunden, die Terz markiert, wiederholt. Die Quinte daran gefügt, einmal mit zitterndem Klang, wie ein stilles Weinen, ausgehalten, verhallend, dann in wirbelnder Schnelligkeit ewig wiederholt, immer dieselben Verhältnisse, die nämlichen Töne. – Und das nannte der alte Mann phantasieren! – Obgleich es im Grunde allerdings ein Phantasieren war, für den Spieler nämlich, nur nicht auch für den Hörer.

Ich weiß nicht, wie lange das gedauert haben mochte und wie arg es geworden war, als plötzlich die Türe des Hauses aufging, ein Mann, nur mit dem Hemde und lose eingeknöpften Beinkleidern angetan, von der Schwelle bis in die Mitte der Straße trat und zu dem Giebelfenster emporrief: »Soll das heute einmal wieder gar kein Ende nehmen?« Der Ton der Stimme war dabei unwillig, aber nicht hart oder beleidigend. Die Violine verstummte, ehe die Rede noch zu Ende war. Der Mann ging ins Haus zurück, das Giebelfenster schloß sich, und bald herrschte eine durch nichts unterbrochene Totenstille um mich her. Ich trat, mühsam in den mir unbekannten Gassen mich zurechtfindend, den Heimweg an, wobei ich auch phantasierte, aber, niemand störend, für mich, im Kopfe.

Die Morgenstunden haben für mich immer einen eigenen Wert gehabt. Es ist, als ob es mir Bedürfnis wäre, durch die Beschäftigung mit etwas Erhebendem, Bedeutendem in den ersten Stunden des Tages mir den Rest desselben gewissermaßen zu heiligen. Ich kann mich daher nur schwer entschließen, am frühen Morgen mein Zimmer zu verlassen, und wenn ich ohne vollgültige Ursache mich einmal dazu nötige, so habe ich für den übrigen Tag nur die Wahl zwischen gedankenloser Zerstreuung oder selbstquälerischem Trübsinn. So kam es, daß ich durch einige Tage den Besuch bei dem alten Manne, der verabredetermaßen in den Morgenstunden stattfinden sollte, verschob. Endlich ward die Ungeduld meiner Herr, und ich ging. Die Gärtnergasse war leicht gefunden, ebenso das Haus. Die Töne der Violine ließen sich auch diesmal hören, aber durch das geschlossene Fenster bis zum Ununterscheidbaren gedämpft. Ich trat ins Haus. Eine vor Erstaunen halb sprachlose Gärtnersfrau wies mich eine Bodentreppe hinauf. Ich stand vor einer niedern und halb schließenden Türe, pochte, erhielt keine Antwort, drückte endlich die Klinke und trat ein. Ich befand mich in einer ziemlich geräumigen, sonst aber höchst elenden Kammer, deren Wände von allen Seiten den Umrissen des spitzzulaufenden Daches folgten.

Hart neben der Türe ein schmutziges, widerlich verstörtes Bette, von allen Zutaten der Unordentlichkeit umgeben; mir gegenüber, hart neben dem schmalen Fenster eine zweite Lagerstätte, dürftig, aber reinlich, und höchst sorgfältig gebettet und bedeckt. Am Fenster ein kleines Tischchen mit Notenpapier und Schreibgeräte, im Fenster ein paar Blumentöpfe. Die Mitte des Zimmers von Wand zu Wand war am Boden mit einem dicken Kreidenstriche bezeichnet, und man kann sich kaum einen grelleren Abstich von Schmutz und Reinlichkeit denken, als diesseits und jenseits der gezogenen Linie, dieses Äquators einer Welt im kleinen, herrschte.

Hart an dem Gleicher hatte der alte Mann sein Notenpult hingestellt und stand, völlig und sorgfältig gekleidet, davor und – exerzierte. Es ist schon bis zum Übelklang so viel von den Mißklängen meines und, ich fürchte beinahe, nur meines Lieblings die Rede gewesen, daß ich den Leser mit der Beschreibung dieses höllischen Konzertes verschonen will. Da die Übung größtenteils aus Passagen bestand, so war an ein Erkennen der gespielten Stücke nicht zu denken, was übrigens auch sonst nicht leicht gewesen sein möchte. Einige Zeit Zuhörens ließ mich endlich den Faden durch dieses Labyrinth erkennen, gleichsam die Methode in der Tollheit. Der Alte genoß, indem er spielte. Seine Auffassung unterschied hierbei aber schlechthin nur zweierlei, den Wohlklang und den Übelklang, von denen der erstere ihn erfreute, ja entzückte, indes er dem letzteren, auch dem harmonisch begründeten, nach Möglichkeit aus dem Wege ging. Statt nun in einem Musikstücke nach Sinn und Rhythmus zu betonen, hob er heraus, verlängerte er die dem Gehör wohltuenden Noten und Intervalle, ja nahm keinen Anstand, sie willkürlich zu wiederholen, wobei sein Gesicht oft geradezu den Ausdruck der Verzückung annahm. Da er nun zugleich die Dissonanzen so kurz als möglich abtat, überdies die für ihn zu schweren Passagen, von denen er aus Gewissenhaftigkeit nicht eine Note fallen ließ, in einem gegen das Ganze viel zu langsamen Zeitmaß vortrug, so kann man sich wohl leicht eine Idee von der Verwirrung machen, die daraus hervorging. Mir ward es nachgerade selbst zu viel. Um ihn aus seiner Abwesenheit zurückzubringen, ließ ich absichtlich den Hut fallen, nachdem ich mehrere Mittel schon fruchtlos versucht hatte. Der alte Mann fuhr zusammen, seine Kniee zitterten, kaum konnte er die zum Boden gesenkte Violine halten. Ich trat hinzu. »Oh, Sie sind's, gnädiger Herr!« sagte er, gleichsam zu sich selbst kommend. »Ich hatte nicht auf Erfüllung Ihres hohen Versprechens gerechnet.« Er nötigte mich, zu sitzen, räumte auf, legte hin, sah einigemal verlegen im Zimmer herum, ergriff dann plötzlich einen auf einem Tische neben der Stubentür stehenden Teller und ging mit demselben zu jener hinaus. Ich hörte ihn draußen mit der Gärtnersfrau sprechen. Bald darauf kam er wieder verlegen zur Türe herein, wobei er den Teller hinter dem Rücken verbarg und heimlich wieder hinstellte. Er hatte offenbar Obst verlangt, um mich zu bewirten, es aber nicht erhalten können. »Sie wohnen hier recht hübsch«, sagte ich, um seiner Verlegenheit ein Ende zu machen. »Die Unordnung ist verwiesen. Sie nimmt ihren Rückzug durch die Türe, wenn sie auch derzeit noch nicht ganz über die Schwelle ist. – Meine Wohnung reicht nur bis zu dem Striche«, sagte der Alte, wobei er auf die Kreidenlinie in der Mitte des Zimmers zeigte. »Dort drüben wohnen zwei Handwerksgesellen.« – »Und respektieren diese Ihre Bezeichnung?« – »Sie nicht, aber ich,« sagte er. »Nur die Türe ist gemeinschaftlich.« – »Und werden Sie nicht gestört von Ihrer Nachbarschaft?« – »Kaum«, meinte er. »Sie kommen des Nachts spät nach Hause, und wenn sie mich da auch ein wenig im Bette aufschrecken, so ist dafür die Lust des Wiedereinschlafens um so größer. Des Morgens aber wecke ich sie, wenn ich mein Zimmer in Ordnung bringe. Da schelten sie wohl ein wenig und gehen.«

Ich hatte ihn währenddessen betrachtet. Er war höchst reinlich gekleidet, die Gestalt gut genug für seine Jahre, nur die Beine etwas zu kurz. Hand und Fuß von auffallender Zartheit. –

»Sie sehen mich an«, sagte er, »und haben dabei Ihre Gedanken?« – »Daß ich nach Ihrer Geschichte lüstern bin«, versetzte ich. – »Geschichte?« wiederholte er. »Ich habe keine Geschichte. Heute wie gestern, und morgen wie heute. Übermorgen freilich und weiter hinaus, wer kann das wissen? Doch Gott wird sorgen, der weiß es.« – »Ihr jetziges Leben mag wohl einförmig genug sein«, fuhr ich fort; »aber Ihre früheren Schicksale. Wie es sich fügte« – »daß ich unter die Musikleute kam?« fiel er in die Pause ein, die ich unwillkürlich gemacht hatte. Ich erzählte ihm nun, wie er mir beim ersten Anblicke aufgefallen; den Eindruck, den die von ihm gesprochenen lateinischen Worte auf mich gemacht hätten. »Lateinisch«, tönte er nach. »Lateinisch? das habe ich freilich auch einmal gelernt oder vielmehr hätte es lernen sollen und können. *Loqueris latine?*« wandte er sich gegen mich, »aber ich könnte es nicht fortsetzen. Es ist gar zu lange her. Das also nennen Sie meine Geschichte? Wie es kam? – Ja so! da ist denn freilich allerlei geschehen; nichts Besonderes, aber doch allerlei. Möchte ich mir's doch selbst einmal wieder erzählen. Ob ich's nicht gar vergessen habe. Es ist noch früh am Morgen«, fuhr er fort, wobei er in die Uhrtasche griff, in der sich freilich keine Uhr befand. – Ich zog die meine, es war kaum 9 Uhr. – »Wir haben Zeit, und fast kommt mich die Lust, zu schwatzen, an.« Er war während des letzten zusehends ungezwungener geworden. Seine Gestalt verlängerte sich. Er nahm mir ohne zu große Umstände den Hut aus der Hand und legte ihn aufs Bette; schlug sitzend ein Bein über das andere und nahm überhaupt die Lage eines mit Bequemlichkeit Erzählenden an.

»Sie haben« – hob er an – »ohne Zweifel von dem Hofrate – gehört?« Hier nannte er den Namen eines Staatsmannes, der in der Hälfte des vorigen Jahrhunderts unter dem bescheidenen Titel eines Bureauchefs einen ungeheuren, beinahe ministerähnlichen Einfluß ausgeübt hatte. Ich bejahte meine Kenntnis des Mannes. »Er war mein Vater«, fuhr er fort. Sein Vater? des alten Spielmanns? des Bettlers? Der Einflußreiche, der Mächtige, sein

Vater? Der Alte schien mein Erstaunen nicht zu bemerken, sondern spann, sichtbar vergnügt, den Faden seiner Erzählung weiter. »Ich war der mittlere von drei Brüdern, die in Staatsdiensten hoch hinauf kamen, nun aber schon beide tot sind; ich allein lebe noch«, sagte er und zupfte dabei an seinen fadenscheinigen Beinkleidern, mit niedergeschlagenen Augen einzelne Federchen davon herablesend. »Mein Vater war ehrgeizig und heftig. Meine Brüder taten ihm genug. Mich nannte man einen langsamen Kopf; und ich war langsam. Wenn ich mich recht erinnere«, sprach er weiter, und dabei senkte er, seitwärts gewandt, wie in eine weite Ferne hinausblickend, den Kopf gegen die unterstützende linke Hand, – »wenn ich mich recht erinnere, so wäre ich wohl im stande gewesen, allerlei zu erlernen, wenn man mir nur Zeit und Ordnung gegönnt hätte. Meine Brüder sprangen wie Gemsen von Spitze zu Spitze in den Lehrgegenständen herum, ich konnte aber durchaus nichts hinter mir lassen, und wenn mir ein einziges Wort fehlte, mußte ich wieder von vorne anfangen. So ward ich denn immer gedrängt. Das Neue sollte auf den Platz, den das Alte noch nicht verlassen hatte, und ich begann, stockisch zu werden. So hatten sie mir die Musik, die jetzt die Freude und zugleich der Stab meines Lebens ist, geradezu verhaßt gemacht. Wenn ich abends im Zwielicht die Violine ergriff, um mich nach meiner Art ohne Noten zu vergnügen, nahmen sie mir das Instrument und sagten, das verdürbe die Applikatur, klagten über Ohrenfolter und verwiesen mich auf die Lehrstunde, wo die Folter für mich anging. Ich habe zeitlebens nichts und niemand so gehaßt, als ich damals die Geige haßte.

Mein Vater, aufs äußerste unzufrieden, schalt mich häufig und drohte, mich zu einem Handwerke zu geben. Ich wagte nicht, zu sagen, wie glücklich mich das gemacht hätte. Ein Drechsler oder Schriftsetzer wäre ich gar zu gerne gewesen. Er hätte es ja aber doch nicht zugelassen, aus Stolz. Endlich gab eine öffentliche Schulprüfung, der man, um ihn zu begütigen, meinen Vater beizuwohnen beredet hatte, den Ausschlag. Ein unredlicher Lehrer bestimmte im voraus, was er mich fragen werde, und so ging alles vortrefflich. Endlich aber fehlte mir – es waren auswendig zu sagende Verse des Horaz – ein Wort. Mein Lehrer, der kopfnickend und meinen Vater anlächelnd zugehört hatte, kam meinem Stocken zu Hilfe und flüsterte es mir zu. Ich aber, der das Wort in meinem Innern und im Zusammenhange mit dem übrigen suchte, hörte ihn nicht. Er wiederholte es mehreremal; umsonst. Endlich verlor mein Vater die Geduld. *Cachinnum!* (so hieß das Wort) schrie er mir donnernd zu. Nun war's geschehen. Wußte ich das eine, so hatte ich dafür das übrige vergessen. Alle Mühe, mich auf die rechte Bahn zu bringen, war verloren. Ich mußte mit Schande aufstehen, und als ich, der Gewohnheit nach, hinging, meinem Vater die Hand zu küssen, stieß er mich zurück, erhob sich, machte der Versammlung eine kurze Verbeugung und ging. *Ce gueux* schalt er mich, was ich damals nicht war, aber jetzt bin. Die Eltern prophezeien, wenn sie reden! Übrigens war mein Vater ein guter Mann. Nur heftig und ehrgeizig.

Von diesem Tage an sprach er kein Wort mehr mit mir. Seine Befehle kamen mir durch die Hausgenossen zu. So kündigte man mir gleich des nächsten Tages an, daß es mit meinen Studien ein Ende habe. Ich erschrak heftig, weil ich wußte, wie bitter es meinen Vater kränken mußte. Ich tat den ganzen Tag nichts, als weinen und dazwischen jene lateinischen Verse rezitieren, die ich nun aufs Und wußte mit den vorhergehenden und nachfolgenden dazu. Ich versprach durch Fleiß den Mangel an Talenten zu ersetzen, wenn man mich noch ferner die Schule besuchen ließe, mein Vater nahm aber nie einen Entschluß zurück.

Eine Weile blieb ich nun unbeschäftigt im väterlichen Hause. Endlich tat man mich versuchsweise zu einer Rechenbehörde. Rechnen war aber nie meine Stärke gewesen. Den Antrag, ins Militär zu treten, wies ich mit Abscheu zurück. Ich kann noch jetzt keine Uniform ohne innerlichen Schauder ansehen. Daß man werte Angehörige allenfalls auch mit Lebensgefahr schützt, ist wohl gut und begreiflich; aber Blutvergießen und Verstümmelung als Stand, als Beschäftigung. Nein! Nein! Nein!« Und dabei fuhr er mit beiden Händen über beide Arme, als fühlte er stechend eigene und fremde Wunden.

»Ich kam nun in die Kanzlei unter die Abschreiber. Da war ich recht an meinem Platze. Ich hatte immer das Schreiben mit Lust getrieben, und noch jetzt weiß ich mir keine angenehmere Unterhaltung, als mit guter Tinte auf gutem Papier Haar- und Schattenstriche aneinander zu fügen zu Worten oder auch nur zu Buchstaben. Musiknoten sind nun gar überaus schön. Damals dachte ich aber noch an keine Musik.

Ich war fleißig, nur aber zu ängstlich. Ein unrichtiges Unterscheidungszeichen, ein unleserliches oder ausgelassenes Wort im Konzepte, wenn es sich auch aus dem Sinne ergänzen ließ, machte mir bittere Stunden. Im Zweifel, ob ich mich genau ans Original halten oder aus Eigenem beisetzen sollte, verging die Zeit angstvoll, und ich kam in den Ruf, nachlässig zu sein, indes ich mich im Dienste abquälte, wie keiner. So brachte ich ein paar Jahre zu, und zwar ohne Gehalt, da, als die Reihe der Beförderung an mich kam, mein Vater im Rate einem andern seine Stimme gab und die übrigen ihm zufielen aus Ehrfurcht.

Um diese Zeit – sieh nur«, unterbrach er sich, »es gibt denn doch eine Art Geschichte. Erzählen wir die Geschichte! Um diese Zeit ereigneten sich zwei Begebenheiten: die traurigste und die freudigste meines Lebens. Meine Entfernung aus dem väterlichen Hause nämlich und das Wiederkehren zur holden Tonkunst, zu meiner Violine, die mir treu geblieben ist bis auf diesen Tag.

Ich lebte in dem Hause meines Vaters, unbeachtet von den Hausgenossen, in einem Hinterstübchen, das in den Nachbarshof hinausging. Anfangs aß ich am Familientische, wo niemand ein Wort an mich richtete. Als aber meine Brüder auswärts befördert wurden und mein Vater beinahe täglich zu Gast geladen war – die Mutter lebte seit lange nicht mehr –, fand man es unbequem, meinetwegen eine eigene Küche zu führen. Die Bedienten erhielten Kostgeld; ich auch, das man mir aber nicht auf die Hand gab, sondern monatweise im Speisehause bezahlte. Ich war daher wenig in meiner Stube, die Abendstunden ausgenommen; denn mein Vater verlangte, daß ich längstens eine halbe Stunde nach dem Schluß der Kanzlei zu Hause sein sollte. Da saß ich denn, und zwar, meiner schon damals angegriffenen Augen halber, in der Dämmerung ohne Licht. Ich dachte auf das und jenes und war nicht traurig und nicht froh.

Wenn ich nun so saß, hörte ich auf dem Nachbarshofe ein Lied singen. Mehrere Lieder heißt das, worunter mir aber eines vorzüglich gefiel. Es war so einfach, so rührend und hatte den Nachdruck so auf der rechten Stelle, daß man die Worte gar nicht zu hören brauchte. Wie ich denn überhaupt glaube, die Worte verderben die Musik.« Nun öffnete er den Mund und brachte einige heisere rauhe Töne hervor. »Ich habe von Natur keine Stimme«, sagte er und griff nach der Violine. Er spielte, und zwar diesmal mit richtigem Ausdrucke, die Melodie eines gemütlichen, übrigens gar nicht ausgezeichneten Liedes, wobei ihm die Finger auf den Saiten zitterten und endlich einzelne Tränen über die Backen liefen.

»Das war das Lied«, sagte er, die Violine hinlegend. »Ich hörte es immer mit neuem Vergnügen. So sehr es mir aber im Gedächtnis lebendig war, gelang es mir doch nie, mit der Stimme auch nur zwei Töne davon richtig zu treffen. Ich ward fast ungeduldig von Zuhören. Da fiel mir meine Geige in die Augen, die aus meiner Jugend her, wie ein altes Rüststück, ungebraucht an der Wand hing. Ich griff danach, und – es mochte sie wohl der Bediente in meiner Abwesenheit benützt haben – sie fand sich richtig gestimmt. Als ich nun mit dem Bogen über die Saiten fuhr, Herr, da war es, als ob Gottes Finger mich angerührt hätte. Der Ton drang in mein Inneres hinein und aus dem Innern wieder heraus. Die Luft um mich war wie geschwängert mit Trunkenheit. Das Lied unten im Hofe und die Töne von meinen Fingern an mein Ohr, Mitbewohner meiner Einsamkeit. Ich fiel auf die Kniee und betete laut und konnte nicht begreifen, daß ich das holde Gotteswesen einmal gering geschätzt, ja gehaßt in meiner Kindheit, und küßte die Violine und drückte sie an mein Herz und spielte wieder und fort.

Das Lied im Hofe – es war eine Weibsperson, die sang – tönte derweile unausgesetzt; mit dem Nachspielen ging es aber nicht so leicht.

Ich hatte das Lied nämlich nicht in Noten. Auch merkte ich wohl, daß ich das Wenige der Geigenkunst, was ich etwa einmal wußte, so ziemlich vergessen hatte. Ich konnte daher nicht das und das, sondern nur überhaupt spielen. Obwohl mir das jeweilige Was der Musik, mit Ausnahme jenes Lieds, immer ziemlich gleichgültig war und auch geblieben ist bis zum heutigen Tag. Sie spielen den Wolfgang Amadeus Mozart und den Sebastian Bach, aber den lieben Gott spielt keiner. Die ewige Wohltat und Gnade des Tons und Klangs, seine wundertätige Übereinstimmung mit dem durstigen, zerlechzenden Ohr, daß« – fuhr er leiser und schamrot fort – »der dritte Ton zusammenstimmt mit dem ersten und der fünfte desgleichen und die *Nota sensibilis* hinaufsteigt, wie eine erfüllte Hoffnung, die Dissonanz herabgebeugt wird als wissentliche Bosheit oder vermessener Stolz, und die Wunder der Bindung und Umkehrung, wodurch auch die Sekunde zur Gnade gelangt in den Schoß des Wohlklangs. – Mir hat das alles, obwohl viel später, ein Musiker erklärt. Und, wovon ich aber nichts verstehe, die *fuga* und das *punctum contra punctum* und der *canon a duo, a tre* und so fort, ein ganzes Himmelsgebäude, eines ins andre greifend, ohne Mörtel verbunden, und gehalten von Gottes Hand. Davon will niemand etwas wissen bis auf wenige. Vielmehr stören sie dieses Ein- und Ausatmen der Seelen durch Hinzufügung allenfalls auch zu sprechender Worte, wie die Kinder Gottes sich verbanden mit den Töchtern der Erde; daß es hübsch angreife und eingreife in ein schwieliges Gemüt. Herr«, schloß er endlich, halb erschöpft, »die Rede ist dem Menschen notwendig wie Speise, man sollte aber auch den Trank rein erhalten, der da kommt von Gott.«

Ich kannte meinen Mann beinahe nicht mehr, so lebhaft war er geworden. Er hielt ein wenig inne. »Wo blieb ich nur in meiner Geschichte?« sagte er endlich. »Ei ja, bei dem Liede und meinen Versuchen, es nachzuspielen. Es ging aber nicht. Ich trat ans Fenster, um besser zu hören. Da ging eben die Sängerin über den Hof. Ich sah sie nur von rückwärts, und doch kam sie mir bekannt vor. Sie trug einen Korb, mit, wie es schien, noch ungebackenen Kuchenstücken. Sie trat in ein Pförtchen in der Ecke des Hofes, da wohl ein Backofen innen sein mochte, denn immer fortsingend, hörte ich mit hölzernen Geräten scharren, wobei die Stimme einmal dumpfer und einmal heller klang wie eines, der sich bückt und in eine Höhlung hineinsingt, dann wieder erhebt und aufrecht dasteht. Nach einer Weile kam sie zurück, und nun merkte ich erst, warum sie mir vorher bekannt vorkam. Ich kannte sie nämlich wirklich seit längerer Zeit. Und zwar aus der Kanzlei.

Damit verhielt es sich so. Die Amtsstunden fingen früh an und währten über den Mittag hinaus. Mehrere von den jüngeren Beamten, die nun entweder wirklich Hunger fühlten oder eine halbe Stunde damit vor sich bringen wollten, pflegten gegen elf Uhr eine Kleinigkeit zu sich zu nehmen. Die Gewerbsleute, die alles zu ihrem Vorteile zu benutzen wissen, ersparten den Leckermäulern den Weg und brachten ihre Feilschaften ins Amtsgebäude, wo sie sich auf Stiege und Gang damit hinstellten. Ein Bäcker verkaufte kleine Weißbrote, die Obstfrau Kirschen. Vor allem aber waren gewisse Kuchen beliebt, die eines benachbarten Grieslers Tochter selbst verfertigte und noch warm zu Markt brachte. Ihre Kunden traten zu ihr auf den Gang hinaus, und nur selten kam sie, gerufen, in die Amtsstube, wo dann der etwas grämliche Kanzleivorsteher, wenn er ihrer gewahr wurde, ebenso selten ermangelte, sie wieder zur Türe hinauszuweisen, ein Gebot, dem sie sich nur mit Groll, und unwillige Worte murmelnd, fügte.

Das Mädchen galt bei meinen Kameraden nicht für schön. Sie fanden sie zu klein, wußten die Farbe ihrer Haare nicht zu bestimmen. Daß sie Katzenaugen habe, bestritten einige, Pockengruben aber gaben alle zu. Nur von ihrem stämmigen Wuchs sprachen alle mit Beifall, schalten sie aber grob, und einer wußte viel von einer Ohrfeige zu erzählen, deren Spuren er noch acht Tage nachher gefühlt haben wollte.

Ich selbst gehörte nicht unter ihre Kunden. Teils fehlte mir's an Geld, teils habe ich Speise und Trank wohl immer – oft nur zu sehr– als ein Bedürfnis anerkennen müssen, Lust und Vergnügen darin zu suchen aber ist mir nie in den Sinn gekommen. Wir nahmen daher keine Notiz voneinander. Einmal nur, um mich zu necken, machten ihr meine Kameraden glauben, ich hätte nach ihren Eßwaren verlangt. Sie trat zu meinem Arbeitstisch und hielt mir ihren Korb hin. Ich kaufe nichts, liebe Jungfer, sagte ich. Nun, warum bestellen Sie dann die Leute? rief sie zornig. Ich entschuldigte mich, und sowie ich die Schelmerei gleich weg hatte, erklärte ich ihr's aufs beste. Nun, so schenken Sie mir wenigstens einen Bogen Papier, um meine Kuchen darauf zu legen, sagte sie. Ich machte ihr begreiflich, daß das Kanzleipapier sei und nicht mir gehöre, zu Hause aber hätte ich welches, das mein wäre, davon wollt' ich ihr bringen. Zu Hause habe ich selbst genug, sagte sie spöttisch und schlug eine kleine Lache auf, indem sie fortging.

Das war nur vor wenigen Tagen geschehen, und ich gedachte aus dieser Bekanntschaft sogleich Nutzen für meinen Wunsch zu ziehen. Ich knöpfte daher des andern Morgens ein ganzes Buch Papier, an dem es bei uns zu Hause nie fehlte, unter den Rock und ging auf die Kanzlei, wo ich, um mich nicht zu verraten, meinen Harnisch mit großer Unbequemlichkeit auf dem Leibe behielt, bis ich gegen Mittag aus dem Ein- und Ausgehen meiner

Kameraden und dem Geräusch der kauenden Backen merkte, daß die Kuchenverkäuferin gekommen war, und glauben konnte, daß der Hauptandrang der Kunden bereits vorüber sei. Dann ging ich hinaus, zog mein Papier hervor, nahm mir ein Herz und trat zu dem Mädchen hin, die, den Korb vor sich auf dem Boden und den rechten Fuß auf einen Schemel gestellt, auf dem sie gewöhnlich zu sitzen pflegte, dastand, leise summend und mit dem auf den Schemel gestützten Fuß den Takt dazu tretend. Sie maß mich vom Kopf bis zu den Füßen, als ich näher kam, was meine Verlegenheit vermehrte. Liebe Jungfer, fing ich endlich an, Sie haben neulich von mir Papier begehrt, als keines zur Hand war, das mir gehörte. Nun habe ich welches von Hause mitgebracht und – damit hielt ich ihr mein Papier hin. Ich habe Ihnen schon neulich gesagt, erwiderte sie, daß ich selbst Papier zu Hause habe. Indes man kann alles brauchen. Damit nahm sie mit einem leichten Kopfnicken mein Geschenk und legte es in den Korb. Von den Kuchen wollen Sie nicht? sagte sie, unter ihrer Ware herummusternd, auch ist das Beste schon fort. Ich dankte, sagte aber, daß ich eine andere Bitte hätte. Nu, allenfalls? sprach sie, mit dem Arm in die Handhabe des Korbes fahrend und aufgerichtet dastehend, wobei sie mich mit heftigen Augen anblitzte. Ich fiel rasch ein, daß ich ein Liebhaber der Tonkunst sei, obwohl erst seit kurzem, daß ich sie so schöne Lieder singen gehört, besonders eines. Sie? Mich? Lieder? fuhr sie auf, und wo? Ich erzählte ihr weiter, daß ich in ihrer Nachbarschaft wohne und sie auf dem Hofe bei der Arbeit belauscht hätte. Eines ihrer Lieder gefiele mir besonders, so daß ich's schon versucht hätte, auf der Violine nachzuspielen. Wären Sie etwa gar derselbe, rief sie aus, der so kratzt auf der Geige? – Ich war damals, wie ich bereits sagte, nur Anfänger und habe erst später mit vieler Mühe die nötige Geläufigkeit in diese Finger gebracht«, unterbrach sich der alte Mann, wobei er mit der linken Hand, als einer, der geigt, in der Luft herumfingerte. »Mir war es«, setzte er seine Erzählung fort, »ganz heiß ins Gesicht gestiegen, und ich sah auch ihr an, daß das harte Wort sie gereute. Werte Jungfer, sagte ich, das Kratzen rührt von daher, daß ich das Lied nicht in Noten habe, weshalb ich auch höflichst um die Abschrift gebeten haben wollte. Um die Abschrift? sagte sie. Das Lied ist gedruckt und wird an den Straßenecken verkauft. Das Lied? entgegnete ich. Das sind wohl nur die Worte. – Nun ja, die Worte, das Lied. – Aber der Ton, in dem man's singt. – Schreibt man denn derlei auch auf? fragte sie. Freilich! war meine Antwort, das ist ja eben die Hauptsache. Und wie haben denn Sie's erlernt, werte Jungfer? – Ich hörte es singen, und da sang ich's nach. – Ich erstaunte über das natürliche Ingenium; wie denn überhaupt die ungelernten Leute oft die meisten Talente haben. Es ist aber doch nicht das Rechte, die eigentliche Kunst. Ich war nun neuerdings in Verzweiflung. Aber welches Lied ist es denn eigentlich? sagte sie. Ich weiß so viele. – Alle ohne Noten? – Nun freilich; also welches war es denn? – Es ist gar so schön, erklärte ich mich. Steigt gleich anfangs in die Höhe, kehrt dann in sein Inwendiges zurück und hört ganz leise auf. Sie singen's auch am öftesten. Ah, das wird wohl das sein! sagte sie, setzte den Korb wieder ab, stellte den Fuß auf den Schemel und sang nun mit ganz leiser und doch klarer Stimme das Lied, wobei sie das Haupt duckte, so schön, so lieblich, daß, ehe sie noch zu Ende war, ich nach ihrer herabhängenden Hand fuhr. Oho! sagte sie, den Arm zurückziehend, denn sie meinte wohl, ich wollte ihre Hand unziemlicherweise anfassen, aber nein, küssen wollte ich sie, obschon sie nur ein armes Mädchen war. – Nun, ich bin ja jetzt auch ein armer Mann.

Da ich nun vor Begierde, das Lied zu haben, mir in die Haare fuhr, tröstete sie mich und sagte: der Organist der Peterskirche käme öfter um Muskatnuß in ihres Vaters Gewölbe, den wolle sie bitten, alles auf Noten zu bringen. Ich könnte es nach ein paar Tagen dort abholen. Hierauf nahm sie ihren Korb und ging, wobei ich ihr das Geleite bis zur Stiege gab. Auf der obersten Stufe die letzte Verbeugung machend, überraschte mich der Kanzleivorsteher, der mich an meine Arbeit gehen hieß und auf das Mädchen schalt, an dem, wie er behauptete, kein gutes Haar sei. Ich war darüber heftig erzürnt und wollte ihm eben antworten, daß ich, mit seiner Erlaubnis, vom Gegenteile überzeugt sei, als ich bemerkte, daß er bereits in sein Zimmer zurückgegangen war, weshalb ich mich faßte und ebenfalls an meinen Schreibtisch ging. Doch ließ er sich seit dieser Zeit nicht nehmen, daß ich ein liederlicher Beamter und ein ausschweifender Mensch sei.

Ich konnte auch wirklich desselben und die darauffolgenden Tage kaum etwas Vernünftiges arbeiten, so ging mir das Lied im Kopfe herum, und ich war wie verloren. Ein paar Tage vergangen, wußte ich wieder nicht, ob es schon Zeit sei, die Noten abzuholen oder nicht. Der Organist, hatte das Mädchen gesagt, kam in ihres Vaters Laden, um Muskatnuß zu kaufen; die konnte er nur zu Bier gebrauchen. Nun war seit einiger Zeit kühles Wetter und daher wahrscheinlich, daß der wackere Tonkünstler sich eher an den Wein halten und daher so bald keiner Muskatnuß bedürfen werde. Zu schnell anfragen schien eine unhöfliche Zudringlichkeit, allzu langes Warten konnte für Gleichgültigkeit ausgelegt werden. Mit dem Mädchen auf dem Gange zu sprechen, getraute ich mich nicht, da unsere erste Zusammenkunft bei meinen Kameraden ruchbar geworden war, und sie vor Begierde brannten, mir einen Streich zu spielen.

Ich hatte inzwischen die Violine mit Eifer wieder aufgenommen und übte vorderhand das Fundament gründlich durch, erlaubte mir wohl auch von Zeit zu Zeit, aus dem Kopfe zu spielen, wobei ich aber das Fenster sorgfältig schloß, da ich wußte, daß mein Vortrag mißfiel. Aber wenn ich das Fenster auch öffnete, bekam ich mein Lied doch nicht wieder zu hören. Die Nachbarin sang teils gar nicht, teils so leise und bei verschlossener Türe, daß ich nicht zwei Töne unterscheiden konnte.

Endlich – es waren ungefähr drei Wochen vergangen – vermochte ich's nicht mehr auszuhalten. Ich hatte zwar schon durch zwei Abende mich auf die Gasse gestohlen – und das ohne Hut, damit die Dienstleute glauben sollten, ich suchte nur nach etwas im Hause – so oft ich aber in die Nähe des Grieslerladens kam, überfiel mich ein so heftiges Zittern, daß ich umkehren mußte, ich mochte wollen oder nicht. Endlich aber – wie gesagt – konnte ich's nicht mehr aushalten. Ich nahm mir ein Herz und ging eines Abends – auch diesmal ohne Hut – aus meinem Zimmer die Treppe hinab und festen Schrittes durch die Gasse bis zu dem Grieslerladen, wo ich vorderhand stehen blieb und überlegte, was weiter zu tun sei. Der Laden war erleuchtet, und ich hörte Stimmen darin. Nach einigem Zögern beugte ich mich vor und lugte von der Seite hinein. Ich sah das Mädchen hart vor dem Ladentische sitzen und in einer hölzernen Mulde Erbsen oder Bohnen lesen. Vor ihr stand ein derber, rüstiger Mann, die Jacke über die Schulter gehängt, eine Art Knüttel in der Hand, ungefähr wie ein Fleischhauer. Die beiden sprachen, offenbar in guter Stimmung, denn das Mädchen lachte einigemale laut auf, ohne sich aber in ihrer Arbeit zu unterbrechen oder auch nur aufzusehen. War es meine gezwungene vorgebeugte Stellung oder was sonst immer, mein Zittern begann wieder zu kommen; als ich mich plötzlich von rückwärts mit derber Hand angefaßt und nach vorwärts geschleppt fühlte. In einem Nu stand ich im Gewölbe, und als ich, losgelassen, mich umschaute, sah ich, daß es der Eigentümer selbst war, der, von auswärts nach Hause kehrend, mich auf der Lauer überrascht und als verdächtig angehalten hatte. Element! schrie er, da sieht man, wo die Pflaumen hinkommen und die Handvoll Erbsen und Rollgerste, die im Dunkeln aus den Auslagkörben gemaust werden. Da soll ja gleich das Donnerwetter drein schlagen! Und damit ging er auf mich los, als ob er wirklich dreinschlagen wollte.

Ich war wie vernichtet, wurde aber durch den Gedanken, daß man an meiner Ehrlichkeit zweifle, bald wieder zu mir selbst gebracht. Ich verbeugte mich daher ganz kurz und sagte dem Unhöflichen, daß mein Besuch nicht seinen Pflaumen oder seiner Rollgerste, sondern seiner Tochter gelte. Da lachte der in der

Mitte des Ladens stehende Fleischer laut auf und wendete sich, zu gehen, nachdem er vorher dem Mädchen ein paar Worte leise zugeflüstert hatte, die sie, gleichfalls lachend, durch einen schallenden Schlag mit der flachen Hand auf seinen Rücken beantwortete. Der Griesler gab dem Weggehenden das Geleit zur Türe hinaus. Ich hatte derweil schon wieder all meinen Mut verloren und stand dem Mädchen gegenüber, die gleichgültig ihre Erbsen und Bohnen las, als ob das Ganze sie nichts anginge. Da polterte der Vater wieder zur Türe herein. Mordtausendelement noch einmal, sagte er, Herr, was soll's mit meiner Tochter? Ich versuchte, ihm den Zusammenhang und den Grund meines Besuches zu erklären. Was Lied? sagte er, ich will euch Lieder singen! wobei er den rechten Arm sehr verdächtig auf und ab bewegte. – Dort liegt es, sprach das Mädchen, indem sie, ohne die Mulde mit Hülsenfrüchten wegzusetzen, sich samt dem Sessel seitwärts überbeugte und mit der Hand auf den Ladentisch hinwies. Ich eilte hin und sah ein Notenblatt liegen. Es war das Lied. Der Alte war mir aber zuvorgekommen. Er hielt das schöne Papier zerknitternd in der Hand. Ich frage, sagte er, was das abgibt? Wer ist der Mensch? Er ist ein Herr aus der Kanzlei, erwiderte sie, indem sie eine wurmstichige Erbse etwas weiter als die andern von sich warf. Ein Herr aus der Kanzlei? rief er, im Dunkeln, ohne Hut? Den Mangel des Hutes erklärte ich durch den Umstand, daß ich ganz in der Nähe wohnte, wobei ich das Haus bezeichnete. Das Haus weiß ich, rief er. Da wohnt niemand drinnen als der Hofrat – hier nannte er den Namen meines Vaters – und die Bedienten kenne ich alle. Ich bin der Sohn des Hofrats, sagte ich, leise, als ob's eine Lüge wäre. – Mir sind im Leben viele Veränderungen vorgekommen, aber noch keine so plötzliche, als bei diesen Worten in dem ganzen Wesen des Mannes vorging. Der zum Schmähen geöffnete Mund blieb offen stehen, die Augen drohten noch immer, aber um den untern Teil des Gesichtes fing an eine Art Lächeln zu spielen, das sich immer mehr Platz machte. Das Mädchen blieb in ihrer Gleichgültigkeit und gebückten Stellung, nur daß sie sich die losgegangenen Haare, fortarbeitend, hinter die Ohren zurückstrich. Der Sohn des Herrn Hofrats? schrie endlich der Alte, in dessen Gesichte die Aufheiterung vollkommen geworden war. Wollen Euer Gnaden sich's vielleicht bequem machen? Barbara, einen Stuhl! Das Mädchen bewegte sich widerwillig auf dem ihren. Nu, wart, Tuckmauser! sagte er, indem er selbst einen Korb von seinem Platze hob und den darunter gestellten Sessel mit dem Vortuche vom Staube reinigte. Hohe Ehre, fuhr er fort. Der Herr Hofrat – der Herr Sohn, wollt' ich sagen, praktizieren also auch die Musik? Singen vielleicht, wie meine Tochter, oder vielmehr ganz anders, nach Noten, nach der Kunst? Ich erklärte ihm, daß ich von Natur keine Stimme hätte. Oder schlagen Klavizimbel, wie die vornehmen Leute zu tun pflegen? Ich sagte, daß ich die Geige spiele. Habe auch in meiner Jugend gekratzt auf der Geige, rief er. Bei dem Worte Kratzen blickte ich unwillkürlich auf das Mädchen hin und sah, daß sie ganz spöttisch lächelte, was mich sehr verdroß.

Sollten sich des Mädels annehmen, heißt das in Musik, fuhr er fort. Singt eine gute Stimme, hat auch sonst ihre Qualitäten, aber das Feine, lieber Gott, wo soll's herkommen? wobei er Daumen und Zeigefinger der rechten Hand wiederholt übereinander schob. Ich war ganz beschämt, daß man mir unverdienterweise so bedeutende musikalische Kenntnisse zutraute, und wollte eben den wahren Stand der Sache auseinander setzen, als ein außen Vorübergehender in den Laden hereinrief: Guten Abend alle miteinander! Ich erschrak, denn es war die Stimme eines der Bedienten unseres Hauses. Auch der Griesler hatte sie erkannt. Die Spitze der Zunge vorschiebend und die Schulter emporgehoben, flüsterte er: Waren einer der Herren Bedienten des gnädigen Papa. Konnten Sie aber nicht erkennen, standen mit dem Rücken gegen die Türe. Letzteres verhielt sich wirklich so. Aber das Gefühl des Heimlichen, Unrechten, ergriff mich qualvoll. Ich stammelte nur ein paar Worte zum Abschied und ging.

Ja selbst mein Lied hätte ich vergessen, wäre mir nicht der Alte auf die Straße nachgesprungen, wo er mir's in die Hand steckte.

So gelangte ich nach Hause, auf mein Zimmer, und wartete der Dinge, die da kommen sollten. Und sie blieben nicht aus. Der Bediente hatte mich dennoch erkannt. Ein paar Tage darauf trat der Sekretär meines Vaters zu mir auf die Stube und kündigte mir an, daß ich das elterliche Haus zu verlassen hätte. Alle meine Gegenreden waren fruchtlos. Man hatte mir in einer entfernten Vorstadt ein Kämmerchen gemietet, und so war ich denn ganz aus der Nähe der Angehörigen verbannt. Auch meine Sängerin bekam ich nicht mehr zu sehen. Man hatte ihr den Kuchenhandel auf der Kanzlei eingestellt, und ihres Vaters Laden zu betreten, konnte ich mich nicht entschließen, da ich wußte, daß es dem meinigen mißfiel. Ja, als ich dem alten Griesler zufällig auf der Straße begegnete, wandte er sich mit einem grimmigen Gesichte von mir ab, und ich war wie niedergedonnert. Da holte ich denn, halbe Tage lang allein, meine Geige hervor und spielte und übte.

Es sollte aber noch schlimmer kommen. Das Glück unseres Hauses ging abwärts. Mein jüngster Bruder, ein eigenwilliger, ungestümer Mensch, Offizier bei den Dragonern, mußte eine unbesonnene Wette, infolge der er, vom Ritt erhitzt, mit Pferd und Rüstung durch die Donau schwamm – es war tief in Ungarn – mit dem Leben bezahlen. Der ältere, geliebteste, war in einer Provinz am Ratstisch angestellt. In immerwährender Widersetzlichkeit gegen seinen Landesvorgesetzten und, wie sie sagten, heimlich dazu von unserem Vater aufgemuntert, erlaubte er sich sogar unrichtige Angaben, um seinem Gegner zu schaden. Es kam zur Untersuchung, und mein Bruder ging heimlich aus dem Lande. Die Feinde unseres Vaters, deren viele waren, benützten den Anlaß, ihn zu stürzen. Von allen Seiten angegriffen und ohnehin ingrimmig über die Abnahme seines Einflusses, hielt er täglich die angreifendsten Reden in der Ratssitzung. Mitten in einer derselben traf ihn ein Schlagfluß. Er wurde sprachlos nach Hause gebracht. Ich selbst erfuhr nichts davon. Des andern Tages auf der Kanzlei bemerkte ich wohl, daß sie heimlich flüsterten und mit den Fingern nach mir wiesen. Ich war aber derlei schon gewohnt und hatte kein Arges. Freitags darauf – es war Mittwochs gewesen – wurde mir plötzlich ein schwarzer Anzug mit Flor auf die Stube gebracht. Ich erstaunte und fragte und erfuhr. Mein Körper ist sonst stark und widerhältig, aber da fiel's mich an mit Macht. Ich sank besinnungslos zu Boden. Sie trugen mich ins Bette, wo ich fieberte und irre sprach den Tag hindurch und die ganze Nacht. Des andern Morgens hatte die Natur die Oberhand gewonnen, aber mein Vater war tot und begraben.

Ich hatte ihn nicht mehr sprechen können; ihn nicht um Verzeihung bitten wegen all des Kummers, den ich ihm gemacht; nicht mehr danken für die unverdienten Gnaden – ja Gnaden! denn seine Meinung war gut, und ich hoffe ihn einst wiederzufinden, wo wir nach unsern Absichten gerichtet werden und nicht nach unsern Werken.

Ich blieb mehrere Tage auf meinem Zimmer, kaum daß ich Nahrung zu mir nahm. Endlich ging ich doch hervor, aber gleich nach Tische wieder nach Hause, und nur des Abends irrte ich in den dunkeln Straßen umher, wie Kain, der Brudermörder. Die väterliche Wohnung war mir dabei ein Schreckbild, dem ich sorgfältigst aus dem Wege ging. Einmal aber, gedankenlos vor mich hinstarrend, fand ich mich plötzlich in der Nähe des gefürchteten Hauses. Meine Kniee zitterten, daß ich mich anhalten mußte. Hinter mir an die Wand greifend, erkenne ich die Türe des Grieslerladens und darin sitzend Barbara, einen Brief in der Hand, neben ihr das Licht auf dem Ladentische und hart dabei in aufrechter Stellung ihr Vater, der ihr zuzusprechen schien. Und wenn es mein Leben gegolten hätte, ich mußte eintreten. Niemanden zu haben, dem man sein Leid klagen kann, niemanden, der Mitleid fühlt! Der Alte, wußte ich wohl, war auf mich erzürnt, aber das Mädchen sollte mir ein gutes Wort geben. Doch kam es ganz entgegengesetzt. Barbara stand auf, als ich eintrat, warf mir einen hochmütigen Blick zu und ging in die Nebenkammer, deren Türe sie abschloß. Der Alte aber faßte mich bei der Hand, hieß mich niedersitzen, tröstete mich, meinte aber auch, ich sei nun ein reicher Mann und hätte mich um niemanden mehr zu kümmern. Er fragte, wieviel ich geerbt hätte. Ich wußte das nicht. Er forderte mich auf, zu den Gerichten zu gehen, was ich versprach. In den Kanzleien, meinte er, sei nichts zu machen. Ich sollte meine Erbschaft im Handel anlegen. Knoppern und Früchte warfen guten Profit ab; ein Compagnon, der sich darauf verstände, könnte Groschen in Gulden verwandeln. Er selbst habe sich einmal viel damit abgegeben. Dabei rief er wiederholt nach dem Mädchen, die aber kein Lebenszeichen von sich gab. Doch schien mir, als ob ich an der Türe zuweilen rascheln hörte. Da sie aber immer nicht kam und der Alte nur vom Gelde redete, empfahl ich mich endlich und ging, wobei der Mann bedauerte, mich nicht begleiten zu können, da er allein im Laden sei. Ich war traurig über meine verfehlte Hoffnung und doch wunderbar getröstet. Als ich auf der Straße stehen blieb und nach dem Hause meines Vaters hinüberblickte, hörte ich plötzlich hinter mir eine Stimme, die gedämpft und im Tone des Unwillens sprach: Trauen Sie nicht gleich jedermann, man meint es nicht gut mit Ihnen. So schnell ich mich umkehrte, sah ich doch niemand; nur das Klirren eines Fensters im Erdgeschosse, das zu des Grieslers Wohnung gehörte, belehrte mich, wenn ich auch die Stimme nicht erkannt hätte, daß Barbara die geheime Warnerin war. Sie hatte also doch gehört, was im Laden gesprochen worden. Wollte sie mich vor ihrem Vater warnen? oder war ihr zu Ohren gekommen, daß gleich nach meines Vaters Tode teils Kollegen aus der Kanzlei, teils andere, ganz unbekannte Leute mich mit Bitten um Unterstützung und Nothilfe angegangen, ich auch zugesagt, wenn ich erst zu Geld kommen würde. Was einmal versprochen, mußte ich halten, in Zukunft aber beschloß ich, vorsichtiger zu sein. Ich meldete mich wegen meiner Erbschaft. Es war weniger, als man geglaubt hatte, aber doch sehr viel, nahe an elftausend Gulden. Mein Zimmer wurde den ganzen Tag von Bittenden und Hilfesuchenden nicht leer. Ich war aber beinahe hart geworden und gab nur, wo die Not am größten war. Auch Barbaras Vater kam. Er schmälte, daß ich sie schon drei Tage nicht besucht, worauf ich der Wahrheit gemäß erwiderte, daß ich fürchte, seiner Tochter zur Last zu sein. Er aber sagte, das solle mich nicht kümmern, er habe ihr schon den Kopf zurechtgesetzt, wobei er auf eine boshafte Art lachte, so daß ich erschrak. Dadurch an Barbaras Warnung rückerinnert, verhehlte ich, als wir bald im Gespräche darauf kamen, den Betrag meiner Erbschaft; auch seinen Handelsvorschlägen wich ich geschickt aus.

Wirklich lagen mir bereits andere Aussichten im Kopfe. In der Kanzlei, wo man mich nur meines Vaters wegen geduldet hatte, war mein Platz bereits durch einen andern besetzt, was mich, da kein Gehalt damit verbunden war, wenig kümmerte. Aber der Sekretär meines Vaters, der durch die letzten Ereignisse brotlos geworden, teilte mir den Plan zur Errichtung eines Auskunfts-, Kopier- und Übersetzungscomptoirs mit, wozu ich die ersten Einrichtungskosten vorschießen sollte, indes er selbst die Direktion zu übernehmen bereit war. Auf mein Andringen wurden die Kopierarbeiten auch auf Musikalien ausgedehnt, und nun war ich in meinem Glücke. Ich gab das erforderliche Geld, ließ mir aber, schon vorsichtig geworden, eine Handschrift darüber ausstellen. Die Kaution für die Anstalt, die ich gleichfalls vorschoß, schien, obgleich beträchtlich, kaum der Rede wert, da sie bei den Gerichten hinterlegt werden mußte und dort mein blieb, als hätte ich sie in meinem Schranke.

Die Sache war abgetan, und ich fühlte mich erleichtert, erhoben, zum erstenmale in meinem Leben selbständig, ein Mann. Kaum, daß ich meines Vaters noch gedachte. Ich bezog eine bessere Wohnung, änderte einiges in meiner Kleidung und ging, als es Abend geworden, durch wohlbekannte Straßen nach dem Grieslerladen, wobei ich mit den Füßen schlenkerte und mein Lied zwischen den Zähnen summte, obwohl nicht ganz richtig. Das *B* in der zweiten Hälfte habe ich mit der Stimme nie treffen können. Froh und guter Dinge langte ich an, aber ein eiskalter Blick Barbaras warf mich sogleich in meine frühere Zaghaftigkeit zurück. Der Vater empfing mich aufs beste, sie aber tat, als ob niemand zugegen wäre, fuhr fort, Papiertüten zu wikkeln, und mischte sich mit keinem Worte in unser Gespräch. Nur als die Rede auf meine Erbschaft kam, fuhr sie mit halbem Leibe empor und sagte fast drohend: Vater! worauf der Alte sogleich den Gegenstand änderte. Sonst sprach sie den ganzen Abend nichts, gab mir keinen zweiten Blick, und als ich mich endlich empfahl, klang ihr: Guten Abend! beinahe wie ein Gott sei Dank!

Aber ich kam wieder und wieder, und sie gab allmählich nach. Nicht als ob ich ihr irgend etwas zu Danke gemacht hätte. Sie schalt und tadelte mich unaufhörlich. Alles war ungeschickt; Gott hatte mir zwei linke Hände erschaffen; mein Rock saß wie an einer Vogelscheuche; ich ging wie die Enten, mit einer Anmahnung an den Haushahn. Besonders zuwider war ihr meine Höflichkeit gegen die Kunden. Da ich nämlich bis zur Eröffnung der Kopieranstalt ohne Beschäftigung war und überlegte, daß ich dort mit dem Publikum zu tun haben würde, so nahm ich, als Vorübung, an dem Kleinverkauf im Grieslergewölbe tätigen Anteil, was mich oft halbe Tage lang festhielt. Ich wog Gewürz ab, zählte den Knaben Nüsse und Welkpflaumen zu, gab klein Geld heraus; letzteres nicht ohne häufige Irrungen, wo denn immer Barbara dazwischen fuhr, gewalttätig wegnahm, was ich eben in den Händen hielt, und mich vor den Kunden verlachte und verspottete. Machte ich einem der Käufer einen Bückling oder empfahl mich ihnen, so sagte sie barsch, ehe die Leute noch zur Türe hinaus waren: Die Ware empfiehlt! und kehrte mir den Rücken. Manchmal aber wieder war sie ganz Güte. Sie hörte mir zu, wenn ich erzählte, was in der Stadt vorging; aus meinen Kinderjahren; von dem Beamtenwesen in der Kanzlei, wo wir uns zuerst kennen gelernt. Dabei ließ sie mich aber immer allein sprechen und gab nur durch einzelne Worte ihre Billigung oder – was öfter der Fall war – ihre Mißbilligung zu erkennen.

Von Musik oder Gesang war nie die Rede. Erstlich meinte sie, man müsse entweder singen oder das Maul halten, zu reden sei da nichts. Das Singen selbst aber ging nicht an. Im Laden war es unziemlich, und die Hinterstube, die sie und ihr Vater gemeinschaftlich bewohnten, durfte ich nicht betreten. Einmal aber, als ich unbemerkt zur Türe hereintrat, stand sie eben auf den Zehenspitzen emporgerichtet, den Rücken mir zugekehrt und mit den erhobenen Händen, wie man nach etwas sucht, auf einem der höheren Stellbretter herumtastend. Und dabei sang sie leise in sich hinein. – Es war das Lied, mein Lied! – Sie aber zwitscherte wie eine Grasmücke, die am Bache das Hälslein wäscht und das Köpfchen herumwirft und die Federn sträubt und wieder glättet mit dem Schnäblein. Mir war, als ginge ich auf grünen Wiesen. Ich schlich näher und näher und war schon so nahe, daß das Lied nicht mehr von außen, daß es aus mir herauszutönen schien, ein Gesang der Seelen. Da konnte ich mich nicht mehr halten und faßte mit beiden Händen ihren in der Mitte nach vorn strebenden und mit den Schultern gegen mit gesenkten Leib. Da aber kam's. Sie wirbelte wie ein Kreisel um sich selbst. Glutrot vor Zorn im Gesichte, stand sie vor mir da; ihre Hand zuckte, und ehe ich mich entschuldigen konnte –

Sie hatten, wie ich schon früher berichtet, auf der Kanzlei öfter von einer Ohrfeige erzählt, die Barbara, noch als Kuchenhändlerin, einem Zudringlichen gegeben. Was sie da sagten von der Stärke des eher klein zu nennenden Mädchens und der Schwungkraft ihrer Hand, schien höchlich und zum Scherze übertrieben. Es verhielt sich aber wirklich so und ging ins Riesenhafte. Ich stand wie vom Donner getroffen. Die Lichter tanzten mir vor den Augen. – Aber es waren Himmelslichter. Wie Sonne, Mond und Sterne; wie die Engelein, die Versteckens spielen und dazu singen. Ich hatte Erscheinungen, ich war verzückt. Sie aber, kaum minder erschrocken als ich, fuhr mit ihrer Hand wie begütigend über die geschlagene Stelle. Es mag wohl zu stark ausgefallen sein, sagte sie, und – wie ein zweiter Blitzstrahl – fühlte ich plötzlich ihren warmen Atem auf meiner Wange und ihre zwei Lippen, und sie küßte mich; nur leicht, leicht; aber es war ein Kuß auf diese meine Wange, hier!« Dabei klatschte der alte Mann auf seine Backe, und die Tränen traten ihm aus den Augen. »Was nun weiter gescheh, weiß ich nicht«, fuhr er fort. »Nur daß ich auf sie losstürzte und sie in die Wohnstube lief und die Glastüre zuhielt, während ich von der andern Seite nachdrängte. Wie sie nun, zusammengekrümmt und mit aller Macht sich entgegenstemmend, gleichsam an dem Türfenster klebte, nahm ich mir ein Herz, verehrtester Herr, und gab ihr ihren Kuß heftig zurück, durch das Glas.

Oho, hier geht's lustig her! hörte ich hinter mir rufen. Es war der Griesler, der eben nach Hause kam. Nu, was sich neckt – sagte er. Komm nur heraus, Bärbe, und mach keine Dummheiten! Einen Kuß in Ehren kann niemand wehren. – Sie aber kam nicht. Ich selbst entfernte mich nach einigen halb bewußtlos gestotterten Worten, wobei ich den Hut des Grieslers statt des meinigen nahm, den er lachend mir in der Hand austauschte. Das war, wie ich ihn schon früher nannte, der Glückstag meines Lebens. Fast hätte ich gesagt: der einzige, was aber nicht wahr wäre, denn der Mensch hat viele Gnaden von Gott.

Ich wußte nicht recht, wie ich im Sinne des Mädchens stand. Sollte ich sie mir mehr erzürnt oder mehr begütigt denken? Der nächste Besuch kostete einen schweren Entschluß. Aber sie war gut. Demütig und still, nicht auffahrend wie sonst, saß sie da bei einer Arbeit. Sie winkte mit dem Kopfe auf einen nebenstehenden Schemel, daß ich mich setzen und ihr helfen sollte. So saßen wir denn und arbeiteten. Der Alte wollte hinausgehen. Bleibt doch da, Vater, sagte sie; was Ihr besorgen wollt, ist schon abgetan. Er trat mit dem Fuße hart auf den Boden und blieb. Ab- und zugehend sprach er von diesem und jenem, ohne daß ich mich in das Gespräch zu mischen wagte. Da stieß das Mädchen plötzlich einen kleinen Schrei aus. Sie hatte sich beim Arbeiten einen Finger geritzt, und obgleich sonst gar nicht weichlich, schlenkerte sie mit der Hand hin und her. Ich wollte zusehen, aber sie bedeutete mich, fortzufahren. Alfanzerei und kein Ende! brummte der Alte, und vor das Mädchen hintretend, sagte er mit starker Stimme: Was zu besorgen war, ist noch gar nicht getan! und so ging er schallenden Trittes zur Türe hinaus. Ich wollte nun anfangen, mich von gestern her zu entschuldigen; sie aber unterbrach mich und sagte: Lassen wir das und sprechen wir jetzt von gescheitern Dingen.

Sie hob den Kopf empor, maß mich vom Scheitel bis zur Zehe und fuhr in ruhigem Tone fort: Ich weiß kaum selbst mehr den Anfang unserer Bekanntschaft, aber Sie kommen seit einiger Zeit öfter und öfter, und wir haben uns an Sie gewöhnt. Ein ehrliches Gemüt wird Ihnen niemand abstreiten, aber Sie sind schwach, immer auf Nebendinge gerichtet, so daß Sie kaum imstande wären, Ihren eigenen Sachen selbst vorzustehen. Da wird es denn Pflicht und Schuldigkeit von Freunden und Bekannten, ein Einsehen zu haben, damit Sie nicht zu Schaden kommen. Sie versitzen hier halbe Tage im Laden, zählen und wägen, messen und markten; aber dabei kommt nichts heraus. Was gedenken Sie in Zukunft zu tun, um Ihr Fortkommen zu haben? Ich erwähnte der Erbschaft meines Vaters. Die mag recht groß sein, sagte sie. Ich nannte den Betrag. Das ist viel und wenig, erwiderte sie. Viel, um etwas damit anzufangen; wenig, um vom Breiten zu zehren. Mein Vater hat Ihnen zwar einen Vorschlag getan, ich riet Ihnen aber ab. Denn einmal hat er schon selbst Geld bei derlei Dingen verloren, dann, setzte sie mit gesenkter Stimme hinzu, ist er so gewohnt, von Fremden Gewinn zu ziehen, daß er es Freunden vielleicht auch nicht besser machen würde. Sie müssen jemand an der Seite haben, der es ehrlich meint. – Ich wies auf sie. – Ehrlich bin ich, sagte sie. Dabei legte sie die Hand auf die Brust, und ihre Augen, die sonst ins Graulichte spielten, glänzten hellblau, himmelblau. Aber mit mir hat's eigene Wege. Unser Geschäft wirft wenig ab, und mein Vater geht mit dem Gedanken um, einen Schenkladen aufzurichten. Da ist denn kein Platz für mich. Mir bliebe nur Handarbeit, denn dienen mag ich nicht. Und dabei sah sie aus wie eine Königin. Man hat mir zwar einen andern Antrag gemacht, fuhr sie fort, indem sie einen Brief aus ihrer Schürze zog und halb widerwillig auf den Ladentisch warf; aber da müßte ich fort von hier. – Und weit? fragte ich. – Warum? was kümmert Sie das? – Ich erklärte, daß ich an denselben Ort hinziehen wollte. – Sind Sie ein Kind! sagte sie. Das ginge nicht an und wären ganz andere Dinge. Aber wenn Sie Vertrauen zu mir haben und gerne in meiner Nähe sind, so bringen Sie den Putzladen an sich, der hier nebenan zu Verkauf steht. Ich verstehe das Werk, und um den bürgerlichen Gewinn aus Ihrem Gelde dürften Sie nicht verlegen sein. Auch fänden Sie selbst mit Rechnen und Schreiben eine ordentliche Beschäftigung. Was sich etwa noch weiter ergäbe, davon wollen wir jetzt nicht reden. – Aber ändern müßten Sie sich! Ich hasse die weibischen Männer.

Ich war aufgesprungen und griff nach meinem Hute. Was ist? wo wollen Sie hin? fragte sie. Alles abbestellen, sagte ich mit kurzem Atem. – Was denn? – Ich erzählte ihr nun meinen Plan zur Errichtung eines Schreib- und Auskunfts-Comptoirs. Da kommt nicht viel heraus, meinte sie. Auskunft einziehen kann ein jeder selbst, und schreiben hat auch ein jeder gelernt in der Schule. Ich bemerkte, daß auch Musikalien kopiert werden sollten, was nicht jedermanns Sache sei. Kommen Sie schon wieder mit solchen Albernheiten? fuhr sie mich an. Lassen Sie das Musizieren und denken Sie auf die Notwendigkeit! Auch wären Sie nicht im stande, einem Geschäfte selbst vorzustehen. Ich erklärte, daß ich einen Compagnon gefunden hätte. Einen Compagnon? rief sie aus. Da will man Sie gewiß betrügen! Sie haben doch noch kein Geld hergegeben? – Ich zitterte, ohne zu wissen, warum. – Haben Sie Geld gegeben? fragte sie noch einmal. Ich gestand die dreitausend Gulden zur ersten Einrichtung. – Dreitausend Gulden? rief sie, so vieles Geld! – Das übrige, fuhr ich fort, ist bei den Gerichten hinterlegt und jedenfalls sicher. – Also noch mehr? schrie sie auf. – Ich gab den Betrag der Kaution an. – Und haben Sie die selbst bei den Gerichten angelegt? – Es war durch meinen Compagnon geschehen. – Sie haben doch einen Schein darüber? – Ich hatte keinen Schein. – Und wie heißt Ihr sauberer Compagnon? fragte sie weiter. Ich war einigermaßen beruhigt, ihr den Sekretär meines Vaters nennen zu können.

Gott der Gerechte! rief sie aufspringend und die Hände zusammenschlagend. Vater! Vater! – Der Alte trat herein. – Was habt Ihr heute aus den Zeitungen gelesen? – Von dem Sekretarius? sprach er. – Wohl, wohl! – Nun, der ist durchgegangen, hat Schulden über Schulden hinterlassen und die Leute betrogen. Sie verfolgen ihn mit Steckbriefen! – Vater, rief sie, den da hat er auch betrogen! Er hat ihm sein Geld anvertraut. Er ist zu Grunde gerichtet. – Potz Dummköpfe und kein Ende! schrie der Alte. Hab' ich's nicht immer gesagt? Aber das war ein Entschuldigen. Einmal lachte sie über ihn, dann war er wieder ein redliches Gemüt. Aber ich will dazwischen fahren! Ich will zeigen, wer Herr im Hause ist. Du Barbara, marsch hinein in die Kammer! Sie aber, Herr, machen Sie, daß Sie fortkommen, und verschonen uns künftig mit Ihren Besuchen. Hier wird kein Almosen gereicht. – Vater, sagte das Mädchen, seid nicht hart gegen ihn, er ist ja doch unglücklich genug. – Eben darum, rief der Alte, will ich's nicht auch werden. Das, Herr, fuhr er fort, indem er auf den Brief zeigte, den Barbara vorher auf den Tisch geworfen hatte, das ist ein Mann! Hat Grütz im Kopfe und Geld im Sack. Betrügt niemanden, läßt sich aber auch nicht betrügen; und das ist die Hauptsache bei der Ehrlichkeit. – Ich stotterte, daß der Verlust der Kaution noch nicht gewiß sei. – Ja, rief er, wird ein Narr gewesen sein, der Sekretarius! Ein Schelm ist er, aber pfiffig. Und nun gehen Sie nur rasch, vielleicht holen Sie ihn noch ein! Dabei hatte er mir die flache Hand auf die Schulter gelegt und schob mich gegen die Türe. Ich wich dem Drucke seitwärts aus und wendete mich gegen das Mädchen, die, auf den Ladentisch gestützt, dastand, die Augen auf den Boden gerichtet, wobei die Brust heftig auf und nieder ging. Ich wollte mich ihr nähern, aber sie stieß zornig mit dem Fuße auf den Boden, und als ich meine Hand ausstreckte, zuckte sie mit der ihren halb empor, als ob sie mich wieder schlagen wollte. Da ging ich, und der Alte schloß die Türe hinter mir zu.

Ich wankte durch die Straßen zum Tor hinaus, ins Feld. Manchmal fiel mich die Verzweiflung an, dann kam aber wieder Hoffnung. Ich erinnerte mich, bei Anlegung der Kaution den Sekretär zum Handelsgerichte begleitet zu haben. Dort hatte ich unter dem Torwege gewartet, und er war allein hinaufgegangen. Als er herabkam, sagte er, alles sei berichtigt, der Empfangsschein werde mir ins Haus geschickt werden. Letzteres war freilich nicht geschehen, aber Möglichkeit blieb noch immer. Mit anbrechendem Tage kam ich zur Stadt zurück. Mein erster Gang war in die Wohnung des Sekretärs. Aber die Leute lachten und fragten, ob ich die Zeitungen nicht gelesen hätte? Das Handelsgericht lag nur wenige Häuser davon ab. Ich ließ in den Büchern nachschlagen, aber weder sein Name noch meiner kamen darin vor. Von einer Einzahlung keine Spur. So war denn mein Unglück gewiß. Ja, beinahe wäre es noch schlimmer gekommen. Denn da ein Gesellschaftskontrakt bestand, wollten mehrere seiner Gläubiger auf meine Person greifen. Aber die Gerichte gaben es nicht zu. Lob und Dank sei ihnen dafür gesagt! Obwohl es auf eines herausgekommen wäre.

In all diesen Widerwärtigkeiten war mir, gestehe ich's nur, der Griesler und seine Tochter ganz in den Hintergrund getreten. Nun da es ruhiger wurde und ich anfing, zu überlegen, was etwa weiter geschehen sollte, kam mir die Erinnerung an den letzten Abend lebhaft zurück. Den Alten, eigennützig, wie er war, begriff ich ganz wohl, aber das Mädchen! Manchmal kam mir in den Sinn, daß, wenn ich das Meinige zu Rate gehalten und ihr eine Versorgung hätte anbieten können, sie wohl gar – aber sie hätte mich nicht gemocht.« – Dabei besah er mit auseinanderfallenden Händen seine ganze dürftige Gestalt. – »Auch war ihr mein höfliches Benehmen gegen jedermann immer zuwider.

So verbrachte ich ganze Tage, sann und überlegte. Eines Abends im Zwielicht – es war die Zeit, die ich gewöhnlich im Laden zuzubringen pflegte – saß ich wieder und versetzte mich in Gedanken an die gewohnte Stelle. Ich hörte sie sprechen, auf mich schmähen, ja es schien, sie verlachten mich. Da raschelte es plötzlich an der Türe, sie ging auf, und ein Frauenzimmer trat herein. – Es war Barbara. – Ich saß auf meinem Stuhl angenagelt, als ob ich ein Gespenst sähe. Sie war blaß und trug ein Bündel unter dem Arme. In die Mitte des Zimmers gekommen, blieb sie stehen, sah rings an den kahlen Wänden umher, dann nach abwärts auf das ärmliche Geräte und seufzte tief. Dann ging sie an den Schrank, der zur Seite an der Mauer stand, wickelte ihr Paket auseinander, das einige Hemden und Tücher enthielt – sie hatte in der letzten Zeit meine Wäsche besorgt – zog die Schublade heraus, schlug die Hände zusammen, als sie den spärlichen Inhalt sah, fing aber gleich darauf an, die Wäsche in Ordnung zu bringen und die mitgebrachten Stücke einzureihen. Darauf trat sie ein paar Schritte vom Schranke hinweg, und die Augen auf mich gerichtet, wobei sie mit dem Finger auf die offene Schublade zeigte, sagte sie: Fünf Hemden und drei Tücher. So viel habe ich gehabt, so viel bringe ich zurück. Dann drückte sie langsam die Schublade zu, stützte sich mit der Hand auf den Schrank und fing laut an zu weinen. Es schien fast, als ob ihr schlimm würde, denn sie setzte sich auf einen Stuhl neben dem Schranke, verbarg das Gesicht in ihr Tuch, und ich hörte aus den stoßweise geholten Atemzügen, daß sie noch immer fortweinte. Ich war leise in ihre Nähe getreten und faßte ihre Hand, die sie mir gutwillig ließ. Als ich aber, um ihre Blicke auf mich zu ziehen, an dem schlaff hängenden Arme bis zum Ellenbogen emporrückte, stand sie rasch auf, machte ihre Hand los und sagte in gefaßtem Tone: Was nützt das alles? Es ist nun einmal so. Sie haben es selbst gewollt, sich und uns haben Sie unglücklich gemacht; aber freilich sich selbst am meisten. Eigentlich verdienen Sie kein Mitleid – hier wurde sie immer heftiger – wenn man so schwach ist, seine eigenen Sachen nicht in Ordnung halten zu können; so leichtgläubig, daß man jedem traut, gleichviel ob es ein Spitzbube ist oder ein ehrlicher Mann. – Und doch tut's mir leid um Sie. Ich bin gekommen, um Abschied zu nehmen. Ja, erschrekken Sie nur. Ist's doch Ihr Werk. Ich muß nun hinaus unter die groben Leute, wogegen ich mich so lange gesträubt habe. Aber da ist kein Mittel. Die Hand habe ich Ihnen schon gegeben, und so leben Sie wohl – für immer. Ich sah, daß ihr die Tränen wieder ins Auge traten, aber sie schüttelte unwillig mit dem Kopfe und ging. Mir war, als hätte ich Blei in den Gliedern. Gegen die Türe gekommen, wendete sie sich noch einmal um und sagte: Die Wäsche ist jetzt in Ordnung. Sehen Sie zu, daß nichts abgeht. Es werden harte Zeiten kommen. Und nun hob sie die Hand auf, machte wie ein Kreuzeszeichen in die Luft und rief: Gott mit dir, Jakob! – In alle Ewigkeit, Amen! setzte sie leiser hinzu und ging.

Nun erst kam mir der Gebrauch meiner Glieder zurück. Ich eilte ihr nach, und auf dem Treppenabsatze stehend, rief ich ihr nach: Barbara! Ich hörte, daß sie auf der Stiege stehen blieb. Wie ich aber die erste Stufe hinabstieg, sprach sie von unten herauf: Bleiben Sie! und ging die Treppe vollends hinab und zum Tore hinaus.

Ich habe seitdem harte Tage erlebt, keinen aber wie diesen; selbst der darauffolgende war es minder. Ich wußte nämlich doch nicht so recht, wie ich daran war, und schlich daher am kommenden Morgen in der Nähe des Grieslerladens herum, ob mir vielleicht einige Aufklärung würde. Da sich aber nichts zeigte, blickte ich endlich seitwärts in den Laden hinein und sah eine fremde Frau, die abwog und Geld herausgab und zuzählte. Ich wagte mich hinein und fragte, ob sie den Laden an sich gekauft hätte? Zur Zeit noch nicht, sagte sie. – Und wo die Eigentümer wären? – Die sind heute früh morgens nach Langenlebarn gereist. – Die Tochter auch? stammelte ich. – Nun freilich auch, sagte sie, sie macht ja Hochzeit dort.

Die Frau mochte mir nun alles erzählt haben, was ich in der Folge von andern Leuten erfuhr. Der Fleischer des genannten Ortes nämlich – derselbe, den ich zur Zeit meines ersten Besuchs im Laden antraf – hatte dem Mädchen seit lange Heiratsanträge gemacht, denen sie immer auswich, bis sie endlich in den letzten Tagen, von ihrem Vater gedrängt und an allem übrigen verzweifelnd, einwilligte. Desselben Morgens waren Vater und Tochter dahin abgereist, und in dem Augenblick, da wir sprachen, war Barbara des Fleischers Frau.

Die Verkäuferin mochte mir, wie gesagt, das alles erzählt haben, aber ich hörte nicht und stand regungslos, bis endlich Kunden kamen, die mich zur Seite schoben und die Frau mich anfuhr, ob ich noch sonst etwas wollte, worauf ich mich entfernte.

Sie werden glauben, verehrtester Herr«, fuhr er fort, »daß ich mich nun als den unglücklichsten aller Menschen fühlte. Und so war es auch im ersten Augenblicke. Als ich aber aus dem Laden heraustrat und, mich umwendend, auf die kleinen Fenster zurückblickte, an denen Barbara gewiß oft gestanden und herausgesehen hatte, da kam eine selige Empfindung über mich. Daß sie nun alles Kummers los war, Frau im eigenen Hause, und nicht nötig hatte, wie wenn sie ihre Tage an einen Herd- und Heimatlosen geknüpft hätte, Kummer und Elend zu tragen, das legte sich wie ein lindernder Balsam auf meine Brust, und ich segnete sie und ihre Wege.

Wie es nun mit mir immer mehr herabkam, beschloß ich, durch Musik mein Fortkommen zu suchen; und so lange der Rest meines Geldes währte, übte und studierte ich mir die Werke großer Meister, vorzüglich der alten, ein, welche ich abschrieb; und als nun der letzte Groschen ausgegeben war, schickte ich mich an, von meinen Kenntnissen Vorteil zu ziehen, und zwar anfangs in geschlossenen Gesellschaften, wozu ein Gastgebot im Hause meiner Mietfrau den ersten Anlaß gab. Als aber die von mir vorgetragenen Kompositionen dort keinen Anklang fanden, stellte ich mich in die Höfe der Häuser, da unter so vielen Bewohnern doch einige sein mochten, die das Ernste zu schätzen wußten – ja endlich auf die öffentlichen Spaziergänge, wo ich denn wirklich die Befriedigung hatte, daß einzelne stehen blieben, zuhörten, mich befragten und nicht ohne Anteil weiter gingen. Daß sie mir dabei Geld hinlegten, beschämte mich nicht. Denn einmal war gerade das mein Zweck, dann sah ich auch, daß berühmte Virtuosen, welche erreicht zu haben ich mir nicht schmeicheln konnte, sich für ihre Leistungen, und mitunter sehr hoch, honorieren ließen. So habe ich mich, ob zwar ärmlich, aber endlich fortgebracht bis diesen Tag.

Nach Jahren sollte mir noch ein Glück zu teil werden. Barbara kam zurück. Ihr Mann hatte Geld verdient und ein Fleischhauergewerbe in einer der Vorstädte an sich gebracht. Sie war Mutter von zwei Kindern, von denen das älteste Jakob heißt, wie ich. Meine Berufsgeschäfte und die Erinnerung an alte Zeiten erlaubten mir nicht, zudringlich zu sein, endlich ward ich aber selbst ins Haus bestellt, um dem ältesten Knaben Unterricht auf der Violine zu geben. Er hat zwar nur wenig Talent, kann auch nur an Sonntagen spielen, da ihn in der Woche der Vater beim Geschäft verwendet, aber Barbaras Lied, das ich ihn gelehrt, geht doch schon recht gut; und wenn wir so üben und hantieren, singt manchmal die Mutter mit darein. Sie hat sich zwar sehr verändert in den vielen Jahren, ist stark geworden und kümmert sich wenig mehr um Musik, aber es klingt noch immer so hübsch wie damals.« Und damit ergriff der Alte seine Geige und fing an, das Lied zu spielen, und spielte fort und fort, ohne sich weiter um mich zu kümmern. Endlich hatte ich's satt, stand auf, legte ein paar Silberstücke auf den nebenstehenden Tisch und ging, während der Alte eifrig immer fortgeigte.

Bald darauf trat ich eine Reise an, von der ich erst mit einbrechendem Winter zurückkam. Die neuen Bilder hatten die alten verdrängt, und mein Spielmann war so ziemlich vergessen. Erst bei Gelegenheit des furchtbaren Eisganges im nächsten Frühjahre und der damit in Verbindung stehenden Überschwemmung der niedrig gelegenen Vorstädte erinnerte ich mich wieder an ihn. Die Umgegend der Gärtnergasse war zum See geworden. Für des alten Mannes Leben schien nichts zu besorgen, wohnte er doch hoch oben am Dache, indes unter den Bewohnern der Erdgeschosse sich der Tod seine nur zu häufigen Opfer ausersehen hatte. Aber entblößt von aller Hilfe, wie groß mochte seine Not sein! Solange die Überschwemmung währte, war nichts zu tun, auch hatten die Behörden nach Möglichkeit auf Schiffen Nahrung und Beistand den Abgeschnittenen gespendet. Als aber die Wasser verlaufen und die Straßen gangbar geworden waren, beschloß ich, meinen Anteil an der in Gang gebrachten, zu unglaublichen Summen angewachsenen Kollekte persönlich an die mich zunächst angehende Adresse zu befördern.

Der Anblick der Leopoldstadt war grauenhaft. In den Straßen zerbrochene Schiffe und Gerätschaften, in den Erdgeschossen zum Teil noch stehendes Wasser und schwimmende Habe. Als ich, dem Gedränge ausweichend, an ein zugelehntes Hoftor hintrat, gab dieses nach und zeigte im Torwege eine Reihe von Leichen, offenbar behufs der amtlichen Inspektion zusammengebracht und hingelegt; ja, im Innern der Gemächer waren noch hie und da, aufrecht stehend und an die Gitterfenster angekrallt, verunglückte Bewohner zu sehen, die – es fehlte eben an Zeit und Beamten, die gerichtliche Konstatierung so vieler Todesfälle vorzunehmen.

So schritt ich weiter und weiter. Von allen Seiten Weinen und Trauergeläute, suchende Mütter und irregehende Kinder. Endlich kam ich an die Gärtnergasse. Auch dort hatten sich die schwarzen Begleiter eines Leichenzuges aufgestellt, doch, wie es schien, entfernt von dem Hause, das ich suchte. Als ich aber näher trat, bemerkte ich wohl eine Verbindung von Anstalten und Hin- und Hergehenden zwischen dem Trauergeleite und der Gärtnerswohnung. Am Haustor stand ein wacker aussehender, ältlicher, aber noch kräftiger Mann. In hohen Stiefeln, gelben Lederhosen und langherabgehendem Leibrocke sah er einem Landfleischer ähnlich. Er gab Aufträge, sprach aber dazwischen ziemlich gleichgültig mit den Nebenstehenden. Ich ging an ihm vorbei und trat in den Hofraum. Die alte Gärtnerin kam mir entgegen, erkannte mich auf der Stelle wieder und begrüßte mich unter Tränen. »Geben Sie uns auch die Ehre?« sagte sie. »Ja, unser armer Alter! Der musiziert jetzt mit den lieben Engeln, die auch nicht viel besser sein können, als er es war, schon hienieden. Die ehrliche Seele saß da oben sicher in seiner Kammer. Als aber das Wasser kam und er die Kinder schreien hörte, da sprang er herunter und rettete und schleppte und trug und brachte in Sicherheit, daß ihm der Atem ging, wie ein Schmiedegebläs. Ja – wie man denn nicht überall seine Augen haben kann – als sich ganz zuletzt zeigte, daß mein Mann seine Steuerbücher und die paar Gulden Papiergeld im Wandschrank vergessen hatte, nahm der Alte ein Beil, ging ins Wasser, das ihm schon an die Brust reichte, erbrach den Schrank und brachte alles treulich. Da hatte er sich wohl verkältet, und wie im ersten Augenblicke denn keine Hilfe zu haben war, griff er in die Phantasie und wurde immer schlechter und schlechter, ob wir ihm gleich beistanden nach Möglichkeit, und mehr dabei litten, als er selbst. Denn er musizierte in einem fort, mit der Stimme nämlich, und schlug den Takt und gab Lektionen. Als sich das Wasser ein wenig verlaufen hatte und wir den Bader holen konnten und den Geistlichen, richtete er sich plötzlich im Bette auf, wendete Kopf und Ohr seitwärts, als ob er in der Entfernung etwas gar Schönes hörte, lächelte, sank zurück und war tot. Gehen Sie nur hinauf, er hat oft von Ihnen gesprochen. Die Madam ist auch oben. Wir haben ihn auf unsere Kosten begraben lassen wollen, die Frau Fleischermeisterin gab es aber nicht zu.«

Sie drängte mich die steile Treppe hinauf bis zur Dachstube, die offen stand und ganz ausgeräumt war bis auf den Sarg in der Mitte, der, bereits geschlossen, nur der Träger wartete. An dem Kopfende saß eine ziemlich starke Frau, über die Hälfte des Lebens hinaus, im bunt gedruckten Kattunüberrocke, aber mit schwarzem Halstuch und schwarzem Band auf der Haube. Es schien fast, als ob sie nie schön gewesen sein konnte. Vor ihr standen zwei ziemlich erwachsene Kinder, ein Bursche und ein Mädchen, denen sie offenbar Unterricht gab, wie sie sich beim Leichenzuge zu benehmen hätten. Eben, als ich eintrat, stieß sie dem Knaben, der sich ziemlich tölpisch auf den Sarg gelehnt hatte, den Arm herunter und glättete sorgfältig die herausstehenden Kanten des Leichentuches wieder zurecht. Die Gärtnersfrau führte mich vor; da fingen aber unten die Posaunen an zu blasen und zugleich erscholl die Stimme des Fleischers von der Straße herauf: Barbara, es ist Zeit! Die Träger erschienen, ich zog mich zurück, um Platz zu machen. Der Sarg ward erhoben, hinabgebracht, und der Zug setzte sich in Bewegung. Voraus die Schuljugend mit Kreuz und Fahne, der Geistliche mit dem Kirchendiener. Unmittelbar nach dem Sarge die beiden Kinder des Fleischers und hinter ihnen das Ehepaar. Der Mann bewegte unausgesetzt, als in Andacht, die Lippen, sah aber dabei links und rechts um sich. Die Frau las eifrig in ihrem Gebetbuche, nur machten ihr die beiden Kinder zu schaffen, die sie einmal vorschob, dann wieder zurückhielt, wie ihr denn überhaupt die Ordnung des Leichenzuges sehr am Herzen zu liegen schien. Immer aber kehrte sie wieder zu ihrem Buche zurück. So kam das Geleite zum Friedhof. Das Grab war geöffnet. Die Kinder warfen die ersten Handvoll Erde hinab. Der Mann tat stehend dasselbe. Die Frau kniete und hielt ihr Buch nahe an die Augen. Die Totengräber vollendeten ihr Geschäft, und der Zug, halb aufgelöst, kehrte zurück. An der Türe gab es noch einen kleinen Wortwechsel, da die Frau eine Forderung des Leichenbesorgers offenbar zu hoch fand. Die Begleiter zerstreuten sich nach allen Richtungen. Der alte Spielmann war begraben.

Ein paar Tage darauf – es war ein Sonntag – ging ich, von meiner psychologischen Neugierde getrieben, in die Wohnung des Fleischers und nahm zum Vorwande, daß ich die Geige des Alten als Andenken zu besitzen wünschte. Ich fand die Familie beisammen ohne Spur eines zurückgebliebenen besondern Eindrucks. Doch hing die Geige mit einer Art Symmetrie geordnet neben dem Spiegel und einem Kruzifix gegenüber an der Wand. Als ich mein Anliegen erklärte und einen verhältnismäßig hohen Preis anbot, schien der Mann nicht abgeneigt, ein vorteilhaftes Geschäft zu machen. Die Frau aber fuhr vom Stuhle empor und sagte: »Warum nicht gar! Die Geige gehört unserem Jakob, und auf ein paar Gulden mehr oder weniger kommt es uns nicht an!« Dabei nahm sie das Instrument von der Wand, besah es von allen Seiten, blies den Staub herab und legte es in die Schublade, die sie, wie einen Raub befürchtend, heftig zustieß und abschloß. Ihr Gesicht war dabei von mir abgewandt, so daß ich nicht sehen konnte, was etwa darauf vorging. Da nun zu gleicher Zeit die Magd mit der Suppe eintrat und der Fleischer, ohne sich durch den Besuch stören zu lassen, mit lauter Stimme sein Tischgebet anhob, in das die Kinder gellend einstimmten, wünschte ich gesegnete Mahlzeit und ging zur Türe hinaus. Mein letzter Blick traf die Frau. Sie hatte sich umgewendet, und die Tränen liefen ihr stromweise über die Backen.

»Denn an nichts gewöhnen sich die Menschen so leicht wie an Wunder,
wenn sie ihnen ein-, zwei-, dreimal widerfahren sind.
Ja! Die Natur der Menschen ist derart, daß sie sogar böse werden,
wenn ihnen nicht unaufhörlich all jenes zuteil wird,
was ihnen ein zufälliges und vorübergehendes Geschick
versprochen zu haben scheint.«

Joseph Roth

Die Legende vom heiligen Trinker

1

An einem Frühlingsabend des Jahres 1934 stieg ein Herr gesetzten Alters die steinernen Stufen hinunter, die von einer der Brücken über die Seine zu deren Ufern führen. Dort pflegen, wie fast aller Welt bekannt ist und was dennoch bei dieser Gelegenheit in das Gedächtnis der Menschen zurückgerufen zu werden verdient, die Obdachlosen von Paris zu schlafen, oder besser gesagt: zu lagern.

Einer dieser Obdachlosen nun kam dem Herrn gesetzten Alters, der übrigens wohlgekleidet war und den Eindruck eines Reisenden machte, der die Sehenswürdigkeiten fremder Städte in Augenschein zu nehmen gesonnen war, von ungefähr entgegen. Dieser Obdachlose sah zwar genauso verwahrlost und erbarmungswürdig aus wie alle die anderen, mit denen er sein Leben teilte, aber er schien dem wohlgekleideten Herrn gesetzten Alters einer besonderen Aufmerksamkeit würdig; warum wissen wir nicht.

Es war, wie gesagt, bereits Abend, und unter den Brücken, an den Ufern des Flusses, dunkelte es stärker als oben, auf dem Kai und auf den Brücken. Der obdachlose und sichtlich verwahrloste Mann schwankte ein wenig. Er schien den älteren wohlangezogenen Herrn nicht zu bemerken. Dieser aber, der gar nicht schwankte, sondern sicher und geradewegs seine Schritte dahinlenkte, hatte schon offenbar von weitem den Schwankenden bemerkt. Der Herr gesetzten Alters vertrat geradezu dem verwahrlosten Mann den Weg. Beide blieben sie einander gegenüber stehen.

»Wohin gehen Sie, Bruder?« fragte der ältere wohlgekleidete Herr.

Der andere sah ihn einen Augenblick an, dann sagte er: »Ich wüßte nicht, daß ich einen Bruder hätte, und ich weiß nicht, wo mich der Weg hinführt.«

»Ich werde versuchen, Ihnen den Weg zu zeigen«, sagte der Herr. »Aber Sie sollen mir nicht böse sein, wenn ich Sie um einen ungewöhnlichen Gefallen bitte.«

»Ich bin zu jedem Dienst bereit«, antwortete der Verwahrloste.

»Ich sehe zwar, daß Sie manche Fehler haben. Aber Gott schickt Sie mir in den Weg. Gewiß brauchen Sie Geld, nehmen Sie mir diesen Satz nicht übel! Ich habe zuviel. Wollen Sie mir aufrichtig sagen, wieviel Sie brauchen? Wenigstens für den Augenblick?«

Der andere dachte ein paar Sekunden nach, dann sagte er: »Zwanzig Francs.«

»Das ist gewiß zu wenig«, erwiderte der Herr. »Sie brauchen sicherlich zweihundert.«

Der Verwahrloste trat einen Schritt zurück, und es sah so aus, als ob er fallen sollte, aber er blieb dennoch aufrecht, wenn auch schwankend. Dann sagte er: »Gewiß sind mir zweihundert Francs lieber als zwanzig, aber ich bin ein Mann von Ehre. Sie scheinen mich zu verkennen. Ich kann das Geld, das Sie mir anbieten, nicht annehmen, und zwar aus folgenden Gründen: erstens, weil ich nicht die Freude habe, Sie zu kennen; zweitens, weil ich nicht weiß, wie und wann ich es Ihnen zurückgeben könnte; drittens, weil Sie auch nicht die Möglichkeit haben, mich zu mahnen. Denn ich habe keine Adresse. Ich wohne fast jeden Tag unter einer anderen Brücke dieses Flusses. Dennoch bin ich, wie ich schon einmal betont habe, ein Mann von Ehre, wenn auch ohne Adresse.«

»Auch ich habe keine Adresse«, antwortete der Herr gesetzten Alters, »auch ich wohne jeden Tag unter einer anderen Brücke, und ich bitte Sie dennoch, die zweihundert Francs – eine lächerliche Summe übrigens für einen Mann wie Sie – freundlich anzunehmen. Was nun die Rückzahlung betrifft, so muß ich weiter ausholen, um Ihnen erklärlich zu machen, weshalb ich Ihnen etwa keine Bank angeben kann, wo Sie das Geld zurückgeben könnten. Ich bin nämlich ein Christ geworden, weil ich die Geschichte der kleinen heiligen Therese von Lisieux gelesen habe. Und nun verehre ich insbesondere jene kleine Statue der Heiligen, die sich in der Kapelle Ste Marie des Batignolles befindet und die Sie leicht sehen werden. Sobald Sie also die armseligen zweihundert Francs haben und Ihr Gewissen Sie zwingt, diese lächerliche Summe nicht schuldig zu bleiben, gehen Sie, bitte, in die Ste Marie des Batignolles und hinterlegen Sie dort zu Händen des Priesters, der die Messe gerade gelesen hat, dieses Geld. Wenn Sie es überhaupt jemandem schulden, so ist es die kleine heilige Therese. Aber vergessen Sie nicht: in der Ste Marie des Batignolles.«

»Ich sehe«, sagte da der Verwahrloste, »daß Sie mich und meine Ehrenhaftigkeit vollkommen begriffen haben. Ich gebe Ihnen mein Wort, daß ich mein Wort halten werde. Aber ich kann nur sonntags in die Messe gehen.«

»Bitte, sonntags«, sagte der ältere Herr. Er zog zweihundert Francs aus der Brieftasche, gab sie dem Schwankenden und sagte: »Ich danke Ihnen!«

»Es war mir ein Vergnügen«, antwortete dieser und verschwand alsbald in der tiefen Dunkelheit.

Denn es war inzwischen unten finster geworden, indes oben, auf den Brücken und an den Kais, sich die silbernen Laternen entzündeten, um die fröhliche Nacht von Paris zu verkünden.

2

Auch der wohlgekleidete Herr verschwand in der Finsternis. Ihm war in der Tat das Wunder der Bekehrung zuteil geworden. Und er hatte beschlossen, das Leben der Ärmsten zu führen. Und er wohnte deshalb unter der Brücke.

Aber was den anderen betrifft, so war er ein Trinker, geradezu ein Säufer. Er hieß Andreas. Und er lebte von Zufällen, wie viele Trinker. Lange war es her, daß er zweihundert Francs besessen hatte. Und vielleicht deshalb, weil es so lange her war, zog er beim kümmerlichen Schein einer der seltenen Laternen unter einer der Brücken ein Stückchen Papier hervor und den Stumpf von einem Bleistift und schrieb sich die Adresse der kleinen heiligen Therese auf und die Summe von zweihundert Francs, die er ihr von dieser Stunde an schuldete. Er ging eine der Treppen hinauf, die von den Ufern der Seine zu den Kais hinaufführen. Dort, das wußte er, gab es ein Restaurant. Und er trat ein, und er aß und trank reichlich, und er gab viel Geld aus, und er nahm noch eine ganze Flasche mit, für die Nacht, die er unter der Brücke zu verbringen gedachte, wie gewöhnlich. Ja, er klaubte sich sogar noch eine Zeitung aus einem Papierkorb auf. Aber nicht, um in ihr zu lesen, sondern um sich mit ihr zuzudecken. Denn Zeitungen halten warm, das wissen alle Obdachlosen.

3

Am nächsten Morgen stand Andreas früher auf, als er gewohnt war, denn er hatte ungewöhnlich gut geschlafen. Er erinnerte sich nach langer Überlegung, daß er gestern ein Wunder erlebt hatte, ein Wunder. Und, da er in dieser letzten warmen Nacht, zugedeckt von der Zeitung, besonders gut geschlafen zu haben glaubte, wie seit langem nicht, beschloß er auch, sich zu waschen, was er seit vielen Monaten, nämlich in der kälteren Jahreszeit, nicht getan hatte. Bevor er aber seine Kleider ablegte, griff er noch einmal in die innere linke Rocktasche, wo, seiner Erinnerung nach, der greifbare Rest des Wunders sich befinden mußte. Nun suchte er eine besonders abgelegene Stelle an der Böschung der Seine, um sich zumindest Gesicht und Hals zu waschen. Da es ihm aber schien, daß überall Menschen, armselige Menschen seiner Art eben (verkommen, wie er sie auf einmal selbst im stillen nannte), seiner Waschung zusehen könnten, verzichtete er schließlich auf sein Vorhaben und begnügte sich damit, nur die Hände ins Wasser zu tauchen. Hierauf zog er sich den Rock wieder an, griff noch einmal nach dem Schein in der linken inneren Tasche und kam sich vollständig gesäubert und geradezu verwandelt vor.

Er ging in den Tag hinein, in einen seiner Tage, die er seit undenklichen Zeiten zu vertun gewohnt war, entschlossen, sich auch heute in die gewohnte Rue des Quatre Vents zu begeben, wo sich das russisch-armenische Restaurant Tari-Bari befand und wo er das kärgliche Geld, das ihm der tägliche Zufall beschied, in billigen Getränken anlegte.

Allein an dem ersten Zeitungskiosk, an dem er vorbeikam, blieb er stehen, angezogen von den Illustrationen mancher Wochenschriften, aber auch plötzlich von der Neugier erfaßt, zu wissen, welcher Tag heute sei, welches Datum und welchen Namen dieser Tag trage. Er kaufte also eine Zeitung und sah, daß es ein Donnerstag war, und erinnerte sich plötzlich, daß er an einem Donnerstag geboren worden war, und ohne nach dem Datum zu sehen, beschloß er, *diesen* Donnerstag gerade für seinen Geburtstag zu halten. Und da er schon von einer kindlichen Feiertagsfreude ergriffen war, zögerte er auch nicht mehr einen Augenblick, sich guten, ja edlen Vorsätzen hinzugeben und nicht in das Tari-Bari einzutreten, sondern, die Zeitung in der Hand, in eine bessere Taverne, um dort einen Kaffee, allerdings mit Rum arrosiert, zu nehmen und ein Butterbrot zu essen.

Er ging also, selbstbewußt, trotz seiner zerlumpten Kleidung, in ein bürgerliches Bistro, setzte sich an einen Tisch, er, der seit so langer Zeit nur an der Theke zu stehen gewohnt war, das heißt: an ihr zu lehnen. Er setzte sich also. Und da sich seinem Sitz gegenüber ein Spiegel befand, konnte er auch nicht umhin, sein Angesicht zu betrachten, und es war ihm, als machte er jetzt aufs neue mit sich selbst Bekanntschaft. Da erschrak er allerdings. Er wußte auch zugleich, weshalb er sich in den letzten Jahren vor Spiegeln so gefürchtet hatte. Denn es war nicht gut, die eigene Verkommenheit mit eigenen Augen zu sehen. Und solange man es nicht anschaun mußte, war es beinahe so, als hätte man entweder überhaupt kein Angesicht oder noch das alte, das herstammte aus der Zeit *vor* der Verkommenheit.

Jetzt aber erschrak er, wie gesagt, insbesondere, da er seine Physiognomie mit jenen der wohlanständigen Männer verglich, die in seiner Nachbarschaft saßen. Vor acht Tagen hatte er sich rasieren lassen, schlecht und recht, wie es eben ging, von einem seiner Schicksalsgenossen, die hie und da bereit waren, einen Bruder zu rasieren, gegen ein geringes Entgelt. Jetzt aber galt es, da man beschlossen hatte, ein neues Leben zu beginnen, sich wirklich, sich endgültig rasieren zu lassen. Er beschloß, in einen richtigen Friseurladen zu gehen, bevor er noch etwas bestellte.

Gedacht, getan – und er ging in einen Friseurladen.

Als er in die Taverne zurückkam, war der Platz, den er vorher eingenommen hatte, besetzt, und er konnte sich also nur von ferne im Spiegel sehn. Aber es reichte vollkommen, damit er erkenne, daß er verändert sei, verjüngt und verschönt. Ja, es war, als ginge von seinem Angesicht ein Glanz aus, der die Zerlumptheit der Kleider unbedeutend machte und die sichtlich zerschlissene Hemdbrust – und die rotweiß gestreifte Krawatte, geschlungen um den Kragen mit rissigem Rand.

Also setzte er sich, unser Andreas, und im Bewußtsein seiner

Erneuerung bestellte er mit jener sicheren Stimme, die er dereinst besessen hatte und die ihm jetzt wieder, wie eine alte liebe Freundin, zurückgekommen schien, einen »café, arrosé rhum«. Diesen bekam er auch, und, wie er zu bemerken glaubte, mit allem gehörigen Respekt, wie er sonst von Kellnern ehrwürdigen Gästen gegenüber bezeugt wird. Dies schmeichelte unserm Andreas besonders, es erhöhte ihn auch, und es bestätigte ihm seine Annahme, daß er gerade heute Geburtstag habe.

Ein Herr, der allein in der Nähe des Obdachlosen saß, betrachtete ihn längere Zeit, wandte sich um und sagte: »Wollen Sie Geld verdienen? Sie können bei mir arbeiten. Ich übersiedle nämlich morgen. Sie könnten meiner Frau und auch den Möbelpackern helfen. Mir scheint, Sie sind kräftig genug. Sie können doch? Sie wollen doch?«

»Gewiß will ich«, antwortete Andreas.

»Und was verlangen Sie«, fragte der Herr, »für eine Arbeit von zwei Tagen? Morgen und Samstag? Denn ich habe eine ziemlich große Wohnung, müssen Sie wissen, und ich beziehe eine noch größere. Und viele Möbel habe ich auch. Und ich selbst habe in meinem Geschäft zu tun.«

»Bitte, ich bin dabei!« sagte der Obdachlose.

»Trinken Sie?« fragte der Herr.

Und er bestellte zwei Pernods, und sie stießen an, der Herr und der Andreas, und sie wurden miteinander auch über den Preis einig: er betrug zweihundert Francs.

»Trinken wir noch einen?« fragte der Herr, nachdem er den ersten Pernod geleert hatte.

»Aber jetzt werde ich zahlen«, sagte der obdachlose Andreas. »Denn Sie kennen mich nicht: ich bin ein Ehrenmann. Ein ehrlicher Arbeiter. Sehen Sie meine Hände!« Und er zeigte seine Hände her. »Es sind schmutzige, schwielige, aber ehrliche Arbeiterhände.«

»Das hab' ich gern!« sagte der Herr. Er hatte funkelnde Augen, ein rosa Kindergesicht und genau in der Mitte einen schwarzen kleinen Schnurrbart. Es war, im ganzen genommen, ein ziemlich freundlicher Mann, und Andreas gefiel er gut.

Sie tranken also zusammen, und Andreas zahlte die zweite Runde. Und als sich der Herr mit dem Kindergesicht erhob, sah Andreas, daß er sehr dick war. Er zog seine Visitenkarte aus der Brieftasche und schrieb seine Adresse darauf. Und hierauf zog er noch einen Hundertfrancsschein aus der gleichen Brieftasche, überreichte beides dem Andreas und sagte dazu: »Damit Sie auch sicher morgen kommen! Morgen früh um acht! Vergessen Sie nicht! Und den Rest bekommen Sie! Und nach der Arbeit trinken wir wieder einen Apéritif zusammen. Auf Wiedersehn, lieber Freund!« Damit ging der Herr, der dicke, mit dem Kindergesicht, und den Andreas verwunderte nichts mehr als dies, daß der dicke Mann die Adresse aus der gleichen Tasche gezogen hatte wie das Geld.

Nun, da er Geld besaß und noch Aussicht hatte, mehr zu verdienen, beschloß er, sich ebenfalls eine Brieftasche anzuschaffen. Zu diesem Zweck begab er sich auf die Suche nach einem Lederwaren-Laden. In dem ersten, der auf seinem Weg lag, stand eine junge Verkäuferin. Sie erschien ihm sehr hübsch, wie sie so hinter dem Ladentisch stand, in einem strengen schwarzen Kleid, ein weißes Lätzchen über der Brust, mit Löckchen am Kopf und einem schweren Goldreifen am rechten Handgelenk. Er nahm den Hut vor ihr ab und sagte heiter: »Ich suche eine Brieftasche.« Das Mädchen warf einen flüchtigen Blick auf seine schlechte Kleidung, aber es war nichts Böses in ihrem Blick, sondern sie hatte den Kunden nur einfach abschätzen wollen. Denn es befanden sich in ihrem Laden teure, mittelteure und ganz billige Brieftaschen. Um überflüssige Fragen zu ersparen, stieg sie sofort eine Leiter hinauf und holte eine Schachtel aus der höchsten Etagere. Dort lagerten nämlich die Brieftaschen, die manche Kunden zurückgebracht hatten, um sie gegen andere einzutauschen. Hierbei sah Andreas, daß dieses Mädchen sehr schöne Beine und sehr schlanke Halbschuhe hatte, und er erinnerte sich jener halbvergessenen Zeiten, in denen er selbst solche Waden gestreichelt, solche Füße geküßt hatte; aber der Gesichter erinnerte er sich nicht mehr, der Gesichter der Frauen; mit Ausnahme eines einzigen, nämlich jenes, für das er im Gefängnis gesessen hatte.

Indessen stieg das Mädchen von der Leiter, öffnete die Schachtel, und er wählte eine der Brieftaschen, die zuoberst lagen, ohne sie näher anzusehen. Er zahlte und setzte den Hut wieder auf und lächelte dem Mädchen zu, und das Mädchen lächelte wieder. Zerstreut steckte er die neue Brieftasche ein, aber das Geld ließ er daneben liegen. Ohne Sinn erschien ihm plötzlich die Brieftasche. Hingegen beschäftigte er sich mit der Leiter, mit den Beinen, mit den Füßen des Mädchens. Deshalb ging er in die Richtung des Montmartre, jene Stätten zu suchen, an denen er früher Lust genossen hatte. In einem steilen und engen Gäßchen fand er auch die Taverne mit den Mädchen. Er setzte sich mit mehreren an einen Tisch, bezahlte eine Runde und wählte eines von den Mädchen, und zwar jenes, das ihm am nächsten saß. Hierauf ging er zu ihr. Und obwohl es erst Nachmittag war, schlief er bis in den grauenden Morgen – und weil die Wirte gutmütig waren, ließen sie ihn schlafen.

Am nächsten Morgen, am Freitag also, ging er zu der Arbeit, zu dem dicken Herrn. Dort galt es, der Hausfrau beim Einpacken zu helfen, und obwohl die Möbelpacker bereits ihr Werk verrichteten, blieben für Andreas noch genug schwierige und weniger harte Hilfeleistungen übrig. Doch spürte er im Laufe des Tages die Kraft in seine Muskeln zurückkehren und freute sich der Arbeit. Denn bei der Arbeit war er aufgewachsen, ein Kohlenarbeiter wie sein Vater und noch ein wenig ein Bauer, wie sein Großvater. Hätte ihn nur die Frau des Hauses nicht so aufgeregt, die ihm sinnlose Befehle erteilte und ihn mit einem einzigen Atemzug hierhin und dorthin beorderte, so daß er nicht wußte, wo ihm der Kopf stand. Aber sie selbst war aufgeregt, er sah es ein. Es konnte auch ihr nicht leichtfallen, so mir nichts, dir nichts, zu übersiedeln, und vielleicht hatte sie auch Angst vor dem neuen Haus. Sie stand angezogen, im Mantel, mit Hut und Handschuhen, Täschchen und Regenschirm, obwohl sie doch hätte wissen müssen, daß sie noch einen Tag und eine Nacht und auch morgen noch im Hause verbleiben müsse. Von Zeit zu Zeit mußte sie sich die Lippen schminken, Andreas begriff es vortrefflich. Denn sie war eine Dame.

Andreas arbeitete den ganzen Tag. Als er fertig war, sagte die Frau des Hauses zu ihm: »Kommen Sie morgen pünktlich, um sieben Uhr früh.« Sie zog ein Beutelchen aus ihrem Täschchen, Silbermünzen lagen darin. Sie suchte lange, ergriff ein Zehnfrancsstück, ließ es aber wieder ruhen, dann entschloß sie sich, fünf Francs hervorzuziehen. »Hier ein Trinkgeld!« sagte sie. »Aber«, so fügte sie hinzu, »vertrinken Sie's nicht ganz und seien Sie pünktlich morgen hier!«

Andreas dankte, ging, vertrank das Trinkgeld, aber nicht mehr. Er verschlief diese Nacht in einem kleinen Hotel.

Man weckte ihn um sechs Uhr morgens. Und er ging frisch an seine Arbeit.

4

So kam er am nächsten Morgen, früher noch als die Möbelpakker. Und wie am vorigen Tage stand die Frau des Hauses schon da, angekleidet, mit Hut und Handschuhen, als hätte sie sich gar nicht schlafen gelegt, und sagte zu ihm freundlich: »Ich sehe also, daß Sie gestern meiner Mahnung gefolgt sind und wirklich nicht alles Geld vertrunken haben.«

Nun machte sich Andreas an die Arbeit. Und er begleitete noch die Frau in das neue Haus, in das sie übersiedelten, und wartete, bis der freundliche, dicke Mann kam, und der bezahlte ihm den versprochenen Lohn.

»Ich lade Sie noch auf einen Trunk ein«, sagte der dicke Herr. »Kommen Sie mit.«

Aber die Frau des Hauses verhinderte es, denn sie trat dazwischen und verstellte geradezu ihrem Mann den Weg und sagte: »Wir müssen gleich essen.« Also ging Andreas allein weg, trank allein und aß allein an diesem Abend und trat noch in zwei Tavernen ein, um an den Theken zu trinken. Er trank viel, aber er betrank sich nicht und gab acht, daß er nicht zuviel Geld ausgäbe, denn er wollte morgen, eingedenk seines Versprechens, in die Kapelle Ste Marie des Batignolles gehen, um wenigstens einen Teil seiner Schuld an die kleine heilige Therese abzustatten. Allerdings trank er gerade so viel, daß er nicht mehr mit einem ganz sicheren Auge und mit dem Instinkt, den nur die Armut verleiht, das allerbilligste Hotel jener Gegend finden konnte.

Also fand er ein etwas teureres Hotel und auch hier zahlte er im voraus, weil er zerschlissene Kleider und kein Gepäck hatte. Aber er machte sich gar nichts daraus und schlief ruhig, ja, bis in den Tag hinein. Er erwachte durch das Dröhnen der Glocken einer nahen Kirche und wußte sofort, was heute für ein wichtiger Tag sei: ein Sonntag; und daß er zur kleinen heiligen Therese müsse, um ihr seine Schuld zurückzuzahlen. Flugs fuhr er nun in die Kleider und begab sich schnellen Schrittes zu dem Platz, wo sich die Kapelle befand. Er kam aber dennoch nicht rechtzeitig zur Zehn-Uhr-Messe an, die Leute strömten ihm gerade aus der Kirche entgegen. Er fragte, wann die nächste Messe beginne, und man sagte ihm, sie fände um zwölf Uhr statt. Er wurde ein wenig ratlos, wie er so vor dem Eingang der Kapelle stand. Er hatte noch eine Stunde Zeit, und diese wollte er keineswegs auf der Straße verbringen. Er sah sich also um, wo er am besten warten könne, und erblickte rechts schräg gegenüber der Kapelle ein Bistro, und dorthin ging er und beschloß, die Stunde, die ihm übrigblieb, abzuwarten.

Mit der Sicherheit eines Menschen, der Geld in seiner Tasche weiß, bestellte er einen Pernod, und er trank ihn auch mit der Sicherheit eines Menschen, der schon viele in seinem Leben getrunken hatte. Er trank noch einen zweiten und einen dritten, und er schüttete immer weniger Wasser in sein Glas nach. Und als gar der vierte kam, wußte er nicht mehr, ob er zwei, fünf oder sechs Gläser getrunken hatte. Auch erinnerte er sich nicht mehr, weshalb er in dieses Café und an diesen Ort geraten sei. Er wußte lediglich noch, daß er hier einer Pflicht, einer Ehrenpflicht, zu gehorchen hatte, und er zahlte, erhob sich, ging, immerhin noch sicheren Schrittes, zur Tür hinaus, erblickte die Kapelle schräg links gegenüber und wußte sofort wiederum, wo, warum und wozu er sich hier befinde. Eben wollte er den ersten Schritt in die Richtung der Kapelle lenken, als er plötzlich seinen Namen rufen hörte. »Andreas!« rief eine Stimme, eine Frauenstimme. Sie kam aus verschütteten Zeiten. Er hielt inne und wandte den Kopf nach rechts, woher die Stimme gekommen war. Und er erkannte sofort das Gesicht, dessentwegen er im Gefängnis gesessen war. Es war Karoline.

Karoline! Zwar trug sie Hut und Kleider, die er nie an ihr gekannt hatte, aber es war doch ihr Gesicht, und also zögerte er nicht, ihr in die Arme zu fallen, die sie im Nu ausgebreitet hatte. »Welch eine Begegnung«, sagte sie. Und es war wahrhaftig ihre Stimme, die Stimme der Karoline. »Bist du allein?« fragte sie.

»Ja«, sagte er, »ich bin allein.«

»Komm, wir wollen uns aussprechen«, sagte sie.

»Aber, aber«, erwiderte er, »ich bin verabredet.«

»Mit einem Frauenzimmer?« fragte sie.

»Ja«, sagte er furchtsam.

»Mit wem?«

»Mit der kleinen Therese«, antwortete er.

»Sie hat nichts zu bedeuten«, sagte Karoline.

In diesem Augenblick fuhr ein Taxi vorbei, und Karoline hielt es mit ihrem Regenschirm auf. Und schon sagte sie eine Adresse dem Chauffeur, und ehe sich es noch Andreas versehen hatte, saß er drinnen im Wagen neben Karoline, und schon rollten sie, schon rasten sie dahin, wie es Andreas schien, durch teils bekannte, teils unbekannte Straßen, weiß Gott, in welche Gefilde!

Jetzt kamen sie in eine Gegend außerhalb der Stadt, lichtgrün, vorfrühlingsgrün war die Landschaft, in der sie hielten, das heißt der Garten, hinter dessen spärlichen Bäumen sich ein verschwiegenes Restaurant verbarg.

Karoline stieg zuerst aus; mit dem Sturmesschritt, den er an ihr gewohnt war, stieg sie zuerst aus, über seine Knie hinweg. Sie zahlte, und er folgte ihr. Und sie gingen ins Restaurant und saßen nebeneinander auf einer Banquette aus grünem Plüsch, wie einst in jungen Zeiten, vor dem Kriminal. Sie bestellte das Essen, wie immer, und sie sah ihn an, und er wagte nicht, sie anzusehen.

»Wo bist du die ganze Zeit gewesen?« fragte sie.

»Überall, nirgends«, sagte er. »Ich arbeite erst seit zwei Tagen wieder. Die ganze Zeit, seitdem wir uns nicht wiedergesehn haben, habe ich getrunken, und ich habe unter den Brücken geschlafen, wie alle unsereins, und du hast wahrscheinlich ein besseres Leben geführt. – Mit Männern«, fügte er nach einiger Zeit hinzu.

»Und du?« fragte sie. »Mittendrin, wo du versoffen bist und ohne Arbeit und wo du unter den Brücken schläfst, hast du noch Zeit und Gelegenheit, eine Therese kennenzulernen. Und wenn ich nicht gekommen wäre, zufällig, wärest du wirklich zu ihr hingegangen.«

Er antwortete nicht, er schwieg, bis sie beide das Fleisch gegessen hatten und der Käse kam und das Obst. Und wie er den letzten Schluck Wein aus seinem Glase getrunken hatte, überfiel ihn aufs neue jener plötzliche Schrecken, den er vor langen Jahren, während der Zeit seines Zusammenlebens mit Karoline, so oft gefühlt hatte. Und er wollte ihr wieder einmal entfliehen, und er rief: »Kellner, zahlen!« Sie aber fuhr ihm dazwischen: »Das ist meine Sache, Kellner!« Der Kellner, es war ein gereifter Mann mit erfahrenen Augen, sagte: »Der Herr hat zuerst gerufen.« Andreas war es also auch, der zahlte. Bei dieser Gelegenheit hatte er das ganze Geld aus der linken inneren Rocktasche hervorgeholt, und nachdem er gezahlt hatte, sah er mit einigem, allerdings durch Weingenuß gemildertem Schrecken, daß er nicht mehr die ganze Summe besaß, die er der kleinen Heiligen schuldete. »Aber es geschehen«, sagte er sich im stillen, »mir heutzutage so viele Wunder hintereinander, daß ich wohl sicherlich die nächste Woche noch das schuldige Geld aufbringen und zurückzahlen werde.«

»Du bist also ein reicher Mann«, sagte Karoline auf der Straße. »Von dieser kleinen Therese läßt du dich wohl aushalten.«

Er erwiderte nichts, und also war sie dessen sicher, daß sie recht hatte. Sie verlangte, ins Kino geführt zu werden. Und er ging mit ihr ins Kino. Nach langer Zeit sah er wieder ein Filmstück. Aber es war schon lange her, daß er eines gesehen hatte, daß er dieses kaum mehr verstand und an der Schulter der Karoline einschlief. Hierauf gingen sie in ein Tanzlokal, wo man Ziehharmonika spielte, und es war schon so lange her, seitdem er zuletzt getanzt hatte, daß er gar nicht mehr recht tanzen konnte, als er es mit Karoline versuchte. Also nahmen sie ihm andere Tänzer weg, sie war immer noch recht frisch und begehrenswert. Er saß allein am Tisch und trank wieder Pernod, und es war ihm wie in alten Zeiten, wo Karoline auch mit anderen getanzt und er allein am Tisch getrunken hatte. Infolgedessen holte er sie auch plötzlich und gewaltsam aus den Armen eines Tänzers weg und sagte: »Wir gehen nach Hause!« Faßte sie am Nacken und ließ sie nicht mehr los, zahlte und ging mit ihr nach Hause. Sie wohnte in der Nähe.

Und so war alles wie in alten Zeiten, in den Zeiten vor dem Kriminal.

5

Sehr früh am Morgen erwachte er. Karoline schlief noch. Ein einzelner Vogel zwitscherte vor dem offenen Fenster. Eine Zeitlang blieb er mit offenen Augen liegen und nicht länger als ein paar Minuten. In diesen wenigen Minuten dachte er nach. Es kam ihm vor, daß ihm seit langer Zeit nicht so viel Merkwürdiges passiert sei wie in dieser einzigen Woche. Auf einmal wandte er sein Gesicht um und sah Karoline zu seiner Rechten. Was er gestern bei der Begegnung mit ihr nicht gesehen hatte, bemerkte er jetzt: sie war alt geworden: blaß, aufgedunsen und schwer atmend schlief sie den Morgenschlaf alternder Frauen. Er erkannte den Wandel der Zeiten, die an ihm selbst vorbeigegangen waren. Und er erkannte auch den Wandel seiner selbst, und er beschloß, sofort aufzustehen, ohne Karoline zu wecken, und ebenso zufällig, oder besser gesagt, schicksalhaft wegzugehen, so wie sie beide, Karoline und er, gestern zusammengekommen waren. Verstohlen zog er sich an und ging davon, in einen neuen Tag hinein, in einen seiner gewohnten neuen Tage.

Das heißt, eigentlich in einen seiner ungewohnten. Denn als er in die linke Brusttasche griff, wo er das erst seit einiger Zeit erworbene oder gefundene Geld aufzuheben gewohnt war, bemerkte er, daß ihm nur noch mehr ein Schein von fünfzig Francs verblieben war und ein paar kleine Münzen dazu. Und er, der schon seit langen Jahren nicht gewußt hatte, was Geld bedeute, und auf dessen Bedeutung er keineswegs mehr achtgegeben hatte, erschrak nunmehr, so wie einer zu erschrecken pflegt, der gewohnt ist, immer Geld in der Tasche zu haben, und auf einmal in die Verlegenheit gerät, sehr wenig noch in ihr zu finden. Auf einmal schien es ihm, inmitten der morgengrauen, verlassenen Gasse, daß er, der seit unzähligen Monaten Geldlose, plötzlich arm geworden sei, weil er nicht mehr so viele Scheine in der Tasche verspürte, wie er sie in den letzten Tagen besessen hatte. Und es kam ihm vor, daß die Zeit seiner Geldlosigkeit sehr, sehr weit hinter ihm zurück läge und daß er eigentlich den Betrag, welcher den ihm gebührenden Lebensstandard aufrechterhalten sollte, übermütiger- sowie auch leichtfertigerweise für Karoline ausgegeben hatte.

Er war also böse auf Karoline. Und auf einmal begann er, der niemals auf Geldbesitz Wert gelegt hatte, den Wert des Geldes zu schätzen. Auf einmal fand er, daß der Besitz eines Fünfzig-Francs-Scheines lächerlich sei für einen Mann von solchem Wert und daß er überhaupt, um auch nur über den Wert seiner Persönlichkeit sich selber klarzuwerden, es unbedingt nötig habe, über sich selbst in Ruhe bei einem Glas Pernod nachzudenken.

Nun suchte er sich unter den nächstliegenden Gaststätten eine aus, die ihm am gefälligsten schien, setzte sich dorthin und bestellte einen Pernod. Während er ihn trank, erinnerte er sich daran, daß er eigentlich ohne Aufenthaltserlaubnis in Paris lebte, und er sah seine Papiere nach. Und hierauf fand er, daß er eigentlich ausgewiesen sei, denn er war als Kohlenarbeiter nach Frankreich gekommen, und er stammte aus Olschowice, aus dem polnischen Schlesien.

6

Hierauf, während er seine halbzerfetzten Papiere vor sich auf dem Tisch ausbreitete, erinnerte er sich daran, daß er eines Tages, vor vielen Jahren, hierher gekommen war, weil man in der Zeitung kundgemacht hatte, daß man in Frankreich Kohlenarbeiter suche. Und er hatte sich sein Lebtag nach einem fernen Lande gesehnt. Und er hatte in den Gruben von Quebecque gearbeitet, und er war einquartiert gewesen bei seinen Landsleuten, dem Ehepaar Schebiec. Und er liebte die Frau, und da der Mann sie eines Tages zu Tode schlagen wollte, schlug er, Andreas, den Mann tot. Dann saß er zwei Jahre im Kriminal.

Diese Frau war eben Karoline.

Und dieses alles dachte Andreas im Betrachten seiner bereits ungültig gewordenen Papiere. Und hierauf bestellte er noch einen Pernod, denn er war ganz unglücklich.

Als er sich endlich erhob, verspürte er zwar eine Art von Hunger, aber nur jenen, von dem lediglich Trinker befallen werden können. Es ist dies nämlich eine besondere Art von Begehrlichkeit (nicht nach Nahrung), die lediglich ein paar Augenblicke dauert und sofort gestillt wird, sobald derjenige, der sie verspürt, sich ein bestimmtes Getränk vorstellt, das ihm in diesem bestimmten Moment zu behagen scheint.

Lange schon hatte Andreas vergessen, wie er mit Vatersnamen hieß. Jetzt aber, nachdem er soeben seine ungültigen Papiere noch einmal gesehen hatte, erinnerte er sich daran, daß er Kartak hieße: Andreas Kartak. Und es war ihm, als entdeckte er sich selbst erst seit langen Jahren wieder.

Immerhin grollte er einigermaßen dem Schicksal, das ihm nicht wieder, wie das letztemal, einen dicken, schnurrbärtigen, kindergesichtigen Mann in dieses Caféhaus geschickt hatte, der es ihm möglich gemacht hätte, neues Geld zu verdienen. Denn an nichts gewöhnen sich die Menschen so leicht wie an Wunder, wenn sie ihnen ein-, zwei-, dreimal widerfahren sind. Ja! Die Natur der Menschen ist derart, daß sie sogar böse werden, wenn ihnen nicht unaufhörlich all jenes zuteil wird, was ihnen ein zufälliges und vorübergehendes Geschick versprochen zu haben scheint. So sind die Menschen – und was wollten wir anderes von Andreas erwarten? Den Rest des Tages verbrachte er also in verschiedenen anderen Tavernen, und er gab sich bereits damit zufrieden, daß die Zeit der Wunder, die er erlebt hatte, vorbei sei; endgültig vorbei sei, und seine alte Zeit nun wieder begonnen habe. Und zu jenem langsamen Untergang entschlossen, zu dem Trinker immer bereit sind – Nüchterne werden das nie erfahren! –, begab sich Andreas wieder an die Ufer der Seine, unter die Brücken. Er schlief dort, halb bei Tag und halb bei Nacht, so wie er es gewohnt gewesen war seit einem Jahr, hier und dort eine Flasche Schnaps ausleihend bei dem und jenem seiner Schicksalsgenossen – bis zur Nacht des Donnerstags auf Freitag.

In jener Nacht nämlich träumte ihm, daß die kleine Therese in der Gestalt eines blondgelockten Mädchens zu ihm käme und ihm sagte: »Warum bist du letzten Sonntag nicht bei mir gewesen?« Und die kleine Heilige sah genauso aus, wie er sich vor vielen Jahren seine eigene Tochter vorgestellt hatte. Und er hatte gar keine Tochter! Und im Traum sagte er zu der kleinen Therese: »Wie sprichst du zu mir? Hast du vergessen, daß ich dein Vater bin?« Die Kleine antwortete: »Verzeih, Vater, aber tu mir den Gefallen und komm morgen, Sonntag, zu mir in die Ste Marie des Batignolles.«

Nach dieser Nacht, in der er diesen Traum geträumt hatte, erhob er sich erfrischt und wie vor einer Woche, als ihm noch die Wunder geschehen waren, so als nähme er den Traum für ein wahres Wunder. Noch einmal wollte er sich am Flusse waschen. Aber bevor er seinen Rock zu diesem Zweck ablegte, griff er in die linke Brusttasche, in der vagen Hoffnung, es könnte sich dort noch irgend etwas Geld vorfinden, von dem er vielleicht gar nichts gewußt hätte. Er griff in die linke innere Brusttasche seines Rockes, und seine Hand fand dort zwar keinen Geldschein, wohl aber jene lederne Brieftasche, die er vor ein paar Tagen gekauft hatte. Diese zog er hervor. Es war eine äußerst billige, bereits verbrauchte, umgetauschte, wie nicht anders zu erwarten. Spaltleder. Rindsleder. Er betrachtete sie, weil er sich nicht mehr erinnerte, daß, wo und wann er sie gekauft hatte. Wie kommt das zu mir? fragte er sich. Schließlich öffnete er das Ding und sah, daß es zwei Fächer hatte. Neugierig sah er in beide hinein, und in einem von ihnen war ein Geldschein. Und er zog ihn hervor, es war ein Tausend-Francs-Schein.

Hierauf steckte er die tausend Francs in die Hosentasche und ging an das Ufer der Seine, und ohne sich um seine Unheilsgenossen zu kümmern, wusch er sich Gesicht und den Hals sogar, und dies beinahe fröhlich. Hierauf zog er sich den Rock wieder an und ging in den Tag hinein, und er begann den Tag damit, daß er in ein Tabac eintrat, um Zigaretten zu kaufen.

Nun hatte er zwar Kleingeld genug, um die Zigaretten bezahlen zu können, aber er wußte nicht, bei welcher Gelegenheit er den Tausend-Francs-Schein, den er so wunderbarerweise in der Brieftasche gefunden hatte, wechseln könnte. Denn soviel Welterfahrung besaß er schon, daß er ahnte, es bestünde in den Augen der Welt, das heißt, in den Augen der maßgebenden Welt, ein bedeutender Gegensatz zwischen seiner Kleidung, seinem Aussehen und einem Schein von tausend Francs. Immerhin beschloß er, mutig, wie er durch das erneute Wunder geworden war, die Banknote zu zeigen. Allerdings, den Rest der Klugheit noch gebrauchend, der ihm verblieben war, um dem Herrn an der Kasse des Tabacs zu sagen: »Bitte, wenn Sie tausend Francs nicht wechseln können, gebe ich Ihnen auch Kleingeld. Ich möchte sie aber gerne gewechselt haben.«

Zum Erstaunen Andreas' sagte der Herr vom Tabac: »Im Gegenteil! Ich brauche einen Tausend-Francs-Schein, Sie kommen mir sehr gelegen.« Und der Besitzer wechselte den Tausend-Francs-Schein. Hierauf blieb Andreas ein wenig an der Theke stehen und trank drei Gläser Weißwein; gewissermaßen aus Dankbarkeit gegenüber dem Schicksal.

7

Indes er so an der Theke stand, fiel ihm eine eingerahmte Zeichnung auf, die hinter dem breiten Rücken des Wirtes an der Wand hing, und diese Zeichnung erinnerte ihn an einen alten Schulkameraden aus Olschowice. Er fragte den Wirt: »Wer ist das? Den kenne ich, glaube ich.« Darauf brachen sowohl der Wirt, als auch sämtliche Gäste, die an der Theke standen, in ein ungeheures Gelächter aus. Und sie riefen alle: »Wie, er kennt ihn nicht!«

Denn es war in der Tat der große Fußballspieler, Kanjak,

schlesischer Abkunft, allen normalen Menschen wohlbekannt. Aber woher sollten ihn Alkoholiker, die unter den Seine-Brükken schliefen, kennen und wie, zum Beispiel, unser Andreas? Da er sich aber schämte, und insbesondere deshalb, weil er soeben einen Tausend-Francs-Schein gewechselt hatte, sagte Andreas: »Oh, natürlich kenne ich ihn, und es ist sogar mein Freund. Aber die Zeichnung schien mir mißraten.« Hierauf, und damit man ihn nicht weiter frage, zahlte er schnell und ging.

Jetzt verspürte er Hunger. Er suchte also das nächste Gasthaus auf und aß und trank einen roten Wein und nach dem Käse einen Kaffee und beschloß, den Nachmittag in einem Kino zu verbringen. Er wußte nur noch nicht, in welchem. Er begab sich also im Bewußtsein dessen, daß er im Augenblick so viel Geld besäße, wie jeder der wohlhabenden Männer, die ihm auf der Straße entgegenkommen mochten, auf die großen Boulevards. Zwischen der Oper und dem Boulevard des Capucines suchte er nach einem Film, der ihm wohl gefallen möchte, und schließlich fand er einen. Das Plakat, das diesen Film ankündigte, stellte nämlich einen Mann dar, der in einem fernen Abenteuer offenbar unterzugehen gedachte. Er schlich, wie das Plakat vorgab, durch eine erbarmungslose, sonnverbrannte Wüste. In dieses Kino trat nun Andreas ein. Er sah den Film vom Mann, der durch die sonnverbrannte Wüste geht. Und schon war Andreas im Begriffe, den Helden des Films sympathisch und ihn sich selbst verwandt zu fühlen, als plötzlich das Kinostück eine unerwartet glückliche Wendung nahm und der Mann in der Wüste von einer vorbeiziehenden, wissenschaftlichen Karawane gerettet und in den Schoß der europäischen Zivilisation zurückgeführt wurde. Hierauf verlor Andreas jede Sympathie für den Helden des Films. Und schon war er im Begriff, sich zu erheben, als auf der Leinwand das Bild jenes Schulkameraden erschien, dessen Zeichnung er vor einer Weile, an der Theke stehend, hinter dem Rücken des Wirtes der Taverne gesehen hatte. Es war der große Fußballspieler Kanjak. Hierauf erinnerte sich Andreas, daß er einmal, vor zwanzig Jahren, mit Kanjak zusammen in der gleichen Schulbank gesessen hatte, und er beschloß, sich morgen sofort zu erkundigen, ob sein alter Schulkollege sich in Paris aufhielte.

Denn er hatte, unser Andreas, nicht weniger als neunhundertachtzig Francs in der Tasche.

Und dies ist nicht wenig.

8

Bevor er aber das Kino verließ, fiel es ihm ein, daß er es gar nicht nötig hätte, bis morgen früh auf die Adresse seines Freundes und Schulkameraden zu warten; insbesondere in Anbetracht der ziemlich hohen Summe, die er in der Tasche liegen hatte.

Er war jetzt, in Anbetracht des Geldes, das ihm verblieb, so mutig geworden, daß er beschloß, sich an der Kasse nach der Adresse seines Freundes zu erkundigen, des berühmten Fußballspielers Kanjak. Er hatte gedacht, man müßte zu diesem Zweck den Direktor des Kinos persönlich fragen. Aber nein! Wer war in ganz Paris so bekannt wie der Fußballspieler Kanjak? Der Türsteher schon kannte seine Adresse. Er wohnte in einem Hotel in den Champs Elysées. Der Türsteher sagte ihm auch den Namen des Hotels; und sofort begab sich unser Andreas auf den Weg dorthin. Es war ein vornehmes, kleines und stilles Hotel, gerade eines jener Hotels, in denen Fußballspieler und Boxer, die Elite unserer Zeit, zu wohnen pflegen. Andreas kam sich in der Vorhalle etwas fremd vor, und auch den Angestellten des Hotels kam er etwas fremd vor. Immerhin sagten sie, der berühmte Fußballspieler Kanjak sei zu Hause und bereit, jeden Moment in die Vorhalle zu kommen.

Nach ein paar Minuten kam er auch herunter, und sie erkannten sich beide sofort. Und sie tauschten im Stehen noch alte Schulerinnerungen aus, und hierauf gingen sie zusammen essen, und es herrschte große Fröhlichkeit zwischen beiden. Sie gingen zusammen essen, und es ergab sich also infolgedessen, daß der berühmte Fußballspieler seinen verkommenen Freund folgendes fragte:

»Warum schaust du so verkommen aus, was trägst du überhaupt für Lumpen an deinem Leib?«

»Es wäre schrecklich«, antwortete Andreas, »wenn ich erzählen wollte, wie das alles gekommen ist. Und es würde auch die Freude an unserem glücklichen Zusammentreffen bedeutsam stören. Laß uns darüber lieber kein Wort verlieren. Reden wir von was Heiterem.«

»Ich habe viele Anzüge«, sagte der berühmte Fußballspieler Kanjak. »Und es wird mir eine Freude sein, dir den einen oder den anderen davon abzugeben. Du hast neben mir in der Schulbank gesessen, und du hast mich abschreiben lassen. Was bedeutet schon ein Anzug für mich! Wo soll ich ihn dir hinschicken?«

»Das kannst du nicht«, erwiderte Andreas, »und zwar einfach deswegen, weil ich keine Adresse habe. Ich wohne nämlich seit einiger Zeit unter den Brücken an der Seine.«

»So werde ich dir also«, sagte der Fußballspieler Kanjak, »ein Zimmer mieten, einfach zu dem Zweck, dir einen Anzug schenken zu können. Komm!«

Nachdem sie gegessen hatten, gingen sie hin, und der Fußballspieler Kanjak mietete ein Zimmer, und dieses kostete fünfundzwanzig Francs pro Tag und war gelegen in der Nähe der großartigen Kirche von Paris, die unter dem Namen ›Madeleine‹ bekannt ist.

9

Das Zimmer war im fünften Stock gelegen, und Andreas und der Fußballspieler mußten den Lift benützen. Andreas besaß selbstverständlich kein Gepäck. Aber weder der Portier noch der Liftboy noch sonst irgendeiner von dem Personal des Hotels verwunderte sich darüber. Denn es war einfach ein Wunder, und innerhalb des Wunders gibt es nichts Verwunderliches. Als sie beide im Zimmer oben standen, sagte der Fußballspieler Kanjak zu seinem Schulbankgenossen Andreas: »Du brauchst wahrscheinlich eine Seife.«

»Unsereins«, erwiderte Andreas, »kann auch ohne Seife leben. Ich gedenke hier acht Tage ohne Seife zu wohnen, und ich werde mich trotzdem waschen. Ich möchte aber, daß wir uns zur Ehre dieses Zimmers sofort etwas zum Trinken bestellen.«

Und der Fußballspieler bestellte eine Flasche Kognak. Diese tranken sie bis zur Neige. Hierauf verließen sie das Zimmer und nahmen ein Taxi und fuhren auf den Montmartre, und zwar in jenes Café, wo die Mädchen saßen und wo Andreas erst ein paar Tage vorher gewesen war. Nachdem sie dort zwei Stunden gesessen und Erinnerungen aus der Schulzeit ausgetauscht hatten, führte der Fußballspieler Andreas nach Hause, das heißt, in das Hotelzimmer, das er ihm gemietet hatte, und sagte zu ihm:

»Jetzt ist es spät. Ich lasse dich allein. Ich schicke dir morgen zwei Anzüge. Und – brauchst du Geld?«

»Nein«, sagte Andreas, »ich habe neunhundertachtzig Francs, und das ist nicht wenig. Geh nach Hause!«

»Ich komme in zwei oder drei Tagen«, sagte der Freund, der Fußballspieler.

10

Das Hotelzimmer, in dem Andreas nunmehr wohnte, hatte die Nummer: neunundachtzig. Sobald Andreas sich allein in diesem Zimmer befand, setzte er sich in den bequemen Lehnstuhl, der mit rosa Rips überzogen war, und begann, sich umzusehn. Er sah zuerst die rotseidene Tapete, unterbrochen von zartgoldenen Papageienköpfen, an den Wänden drei elfenbeinerne Knöpfe, rechts an der Türleiste und in der Nähe des Bettes den Nachttisch und die Lampe darüber mit dunkelgrünem Schirm und ferner eine Tür mit einem weißen Knauf, hinter der sich etwas Geheimnisvolles, jedenfalls für Andreas Geheimnisvolles zu verbergen schien. Ferner gab es in der Nähe des Bettes ein schwarzes Telephon, dermaßen angebracht, daß auch ein im Bett Liegender das Hörrohr ganz leicht mit der rechten Hand erfassen kann.

Andreas, nachdem er lange das Zimmer betrachtet hatte und darauf bedacht gewesen war, sich auch mit ihm vertraut zu machen, wurde plötzlich neugierig. Denn die Tür mit dem weißen Knauf irritierte ihn, und trotz seiner Angst und obwohl er der Hotelzimmer ungewohnt war, erhob er sich und beschloß nachzusehen, wohin die Tür führe. Er hatte gedacht, sie sei selbstverständlich geschlossen. Aber wie groß war sein Erstaunen, als sie sich freiwillig, beinahe zuvorkommend, öffnete!

Er sah nunmehr, daß es ein Badezimmer war, mit glänzenden Kacheln und mit einer Badewanne, schimmernd und weiß, und mit einer Toilette, und kurz und gut, das, was man in seinen Kreisen eine Bedürfnisanstalt hätte nennen können.

In diesem Augenblick auch verspürte er das Bedürfnis, sich zu waschen, und er ließ heißes und kaltes Wasser aus den beiden Hähnen in die Wanne rinnen. Und wie er sich auszog, um in sie hineinzusteigen, bedauerte er auch, daß er keine Hemden habe, denn wie er sich das Hemd auszog, sah er, daß es sehr schmutzig war, und von vornherein schon hatte er Angst vor dem Augenblick, in dem er wieder aus dem Bad gestiegen und dieses Hemd anziehen müßte.

Er stieg in das Bad, er wußte wohl, daß es eine lange Zeit her war, seitdem er sich gewaschen hatte. Er badete geradezu mit Wollust, erhob sich, zog sich wieder an und wußte nun nicht mehr, was er mit sich anfangen sollte.

Mehr aus Ratlosigkeit als aus Neugier öffnete er die Tür des Zimmers, trat in den Korridor und erblickte hier eine junge Frau, die aus ihrem Zimmer gerade herauskam, wie er eben selbst. Sie war schön und jung, wie ihm schien. Ja, sie erinnerte ihn an die Verkäuferin in dem Laden, wo er die Brieftasche erstanden hatte, und ein bißchen auch an Karoline, und infolgedessen verneigte er sich leicht vor ihr und grüßte sie, und da sie ihm antwortete, mit einem Kopfnicken, faßte er sich ein Herz und sagte ihr geradewegs: »Sie sind schön.«

»Auch Sie gefallen mir«, antwortete sie, »einen Augenblick! Vielleicht sehen wir uns morgen.« Und sie ging dahin im Dunkel des Korridors. Er aber, liebebedürftig, wie er plötzlich geworden war, sah nach der Nummer ihrer Tür, hinter der sie wohnte.

Und es war die Nummer: siebenundachtzig. Diese merkte er sich in seinem Herzen.

11

Er kehrte wieder in sein Zimmer zurück, wartete, lauschte und war schon entschlossen, nicht erst den Morgen abzuwarten, um mit dem schönen Mädchen zusammenzukommen. Denn, obwohl er durch die fast ununterbrochene Reihe der Wunder in den letzten Tagen bereits überzeugt war, daß sich die Gnade auf ihn niedergelassen hatte, glaubte er doch gerade deswegen, zu einer Art Übermut berechtigt zu sein, und er nahm an, daß er gewissermaßen aus Höflichkeit der Gnade noch zuvorkommen müßte, ohne sie im geringsten zu kränken. Wie er nun also die leisen Schritte des Mädchens von Nummer siebenundachtzig zu vernehmen glaubte, öffnete er vorsichtig die Tür seines Zimmers einen Spalt breit und sah, daß sie es wirklich war, die in ihr Zimmer zurückkehrte. Was er aber freilich infolge seiner langjährigen Unerfahrenheit nicht bemerkte, war der nicht geringzuschätzende Umstand, daß auch das schöne Mädchen sein Spähen bemerkt hatte. Infolgedessen machte sie, wie sie es Beruf und Gewohnheit gelehrt hatten, hastig und hurtig eine scheinbare Ordnung in ihrem Zimmer und löschte die Deckenlampe aus und legte sich aufs Bett und nahm beim Schein der Nachttischlampe ein Buch in die Hand und las darin; aber es war ein Buch, das sie bereits längst gelesen hatte.

Eine Weile später klopfte es auch zage an ihrer Tür, wie sie es auch erwartet hatte, und Andreas trat ein. Er blieb an der

Schwelle stehen, obwohl er bereits die Gewißheit hatte, daß er im nächsten Augenblick die Einladung bekommen würde, näherzutreten. Denn das hübsche Mädchen rührte sich nicht aus ihrer Stellung, sie legte nicht einmal das Buch aus der Hand, sie fragte nur: »Und was wünschen Sie?«

Andreas, sicher geworden durch Bad, Seife, Lehnstuhl, Tapete, Papageienköpfe und Anzug, erwiderte: »Ich kann nicht bis morgen warten, Gnädige.« Das Mädchen schwieg.

Andreas trat näher an sie heran, fragte sie, was sie lese, und sagte aufrichtig: »Ich interessiere mich nicht für Bücher.«

»Ich bin nur vorübergehend hier«, sagte das Mädchen auf dem Bett, »ich bleibe nur bis Sonntag hier. Am Montag muß ich nämlich in Cannes wieder auftreten.«

»Als was?« fragte Andreas.

»Ich tanze im Kasino. Ich heiße Gabby. Haben Sie den Namen noch nie gehört?«

»Gewiß, ich kenne ihn aus den Zeitungen«, log Andreas, und er wollte hinzufügen: »mit denen ich mich zudecke.« Aber er vermied es.

Er setzte sich an den Rand des Bettes, und das schöne Mädchen hatte nichts dagegen. Sie legte sogar das Buch aus der Hand, und Andreas blieb bis zum Morgen in Zimmer siebenundachtzig.

12

Am Samstagmorgen erwachte er mit dem festen Entschluß, sich von dem schönen Mädchen bis zu ihrer Abreise nicht mehr zu trennen. Ja, in ihm blühte sogar der zarte Gedanke an eine Reise mit der jungen Frau nach Cannes, denn er war, wie alle armen Menschen, geneigt, kleine Summen, die er in der Tasche hatte (und insbesondere die trinkenden armen Menschen neigen dazu), für große zu halten. Er zählte also am Morgen seine neunhundertachtzig Francs noch einmal nach. Und da sie in einer

Brieftasche lagen, und da diese Brieftasche in einem neuen Anzug steckte, hielt er die Summe um das Zehnfache vergrößert. Infolgedessen war er auch keineswegs erregt, als eine Stunde später, nachdem er es verlassen hatte, das schöne Mädchen bei ihm eintrat, ohne anzuklopfen, und da sie ihn fragte, wie sie beide den Samstag zu verbringen hätten, vor ihrer Abreise nach Cannes, sagte er aufs Geratewohl: »Fontainebleau.« Irgendwo, halb im Traum, hatte er es vielleicht gehört. Er wußte jedenfalls nicht mehr, warum und wieso ihm dieser Ortsname auf die Zunge gekommen war.

Sie mieteten also ein Taxi, und sie fuhren nach Fontainebleau, und dort erwies es sich, daß das schöne Mädchen ein gutes Restaurant kannte, in dem man gute Speisen und guten Trank trinken konnte. Und auch den Kellner kannte sie, und sie nannte ihn beim Vornamen. Und wenn unser Andreas eifersüchtig von Natur gewesen wäre, so hätte er wohl auch böse werden können. Aber er war nicht eifersüchtig, und also wurde er auch nicht böse. Sie verbrachten eine Zeitlang beim Essen und Trinken und fuhren hierauf, noch einmal im Taxi, zurück nach Paris, und auf einmal lag der strahlende Abend von Paris vor ihnen, und sie wußten nichts mit ihm anzufangen, eben wie Menschen nicht wissen, die nicht zueinander gehören und die nur zufällig zueinander gestoßen sind. Die Nacht breitete sich vor ihnen aus wie eine allzu lichte Wüste.

Und sie wußten nicht mehr, was miteinander anzufangen, nachdem sie leichtfertigerweise das wesentliche Erlebnis vergeudet hatten, das Mann und Frau gegeben ist. Also beschlossen sie, was den Menschen unserer Zeit vorbehalten bleibt, sobald sie nicht wissen, was anzufangen, ins Kino zu gehen. Und sie saßen da, und es war keine Finsternis, nicht einmal ein Dunkel, und knapp konnte man es noch ein Halbdunkel nennen. Und sie drückten einander die Hände, das Mädchen und unser Freund Andreas. Aber sein Händedruck war gleichgültig, und er litt selber darunter. Er selbst. Hierauf, als die Pause kam, beschloß er, mit dem schönen Mädchen in die Halle zu gehen und zu trinken, und sie gingen auch beide hin, und sie tranken. Und das Kino interessierte ihn keineswegs mehr. Sie gingen in einer ziemlichen Beklommenheit ins Hotel.

Am nächsten Morgen, es war Sonntag, erwachte Andreas in dem Bewußtsein seiner Pflicht, daß er das Geld zurückzahlen müsse. Er erhob sich schneller als am letzten Tag und so schnell, daß das schöne Mädchen aus dem Schlaf aufschrak und ihn fragte:

»Warum so schnell, Andreas?«

»Ich muß eine Schuld bezahlen«, sagte Andreas.

»Wie? Heute am Sonntag?« fragte das schöne Mädchen.

»Ja, heute am Sonntag«, erwiderte Andreas.

»Ist es eine Frau oder ein Mann, dem du Geld schuldig bist?«

»Eine Frau«, sagte Andreas zögernd.

»Wie heißt sie?«

»Therese.«

Daraufhin sprang das schöne Mädchen aus dem Bett, ballte die Fäuste und schlug sie auch beide Andreas ins Gesicht.

Und daraufhin floh er aus dem Zimmer, und er verließ das Hotel. Und ohne sich weiter umzusehn, ging er in die Richtung der Ste Marie des Batignolles, in dem sicheren Bewußtsein, daß er heute endlich der kleinen Therese die zweihundert Francs zurückzahlen könnte.

13

Nun wollte es die Vorsehung – oder wie weniger gläubige Menschen sagen würden: der Zufall –, daß Andreas wieder einmal knapp nach der Zehn-Uhr-Messe ankam. Und es war selbstverständlich, daß er in der Nähe der Kirche das Bistro erblickte, in dem er zuletzt getrunken hatte, und dort trat er wieder ein.

Er bestellte also zu trinken. Aber vorsichtig, wie er war und wie es alle Armen dieser Welt sind, selbst wenn sie Wunder über

Wunder erlebt haben, sah er zuerst nach, ob er wirklich auch Geld genug besäße, und er zog seine Brieftasche heraus. Und da sah er, daß von seinen neunhundertachtzig Francs kaum noch mehr etwas übrig war.

Es blieben ihm nämlich nur zweihundertfünfzig. Er dachte nach und erkannte, daß ihm das schöne Mädchen im Hotel das Geld genommen hatte. Aber unser Andreas machte sich gar nichts daraus. Er sagte sich, daß er für jede Lust zu zahlen habe, und er hatte Lust genossen, und er hatte also auch zu bezahlen.

Er wollte hier abwarten, so lange bis die Glocken läuteten, die Glocken der nahen Kapelle, um zur Messe zu gehen und um dort endlich die Schuld der kleinen Heiligen abzustatten. Inzwischen wollte er trinken, und er bestellte zu trinken. Er trank. Die Glokken, die zur Messe riefen, begannen zu dröhnen, und er rief: »Zahlen, Kellner!«, zahlte, erhob sich, ging hinaus und stieß knapp vor der Tür mit einem sehr großen, breitschultrigen Mann zusammen. Den nannte er sofort: »Woitech.« Und dieser rief zu gleicher Zeit: »Andreas!« Sie sanken einander in die Arme, denn sie waren beide zusammen Kohlenarbeiter gewesen in Quebecque, zusammen beide in einer Grube.

»Wenn du mich hier erwarten willst«, sagte Andreas, »zwanzig Minuten nur, so lange, wie die Messe dauert, nicht einen Moment länger!«

»Grad nicht«, sagte Woitech. »Seit wann gehst du überhaupt in die Messe? Ich kann die Pfaffen nicht leiden und noch weniger die Leute, die zu den Pfaffen gehn.«

»Aber ich gehe zur kleinen Therese«, sagte Andreas, »ich bin ihr Geld schuldig.«

»Meinst du die kleine heilige Therese?« fragte Woitech.

»Ja, die meine ich«, erwiderte Andreas.

»Wieviel schuldest du ihr?« fragte Woitech.

»Zweihundert Francs!« sagte Andreas.

»Dann begleite ich dich!« sagte Woitech.

Die Glocken dröhnten immer noch. Sie gingen in die Kirche,

und wie sie drinnen standen und die Messe gerade begonnen hatte, sagte Woitech mit flüsternder Stimme: »Gib mir sofort hundert Francs! Ich erinnere mich eben, daß mich drüben einer erwartet, ich komme sonst ins Kriminal!«

Unverzüglich gab ihm Andreas die ganzen zwei Hundert-Francs-Scheine, die er noch besaß, und sagte: »Ich komme sofort nach.« Und wie er nun einsah, daß er kein Geld mehr hatte, um es der Therese zurückzuzahlen, hielt er es auch für sinnlos, noch länger der Messe beizuwohnen. Nur aus Anstand wartete er noch fünf Minuten und ging dann hinüber, in das Bistro, wo Woitech auf ihn wartete.

Von nun ab blieben sie Kumpane, denn das versprachen sie einander gegenseitig.

Freilich hatte Woitech keinen Freund gehabt, dem er Geld schuldig gewesen wäre. Den einen Hundert-Francs-Schein, den ihm Andreas geborgt hatte, verbarg er sorgfältig im Taschentuch und machte einen Knoten darum. Für die andern hundert Francs lud er Andreas ein, zu trinken und noch einmal zu trinken und noch einmal zu trinken, und in der Nacht gingen sie in jenes Haus, wo die gefälligen Mädchen saßen, und dort blieben sie auch alle beide drei Tage, und als sie wieder herauskamen, war es Dienstag, und Woitech trennte sich von Andreas mit den Worten: »Sonntag sehen wir uns wieder, um dieselbe Zeit und an der gleichen Stelle und am selben Ort.«

»Servus!« sagte Andreas.

»Servus!« sagte Woitech und verschwand.

14

Es war ein regnerischer Dienstagnachmittag, und es regnete so dicht, daß Woitech im nächsten Augenblick tatsächlich verschwunden war. Jedenfalls schien es Andreas so.

Es schien ihm, daß sein Freund verlorengegangen war im Regen, genauso, wie er ihn zufällig getroffen hatte, und da er kein

Geld mehr in der Tasche besaß, ausgenommen fünfunddreißig Francs, und verwöhnt vom Schicksal, wie er sich glaubte, und der Wunder sicher, die ihm gewiß noch geschehen würden, beschloß er, wie alle Armen und des Trunkes Gewohnten es tun, sich wieder dem Gott anzuvertrauen, dem einzigen, an den er glaubte. Also ging er zur Seine und die gewohnte Treppe hinunter, die zu der Heimatstätte der Obdachlosen führt.

Hier stieß er auf einen Mann, der eben im Begriffe war, die Treppe hinaufzusteigen, und der ihm sehr bekannt vorkam. Infolgedessen grüßte Andreas ihn höflich. Es war ein etwas älterer, gepflegt aussehender Herr, der stehenblieb, Andreas genau betrachtete und schließlich fragte: »Brauchen Sie Geld, lieber Herr?« An der Stimme erkannte Andreas, daß es jener Herr war, den er drei Wochen vorher getroffen hatte. Also sagte er: »Ich erinnere mich wohl, daß ich Ihnen noch Geld schuldig bin, ich sollte es der heiligen Therese zurückbringen. Aber es ist allerhand dazwischengekommen, wissen Sie. Und ich bin schon das drittemal daran verhindert gewesen, das Geld zurückzugeben.«

»Sie irren sich«, sagte der ältere, wohlangezogene Herr, »ich habe nicht die Ehre, Sie zu kennen. Sie verwechseln mich offenbar, aber es scheint mir, daß Sie in einer Verlegenheit sind. Und, was die heilige Therese betrifft, von der Sie eben gesprochen haben, bin ich ihr dermaßen menschlich verbunden, daß ich selbstverständlich bereit bin, Ihnen das Geld vorzustrecken, das Sie Ihr schuldig sind. Wieviel macht es denn?«

»Zweihundert Francs«, erwiderte Andreas, »aber verzeihen Sie, Sie kennen mich ja nicht! Ich bin ein Ehrenmann, und Sie können mich kaum mahnen. Ich habe nämlich wohl meine Ehre, aber keine Adresse. Ich schlafe unter einer dieser Brükken.«

»Oh, das macht nichts!« sagte der Herr. »Auch ich pflege da zu schlafen. Und Sie erweisen mir einen Gefallen, für den ich nicht genug dankbar sein kann, wenn Sie mir das Geld abnehmen. Denn auch ich bin der kleinen Therese so viel schuldig!«

»Dann«, sagte Andreas, »allerdings, stehe ich zu Ihrer Verfügung.«

Er nahm das Geld, wartete eine Weile, bis der Herr die Stufen hinaufgeschritten war, und ging dann selber die gleichen Stufen hinauf und geradewegs in die Rue de Quatre Vents in sein altes Restaurant, in das russisch-armenische Tari-Bari, und dort blieb er bis zum Samstagabend. Und da erinnerte er sich, daß morgen Sonntag sei und daß er in die Kapelle Ste Marie des Batignolles zu gehen habe.

15

Im Tari-Bari waren viele Leute, denn manche schliefen dort, die kein Obdach hatten, tagelang, nächtelang, des Tags hinter der Theke und des Nachts auf den Banquetten. Andreas erhob sich am Sonntag sehr früh, nicht sosehr wegen der Messe, die er zu versäumen gefürchtet hätte, wie aus Angst vor dem Wirt, der ihn mahnen würde, Trank und Speise und Quartier für so viele Tage zu bezahlen.

Er irrte sich aber, denn der Wirt war bereits viel früher aufgestanden als er. Denn der Wirt kannte ihn schon seit langem und wußte, daß unser Andreas dazu neigte, jede Gelegenheit wahrzunehmen, um Zahlungen auszuweichen. Infolgedessen mußte unser Andreas bezahlen, von Dienstag bis Sonntag, reichlich Speise und Getränke und viel mehr noch, als er gegessen und getrunken hatte. Denn der Wirt vom Tari-Bari wußte zu unterscheiden, welche von seinen Kunden rechnen konnten und welche nicht. Aber unser Andreas gehörte zu jenen, die nicht rechnen konnten, wie viele Trinker. Andreas zahlte also einen großen Teil des Geldes, das er bei sich hatte, und begab sich dennoch in die Richtung der Kapelle Ste Marie des Batignolles. Aber er wußte wohl schon, daß er nicht mehr genügend Geld hatte, um der heiligen Therese alles zurückzuzahlen. Und er dachte ebenso an seinen Freund Woitech, mit dem er sich verabredet hatte, genau in dem gleichen Maße, wie an seine kleine Gläubigerin.

Nun also kam er in der Nähe der Kapelle an, und es war wieder leider nach der Zehn-Uhr-Messe, und noch einmal strömten ihm die Menschen entgegen, und wie er so gewohnt den Weg zum Bistro einschlug, hörte er hinter sich rufen, und plötzlich fühlte er eine derbe Hand auf seiner Schulter. Und wie er sich umwandte, war es ein Polizist.

Unser Andreas, der, wie wir wissen, keine Papiere hatte, wie so viele seinesgleichen, erschrak und griff schon in die Tasche, einfach um sich den Anschein zu geben, er hätte etwelche Papiere, die richtig seien. Der Polizist aber sagte: »Ich weiß schon, was Sie suchen. In der Tasche suchen Sie es vergeblich! Ihre Brieftasche haben Sie eben verloren. Hier ist sie, und«, so fügte er noch scherzhaft hinzu, »das kommt davon, wenn man Sonntag am frühen Vormittag schon so viele Apéritifs getrunken hat...« Andreas ergriff schnell die Brieftasche, hatte kaum Gelassenheit genug, den Hut zu lüften, und ging stracks ins Bistro hinüber.

Dort fand er den Woitech bereits vor und erkannte ihn nicht auf den ersten Blick, sondern erst nach einer längeren Weile. Dann aber begrüßte ihn unser Andreas um so herzlicher. Und sie konnten gar nicht aufhören, beide einander wechselseitig einzuladen, und Woitech, höflich, wie die meisten Menschen es sind, stand von der Banquette auf und bot Andreas den Ehrenplatz an und ging, so schwankend er auch war, um den Tisch herum, setzte sich gegenüber auf einen Stuhl und redete Höflichkeiten. Sie tranken lediglich Pernod.

»Mir ist wieder etwas Merkwürdiges geschehen«, sagte Andreas. »Wie ich da zu unserem Rendezvous herübergehen will, faßt mich ein Polizist an der Schulter und sagt: ›Sie haben Ihre Brieftasche verloren.‹ Und gibt mir eine, die mir gar nicht gehört, und ich stecke sie ein, und jetzt will ich nachschauen, was es eigentlich ist.«

Und damit zieht er die Brieftasche heraus und sieht nach, und es liegen darin mancherlei Papiere, die ihn nicht das geringste angehen, und er sieht auch Geld darin und zählt die Scheine, und es sind genau zweihundert Francs. Und da sagt Andreas: »Siehst du! Das ist ein Zeichen Gottes. Jetzt gehe ich hinüber und zahle endlich mein Geld!«

»Dazu«, antwortete Woitech, »hast du ja Zeit, bis die Messe zu Ende ist. Wozu brauchst du denn die Messe? Während der Messe kannst du nichts zurückzahlen. Nach der Messe gehst du in die Sakristei, und inzwischen trinken wir!«

»Natürlich, wie du willst«, antwortete Andreas.

In diesem Augenblick tat sich die Tür auf, und während Andreas ein unheimliches Herzweh verspürte und eine große Schwäche im Kopf, sah er, daß ein junges Mädchen hereinkam und sich genau ihm gegenüber auf die Banquette setzte. Sie war sehr jung, so jung, wie er noch nie ein Mädchen gesehen zu haben glaubte, und sie war ganz himmelblau angezogen. Sie war nämlich blau, wie nur der Himmel blau sein kann, an manchen Tagen, und auch nur an gesegneten.

So schwankte er also hinüber, verbeugte sich und sagte zu dem jungen Kind: »Was machen Sie hier?«

»Ich warte auf meine Eltern, die eben aus der Messe kommen; die wollen mich hier abholen. Jeden vierten Sonntag«, sagte sie und war ganz verschüchtert vor dem älteren Mann, der sie so plötzlich angesprochen hatte. Sie fürchtete sich ein wenig vor ihm.

Andreas fragte darauf: »Wie heißen Sie?«

»Therese«, sagte sie.

»Ah«, rief Andreas darauf, »das ist reizend! Ich habe nicht gedacht, daß eine so große, eine so kleine Heilige, eine so große und so kleine Gläubigerin mir die Ehre erweist, mich aufzusuchen, nachdem ich so lange nicht zu ihr gekommen war.«

»Ich verstehe nicht, was Sie reden«, sagte das kleine Fräulein ziemlich verwirrt.

»Das ist nur Ihre Feinheit«, erwiderte hier Andreas. »Das ist nur Ihre Feinheit, aber ich weiß sie zu schätzen. Ich bin Ihnen seit langem zweihundert Francs schuldig, und ich bin nicht mehr dazu gekommen, sie Ihnen zurückzugeben, heiliges Fräulein!«

»Sie sind mir kein Geld schuldig, aber ich habe welches im Täschchen, hier, nehmen Sie und gehen Sie. Denn meine Eltern kommen bald.«

Und somit gab sie ihm einen Hundert-Francs-Schein aus ihrem Täschchen.

All dies sah Woitech im Spiegel, und er schwankte auf aus seinem Sessel und bestellte zwei Pernods und wollte eben unseren Andreas an die Theke schleppen, damit er mittrinke. Aber, wie Andreas sich eben anschickt, an die Theke zu treten, fällt er um wie ein Sack, und alle Menschen im Bistro erschrecken und Woitech auch. Und am meisten das Mädchen, das Therese heißt. Und man schleppt ihn, weil in der Nähe kein Arzt und keine Apotheke ist, in die Kapelle, und zwar in die Sakristei, weil Priester doch etwas von Sterben und Tod verstehen, wie die ungläubigen Kellner trotzdem glaubten; und das Fräulein, das Therese heißt, kann nicht umhin und geht mit.

Man bringt also unsern armen Andreas in die Sakristei, und er kann leider nichts mehr reden, er macht nur eine Bewegung, als wollte er in die linke innere Rocktasche greifen, wo das Geld, das er der kleinen Gläubigerin schuldig ist, liegt, und er sagt: »Fräulein Therese!« – und tut seinen letzten Seufzer und stirbt.

Gebe Gott uns allen, uns Trinkern, einen so leichten und so schönen Tod!

»Die große Enttäuschung ihres Lebens bestimmte den Inhalt all ihrer Briefe.
Der Glaube ihrer Jugend, ihre so tiefen und festen Überzeugungen
hatten sich als eine Schimäre erwiesen.
Einmal fand ich den Satz:
›An den Sozialismus glaube ich nicht mehr.‹
Und einmal den Satz:
›Ohne Freiheit kann der Mensch nicht leben.‹
Zwischen diesen beiden Sätzen lag wohl ein ganzes Leben, ihr Leben.«

Hans Werner Richter

Maria Matusek

Als ich sie kennenlernte, muß sie etwa zwanzig Jahre alt gewesen sein, vielleicht waren es auch erst neunzehn, genau weiß ich es nicht. Es hat mich damals auch nicht interessiert, ich war selbst erst gerade zweiundzwanzig. Dieses Sich-Kennenlernen geschah am Nollendorfplatz in Berlin. Wir waren beide nicht sonderlich voneinander beeindruckt, ja, wir nahmen wohl kaum recht Notiz voneinander. Wozu auch? Sie hatte eine Funktion, sie redete, und ich mußte ihr zuhören. Sie war schlicht und einfach gekleidet, und sie sprach auch so. Was sie ausstrahlte, war die Kraft der Überzeugung, die manchmal an Fanatismus grenzte. Diese Grenze überschritt sie nur selten, doch immer, wenn es passierte, veränderte sich ihre Stimme, sie wurde nicht gerade schneidend, aber kalt und unsympathisch.

In meiner Erinnerung ist sie nicht groß, eher klein, von sehr beherrschtem Wesen, so daß man den Eindruck gewann, sie wisse immer, was sie tat und sagte. Heftig habe ich sie nie erlebt, wohl aber ihre Überzeugung so hart vertretend, daß man besser schwieg, um einer Auseinandersetzung aus dem Weg zu gehen.

Auseinandersetzungen zwischen uns hat es kaum gegeben, obwohl ich oft anderer Meinung war als sie. Vielleicht hatte ich keinen Mut dazu, vielleicht aber sah ich selbst noch nicht klar genug, um mich richtig artikulieren zu können. Sie aber wußte alles sehr genau, sie vertrat sehr selbstsicher das, woran ich noch vor wenigen Monaten fest geglaubt hatte und von dem ich mich jetzt zu lösen begann. Dies war ein Prozeß, der mir viele unruhige Nächte einbrachte, den ich jedoch nicht bremsen, nicht abdrosseln konnte, auch wenn ich es versucht hätte.

Ich sprach nicht von meinen Überlegungen, meinen Gedanken, ja, meinen Zweifeln, und doch muß sie etwas davon gemerkt haben.

Wir sprachen sie mit Genossin an. Sie hieß Maria, aber Genossin Maria, das klang uns wohl zu dumm, ich meine, ich habe es damals nie gehört. Ich aber will hier von Maria sprechen, weil das ›Genossin‹ ganz abhanden gekommen ist.

Wie gesagt, ich traf sie in der Nähe des Nollendorfplatzes in Berlin in einer Zelle der Kommunistischen Partei. Zu dieser Zeit, im Winter 1930/31, war ich Straßensänger, und meine Freunde waren es auch. Einige von ihnen, nicht alle, gehörten der Kommunistischen Partei an. Mit ihnen war ich in der Nacht manchmal unterwegs, um Plakate zu kleben. Es war im Winter dieses Jahres oft naßkalt, mit Schneematsch auf den Straßen, wir froren viel, aber wir gingen doch immer wieder hinaus, weil wir das für unsere proletarische Pflicht hielten. Proletarische Pflicht und Pünktlichkeit, wie unsere Väter von preußischer Pflicht und Pünktlichkeit gesprochen hatten. Ein- oder zweimal in der Woche gingen wir in die »Zelle« unserer Partei, um uns dort Marias Anordnungen anzuhören. Es waren meistens ausschließlich Befehle der Partei, denen wir uns unterzuordnen hatten. Die Zusammenkunft fand immer in dem kleinen Hinterzimmer in einem Bierlokal in der Nähe des Nollendorfplatzes statt.

Das Hinterzimmer war natürlich schlecht beleuchtet, verräuchert, roch penetrant nach kaltem Rauch und abgestandenem

Bier. Trotzdem fühlten wir uns wohl in diesem Raum. Maria saß an der Stirnseite eines langen Tisches. Es gab lebhafte Unterhaltungen, aber kaum Diskussionen über das Für und Wider dieser oder jener Anordnung der Partei. Maria gab uns bekannt, was wir zu glauben, zu tun und zu lassen hatten. Es war fast immer sehr trockenes Zeug, meistens bezog es sich auf Strategie und Taktik der Partei. Maria aber trug es vor wie ein Gebet, sie war voll tiefer, ehrlicher Überzeugung, der Sieg der Partei stand für sie fest, es gab keinen Zweifel. Merkwürdigerweise äußerten auch wir, die wir um sie herum saßen, nie irgendwelche Zweifel. Jemand, der uns in diesem Zustand gesehen hätte, wäre wahrscheinlich zu der Ansicht gekommen, er wohne der Zusammenkunft einer Sekte bei, die, wenn auch nicht voller religiöser Inbrunst, so doch eines gemeinsamen und sehr festen Glaubens war.

Ich weiß nicht, ob Maria Widerspruch duldete oder nicht. Ich meine heute, über fünfzig Jahre später, es hätte nie einen solchen gegeben. Der Sieg stand ja fest, er war nach Ansicht der Partei historisch gegeben. Mit diesem Wissen fühlten wir uns sicher, das Proletariat mußte siegen, es gab gar keine andere Möglichkeit. Maria war für mich in dieser Hinsicht die Standhaftigkeit selbst, und ich bewunderte sie, obwohl mich selbst längst viele Zweifel plagten. Doch ich äußerte sie nicht, ich saß da, drei, vier Stühle von Maria entfernt, und schwieg.

Alles, was ihr Aussehen betraf, hat sich mir nicht besonders eingeprägt. Ich stelle mir vor, sie hätte einen strengen Mund und sehr schmale Lippen gehabt, die Farbe ihrer Augen sei grau gewesen, also ziemlich undefinierbar, es kann auch eine andere Farbe gewesen sein, ich weiß es nicht mehr. Ihre Nase war eine normale Nase, die keine Besonderheit aufwies, ihre Stirn möchte ich gern als hoch bezeichnen, zumindest mittelhoch, und ihr Haar, ja ihr Haar, es muß wohl brünett gewesen sein, jede andere Farbe – Blond oder Rot – hätte sich mir eingeprägt, wenigstens einen Schimmer davon müßte ich noch vor Augen haben. Sie stand meistens, wenn sie redete, und wir saßen vor ihr und hörten zu.

Sie sprach von dem Zentralkomitee als höchster Instanz in unserem Leben, das über uns mehr oder weniger verfügte und dem wir uns unterzuordnen hatten. Meistens verlas sie, was das Zentralkomitee ein oder zwei Tage zuvor beschlossen hatte, oft lange Episteln, die von einer ledernen Trockenheit waren. Ein revolutionärer Geist, wie er oft in solchen Beschlüssen beschworen wurde, ging von ihnen nicht aus. Meistens langweilten wir uns und warteten ab, bis Maria zum Ende kam. Dies war um so merkwürdiger, als es in starkem Kontrast zu den politischen Ereignissen jener Tage stand. Die Konfrontation zwischen Links und Rechts war zu einem permanenten latenten Bürgerkrieg ausgeartet, die Nationalsozialisten marschierten fast Tag für Tag durch die Straßen Berlins, Furcht breitete sich aus, Furcht vor Terrorakten, wie sie täglich in Zeitungen gemeldet wurden. Auch wir fühlten uns nicht mehr sicher, wenn wir unser Bierlokal verließen oder nachts beim Kleben von Parteiplakaten durch die Straßen liefen. Einige gingen kaum noch nachts aus, ohne irgendwie bewaffnet zu sein, mit Schlagringen etwa oder Stahlruten oder sonstwelchen Schlagwerkzeugen. Von Tag zu Tag wurde diese Atmosphäre unerträglicher, sie betraf natürlich nicht alle, meistens nur jene, die sich engagiert hatten, vor allen Dingen in der Kommunistischen Partei.

Die Straßenschlachten kannten wir, oft mußten wir davonlaufen vor der Übermacht und Brutalität der anderen, und diese Übermacht wuchs ständig. Ich weiß nicht, wie Maria in solchen Nächten nach Hause gekommen ist. Ich habe damals nie darüber nachgedacht, es war mir wahrscheinlich auch gleichgültig. Irgendwelche Genossen werden sie wohl begleitet haben. Daß sie allein in diesen Nächten durch die Straßen gegangen ist, kann ich mir nicht vorstellen. Doch Mangel an Mut wird sie nicht davon abgehalten haben. Sie besaß wohl viel davon, auch wenn sie diese Art von Mut nie vor sich her trug. Ihre politische Leidenschaft schien mir größer als die meine, und auch ihr Haß auf unsere Gegner. Sie war kalt und streng nach außen, aber sie war es wohl auch gegen sich selbst. Ich habe sie nicht sehr häufig gesehen, immer nur dann, wenn ich die Zelle am Nollendorfplatz aufsuchte.

Es war im Winter, vielleicht anderthalb Jahre vor Hitlers Machtergreifung, ein trostloser Winter, naßkalt, schmierig, grau. Ich habe ihn so in Erinnerung. Ich war arbeitslos, und alle anderen waren es auch. Es gab niemanden, den ich kannte, der arbeiten ging. Wovon sie alle lebten, das blieb ein Geheimnis. Jeder schlug sich durch, so gut es ging, und oft ohne Rücksicht auf den anderen. Wovon Maria lebte, das wußte ich nicht. Vielleicht war sie eine Angestellte der Partei, eine Funktionärin, und damals hatte das Wort »Funktionär« noch nicht den abgestandenen Beigeschmack, den es heute hat. Möglich, daß ich dies zu jener Zeit angenommen habe. Aber da sie nicht im Zentrum meines Lebens stand, hat es mich nicht beschäftigt.

Einmal, so meine ich mich zu erinnern, ist sie eine Reihe hinter mir auf einer großen Demonstration gegangen, im Zentrum Berlins. Es ging nicht gegen die Nationalsozialisten, sondern gegen die Regierung der Republik. Wir schrien »Nieder, nieder!« und wußten nicht, daß wir mit diesem »Nieder...« unserer eigenen Niederlage entgegenliefen, sozusagen in die Arme unserer Niederlage, die – und das ahnten wir damals nicht – eine tödliche sein sollte. Es kann sein, daß auch Maria auf dieser Demonstration mitgeschrien hat. Wenn ich lange zurückdenke, meine ich, ihre Stimme zu hören. Aber das ist wohl eine der Erinnerungs-Halluzinationen, die sich leicht einstellen, wenn man sich über Jahrzehnte hinweg erinnern will.

Nun, Maria war – wie gesagt – nur eine Nebenfigur in diesen frühen Jahren. Ich hatte keine Beziehungen zu ihr, ich glaube sogar, ich habe nie ein Wort mit ihr gewechselt. Doch warum erzähle ich dann von ihr, warum? Ich habe bereits gesagt, daß sie zu dieser Zeit tief überzeugt von ihrer Partei war, von allem, was sie tat, was sie sagte und anordnete. Es gab kein Versagen, keine Fehler. Nun gab es in dieser Zeit in der Sowjetunion die Auseinandersetzung zwischen Stalin und Trotzki, und ich las zu dieser Zeit Trotzki. Seine Argumente schienen mir einleuchtender, klarer, obwohl auch sie, von heute aus gesehen, weit ins Utopische reichten. Doch davon bemerkte ich damals nichts. Wir lebten ja von Utopien, und es war ganz gleich, zu welcher Richtung man sich bekannte. Maria aber war Stalinistin, ein Begriff, den es zu dieser Zeit noch nicht gab. Niemand von uns bezog offen seine Stellung in diesem Streit. Mit einer Stellungnahme für Trotzki geriet man schnell in die Parteimühle, die reihenweise Leute wegen »Abweichungen von der Generallinie« ausschloß und zu Feinden erklärte. So wurde auch in der Zelle am Nollendorfplatz nie darüber gesprochen. Es genügte, den Namen Trotzki zu erwähnen, um als Abtrünniger zu erscheinen. Im November 1932 wurde ich wegen Trotzkismus aus der Partei ausgeschlossen, und ich konnte mir nicht erklären, wer mich angeschwärzt oder – besser – angezeigt hatte.

Gewiß, ich war kein Anhänger Trotzkis, aber ich las ihn mit großer Begeisterung, doch ich meine, ich hätte damals mit niemandem, außer einem sehr engen Freund, darüber gesprochen. Den Antrag auf Ausschluß aus der Partei konnte nur die Zelle am Nollendorfplatz gestellt haben, und so geriet für mich Maria in Verdacht. Es fragt sich natürlich, woher sie etwas mehr von mir wußte, als ich bis dahin annehmen konnte. Es gab vielleicht Spitzel in der eigenen Partei, vielleicht hatte ich hier und da doch etwas mehr gesagt, als mir bewußt war. Ich konnte es mir nicht erklären. Mein Verdacht jedoch blieb an Maria hängen. Ich habe es ihr nicht vorgeworfen, die Parteimaschinerie war so, sie unterminierte und schwächte sich permanent selbst, obwohl es um diese Zeit schon um ihre Existenz ging. Nun, all das, die Zelle am Nollendorfplatz, Maria, meine Freunde, die Straßensänger, trat schnell in den Hintergrund. Plötzlich ging es um das eigene Leben.

Hitler begann seinen Siegeszug, und die Leute aus der Zelle am Nollendorfplatz wurden mit großer Gewalt auseinandergetrieben: Hausdurchsuchungen, Verhaftungen, Flucht. Es kam das »Dritte Reich«, es kam der Zweite Weltkrieg, es kam die Nachkriegszeit, es kamen die schönen, mageren, hoffnungsvollen Jahre. Ich vergaß jene Zeit der Arbeitslosigkeit und der Erlebnisse in der Kommunistischen Partei, und selbstverständlich auch Maria. Sie war so ferngerückt wie alle Personen, die zu jener Zeit in meinem Leben gewesen waren. Ich hätte nicht einmal mehr ihren Namen gewußt, wenn man mich plötzlich danach gefragt hätte. Was noch in meiner Erinnerung war, hatte wenig mit der Zelle am Nollendorfplatz zu tun und gar nichts mit jener Maria. Ja, ich muß zugeben, ich habe nie über sie nachgedacht. Dabei hätte mich wohl ihr Schicksal beschäftigen sollen.

Schon im Jahre 1932 sah ich sie nicht mehr. Ich wohnte nicht mehr am Nollendorfplatz und war nur noch selten in Berlin. Viele meiner Freunde verschwanden, tauchten unter oder gingen in die Emigration. Einige traf ich in Paris wieder, aber es war niemand darunter, der Maria gekannt hatte, und so erfuhr ich nichts von ihr.

Vierzig Jahre vergingen, es war im Oktober 1971, als ich einen Brief bekam, den ich wie einen Zuruf aus einer längst vergangenen Zeit empfand. Er kam von Maria. In ihm hieß es: »Ich weiß nicht, ob Sie sich meiner noch erinnern. Ich war Org.-Leiterin der KPD-Zelle in dem Bezirk um den Winterfeldplatz in Berlin-Schöneberg. Längst vergangene Zeiten. Inzwischen sind Stürme über uns dahingebraust, die man mehr oder weniger gut überstanden hat. Von 41–45 war ich inhaftiert, davon 3 Jahre im KZ Ravensbrück. Aber vielleicht erinnern Sie sich nicht mehr an die Maria Matusek von damals. Im FS habe ich Sie oft gesehen.« Gemeint war der dritte Fernsehkanal des Senders Freies Berlin, wo ich zu jener Zeit gelegentlich auftrat.

Dieser Brief berührte mich sehr merkwürdig. Ich wunderte mich, wie Maria diese Zeit überstanden hatte und daß es sie noch gab. Weiter unten enthielt der Brief noch folgende Mitteilung: »Meine Illusionen von damals sind infolge der Entwicklung, die ich damals nicht erkennen und voraussehen konnte, längst verflogen. Was ist übriggeblieben? Ein großes Interesse an der heutigen verworrenen Epoche der Menschheit, von der man nur weiß, sie führt ins Jahr 2000.

Ich würde mich sehr freuen, wenn Sie Zeit fänden für ein paar Zeilen, mit denen Sie bestätigen, daß Sie der damals schmale und etwas verträumte junge Mann aus Schöneberg sind, und daß in Ihrem Gehirn sich noch eine Zelle meiner erinnert.«

Sie lebte nicht mehr in Berlin, sondern in Frankfurt, und hatte offensichtlich ein Leben voller Grausamkeiten und schwerer Enttäuschungen hinter sich. Ich wollte den Brief sofort beantworten, doch ich tat es nicht. Die Gründe dafür sind mir unklar, und sie sind es bis heute geblieben. Ich freute mich ja über dieses Lebenszeichen aus meinen frühen Jahren, ich wollte sie fragen, wie sie die Zeit des Dritten Reiches überstanden hatte, das Konzentrationslager von Ravensbrück. Aber ich antwortete nicht, es vergingen ein paar Tage, schließlich eine Woche oder zwei, und dann war der Brief plötzlich verschwunden. Ich hatte ihn wahrscheinlich verkramt. Aber ich gebe zu, ich habe auch nicht wirklich nach ihm gesucht. Dabei war es mir nicht gleichgültig, im Gegenteil, und trotzdem erscheint es mir heute, als sei ich diesem Brief aus dem Weg gegangen, als hätte er mir Unbehagen bereitet, ein Unbehagen, das ich sicherlich nicht wahrhaben wollte. Auf jeden Fall blieb der Brief verschwunden. Er fiel mir hin und wieder ein, und jedesmal belastete es mich und erzeugte in mir so etwas wie ein schlechtes Gewissen. Ich hätte ihn sofort beantworten sollen, ja, vielleicht müssen, aber meine Nachlässigkeit, meine Neigung, alles möglichst laufenzulassen mit dem Hintergedanken, es würde sich schon von allein regeln. So vergingen wieder Jahre, viele Jahre, aber der Brief von Maria fand sich nicht an, ja, ich hatte ihn wohl vergessen, wenn auch mit jener oberflächlichen Vergeßlichkeit, die hinter einer dünnen Wand den Gegenstand des Vergessens zum ständigen Abruf verbarg.

Mehr als ein Jahrzehnt verging. In dieser Zeit zog ich zweimal um, einmal von Berlin nach München und schließlich in München von einer Straße in eine andere. Und eines Tages war der Brief von Maria wieder in meinen Händen. Ich weiß nicht, wie es dazu gekommen ist, er lag einfach auf meinem Schreibtisch. Es war ein gelbes Papier mit einer säuberlichen, fast gestochenen Schrift. Nichts schien mir veraltet, ja, der Brief hätte auch vor wenigen Tagen geschrieben sein können. Jetzt konnte ich ihn nicht mehr einfach verkramen. Die Frage war nur, ob die Schreiberin noch unter den Lebenden war. So würde meine Antwort sie vielleicht nicht mehr erreichen. Zu weit lag die Zeit dieses Briefes, der sich da wieder angefunden hatte, schon zurück, anderthalb Jahrzehnte. Und meine Begegnung mit der Schreiberin lag schon in einer fast ganz versunkenen Zeit.

Wieder beantwortete ich den Brief nicht sofort, ich legte ihn beiseite, doch so, daß er mir nicht mehr aus den Augen kommen konnte. Ich mußte ihn beantworten, obwohl mir das ziemlich absurd erschien. Ich begann mit einer Entschuldigung für die anderthalb Jahrzehnte, die meine Antwort auf sich habe warten lassen. Es war mir peinlich, ich gestand es mir ein, aber erwähnte es nicht. Ich tat vielmehr so, als sei eine Zeitspanne von diesem Ausmaß ein zwar nicht ganz gebräuchlicher, aber doch natürlicher Abstand zwischen dem Erhalt eines Briefes und seiner Beantwortung.

Ja, schrieb ich, ich sei der junge, schmale, etwas schüchterne Mann, der damals der Kommunistischen Partei angehört hatte und in jener Zeit, einen Winter lang, Mitglied in ihrer Zelle in der Nähe des Nollendorfplatzes in Berlin gewesen sei. Ich schrieb ihr nicht, daß man mich später aus der KPD ausgeschlossen hatte, auch nichts über meine Erlebnisse im Dritten Reich, mein Leben damals erwähnte ich nicht. Sie hatte mich ja im Rundfunk gehört und im Fernsehen gesehen, und so nahm ich an, sie wußte einiges davon. Aus ihrem Brief konnte ich auch so etwas entnehmen.

Ich schrieb ihr wenig von mir, eigentlich so gut wie gar nichts, ich bestätigte ihr nur, was sie wissen wollte. Natürlich, ich hätte ihr schreiben können, daß meine heutigen politischen Anschauungen nichts mehr mit den Anschauungen jenes jungen Mannes von damals zu tun hatten, aber ich tat es nicht.

Ich weiß nicht mehr, ob ich eine Antwort erwartet habe oder nicht. Ihre Adresse, sie konnte vielleicht nicht mehr stimmen, ihr Alter, sie mußte sich der Achtzig nähern, eine alte Dame, die alle Stürme des Lebens hinter sich hatte. Warum sollte sie nach einer so langen Zeit noch einen Brief von mir erwarten.

Merkwürdigerweise war ich doch gespannt, ob ich eine Antwort bekommen würde. Sie kam sozusagen postwendend schon nach wenigen Tagen. Sie entschuldigte meine Ausrede: »Ich hatte Ihren Brief verkramt.« Und nun erfuhr ich, was ihr geschehen war. Wie sie das Konzentrationslager in Ravensbrück überstanden hatte, davon schrieb sie kein Wort, nur daß es drei Jahre gewesen seien, erwähnte sie noch einmal. Nach dem Krieg hatte sie sich wieder der Partei zugewandt, doch dann sei die große Enttäuschung gekommen, zuerst in Kleinigkeiten, die dann aber immer größer wurden. Als alte Genossin hätte sie auch nicht den Mund gehalten, sie hatte das Recht zu reden, so habe sie mit ihrer Kritik und ihren Zweifeln nicht hinter dem Berg gehalten. In dieser Zeit, der Anfangszeit der Herren Ulbricht und Pieck, sei die Partei noch dogmatischer gewesen als in früheren Jahren. Sie habe sich dieser Entwicklung widersetzt, und eines Tages habe man sie ausgeschlossen. Einer Verhaftung entging sie nur deswegen, weil sie eine Wohnung in West-Berlin besaß. Dadurch blieb ihr der Weg durch die sowjetischen Strafgefangenenlager erspart, im Gegensatz zu anderen.

So waren wir nun beide aus der Kommunistischen Partei ausgeschlossen worden, ich im November 1932, also vor fünfundfünfzig Jahren, sie wahrscheinlich 1945, also vor zweiundvierzig

Jahren. Keine der großen Auseinandersetzungen unserer Zeit war uns erspart geblieben.

Wir wechselten noch einige Briefe, dann trat wieder das große Schweigen ein. Ich versäumte es, einen ihrer letzten Briefe zu beantworten, nicht mit Absicht, sondern aus Nachlässigkeit. Die große Enttäuschung ihres Lebens bestimmte den Inhalt all ihrer Briefe. Der Glaube ihrer Jugend, ihre so tiefen und festen Überzeugungen hatten sich als eine Schimäre erwiesen. Einmal fand ich den Satz: »An den Sozialismus glaube ich nicht mehr.« Und einmal den Satz: »Ohne Freiheit kann der Mensch nicht leben.« Zwischen diesen beiden Sätzen lag wohl ein ganzes Leben, ihr Leben.

So war unsere Entwicklung wohl ähnlich verlaufen, nur meine Zweifel hatten schon zu der Zeit eingesetzt, als ich noch in ihrer Zelle war, während der großen Auseinandersetzung zwischen Stalin und Trotzki. Die Zersetzung ihres Glaubens begann erst zwanzig Jahre später, nach nationalsozialistischer Diktatur und Krieg. Die Quintessenz der Abwendung von dem Glauben ihrer Jugend fand ich in einem ihrer Briefe: »Das Leben ist ein großer Lernprozeß. Aber man lernt nie aus. So beschäftigt mich die Frage, ist der Mensch von Natur aus gut oder böse angelegt? Nach dem, was die Menschen sich gegenseitig antun, sagt man ›böse‹. Früher hieß es ›Der Mensch ist gut‹. Er ist wohl beides. Je nachdem, wo er hingestellt wird. Er darf nur nicht in ein Korsett gezwängt werden, und vor allem darf er nicht zuviel Macht ausüben können. Vielleicht findet man auf all diese Fragen keine Antwort. Die finde ich auch nicht am Ende meines Lebens. Eines weiß ich, alle Illusionen sind verflogen, die hat man vielleicht nur als junger Mensch. Es gibt keine Utopie mehr, die jungen Menschen haben keine Vorbilder, keine Ideale. Manchmal denke ich, es gibt mal einen großen Knall, und alles bricht zusammen. Steuert die Menschheit ihrem Untergang zu, rennt sie mit offenen Augen ins ungewisse Nichts? Aber man darf die Hoffnung nicht aufgeben, vielleicht behält die Vernunft doch die Oberhand.«

»Einmal noch schloß er die Augen, um hinabzusteigen in die Dunkelheiten.
Lange blieb er so, ruhig und friedvoll ging der Atem durch seine Brust,
durch die Lagerstatt seiner Seele.
Als er die Augen wieder öffnete, sah er eine Welt,
von der alle Schleier abgefallen waren.
Es war die Welt, die er immer in seinem Herzen getragen hatte,
immer bereit, Gestalt zu werden,
die aber erst zu leben beginnen konnte, wenn man sich mit ihr vereinigte,
wenn ihr Puls gleich wurde dem Schlagen des eigenen Herzens.«

Henry Miller

Das Lächeln am Fuße der Leiter

Nichts konnte dieses ungewöhnliche Lächeln trüben, diesen Schimmer über Augusts traurigem Gesicht. Im Ring der Manege begann es aus sich selbst zu leuchten, es löste sich ab und strahlte aus eigener Fülle: Abglanz eines niegesehenen Lichts.

Am Fuße einer Leiter, die er gegen den Mond gelehnt hatte, setzte sich August nieder, in Betrachtung verloren. Sein Lächeln gerann, und seine Gedanken waren weit fort. Mit all der Vollendung, die er nun erreicht hatte, spielte er seine Ekstase und überraschte jedesmal das Publikum mit der äußersten Unbeholfenheit, die ein Mensch zeigen kann. Der große Clown beherrschte viele Tricks, aber seine Ekstase war unnachahmlich. Keinem war es bisher gelungen, die Entrückung darzustellen.

Abend für Abend wartete er am Fuße der Leiter auf das weiße Pferd, dessen Mähne in goldenen Kaskaden zu Boden fiel. Es kam und berührte ihn mit den Nüstern. Die Zärtlichkeit der

Stute, laue, feuchte Wärme in seinem Nacken, war wie der Abschiedskuß einer Geliebten. Zärtlich weckte sie ihn, sanft wie der Tau am Morgen die Grashalme, die unter ihm erzitterten.

Jeden Abend wurde er aus der Entzückung wieder hineingeboren in den Kreis des grellen Scheinwerferlichts. Da waren wieder Tisch, Stuhl und Decke; das Pferd, die Glocke, bunte Pappstreifen; und die ewige Leiter, der Mond in der Kuppel, die Bocksblase. Mit diesen Requisiten spielten August und seine Kumpane jeden Abend das Drama menschlichen Martyriums.

In schattenhaften Zirkeln hob sich ringsum Sitzreihe über Sitzreihe aus dem Dunkel der Arena: Gesichter, und große Lükken dazwischen, in denen der Strahl des Scheinwerfers wie eine scharfe Zunge leckte. Die Musiker, verschwimmend im glitzernden Staub und im Flimmern der Magnesiumlichter, klammerten sich wie gebannt an ihre Instrumente. Im Wechselspiel von Schatten und Licht wogten ihre Körper wie Sträucher im Wind. Der Schlangenmensch rollte sich ein und schnellte wieder empor – über einem gedämpften Wirbel der Trommeln. Eine Fanfare der Trompeten kündigte den Kunstreiter an – das war die Regel. August begleitete manchmal ein dünnes, spitzes Sägen auf der Violine, manchmal der Spottdrosselton einer Klarinette bei seinen Sprüngen und Narrenpossen. Aber vom Augenblick seines Eintritts in die Trance an verfolgten ihn die Musiker, sogleich inspiriert, von Spirale zu Spirale, von Glückseligkeit zu Glückseligkeit, wie Schlachtrosse eines wildgewordenen Karussells.

Jeden Abend, beim Schminken in der Garderobe, hatte August ein Gespräch mit sich selbst. Die Seehunde, was immer man sie tun ließ, blieben Seehunde. Das Pferd ein Pferd; der Tisch ein Tisch. August dagegen blieb ein Mensch und hatte mehr zu sein: ein ganz besonderes Wesen mit nur ihm eigentümlichen Gaben. Er mußte die Leute zum Lachen bringen. Sie weinen machen, das war nicht schwer, auch ihr Lachen war noch leicht hervorzurufen, das hatte er schon vor Jahren entdeckt, lange bevor er vom Zirkus zu träumen begann. Aber er hatte einen höheren Ehrgeiz: er wünschte den Menschen das Geschenk einer unablässigen, stetig sich neu erweckenden, neu sich speisenden Freude zu geben. Diese fixe Idee hatte ihn zu seiner Finte veranlaßt, zur Ekstase am Fuße der Leiter.

Durch puren Zufall war er in Trance verfallen, hatte das Nächste um sich und was zu tun war vergessen. Als er seine Sinne wiedererlangte, verwundert und im höchsten Maße beunruhigt, hörte er frenetischen Applaus. Am nächsten Abend wiederholte er das Experiment, diesmal absichtlich und wohlüberlegt, in der Hoffnung, das rohe, sinnlose Lachen würde endlich der unermeßlichen Freude weichen, die zu erwecken er so innig wünschte. Doch jeden Abend erwartete ihn, seinen fieberhaften Anstrengungen zum Trotz, derselbe irre Beifall.

Je mehr Erfolg er mit dieser Nummer einheimste, desto glühender wurden seine Anstrengungen. Das Lachen verschärfte sich zur Qual seiner Ohren. Endlich wurde es gänzlich unerträglich.

Und eines Abends verwandelte sich das Gelächter in Heulen und Pfeifen. Hüte flogen in die Manege, Orangenschalen, Bananen und festere Gegenstände folgten. August erwachte aus seinem ekstatischen Lächeln nicht mehr zur Trauer der Welt. Dreißig Minuten hatte das Publikum gewartet, war unsicher geworden, dann mißtrauisch, und schließlich waren die Nerven gerissen und es explodierte wie ein überheizter Kessel: Hohn strömte aus wie Dampf.

Als August in seiner Garderobe das Bewußtsein wiedererlangte, staunte er, einen Arzt über sich gebeugt zu sehen. Sein Kopf und sein Gesicht waren völlig zerschnitten und zerschlagen. Blut weichte die bunte Schminke auf und gerann mit der fettigen Farbe. August war vollkommen unkenntlich: er glich einem vergessenen Stück Fleisch am Hackstock des Metzgers.

Als er den Kontrakt zerrissen hatte, floh August aus der Welt, die er kannte. Seinen Beruf wollte er nicht weiter ausüben. Unbekannt und unerkannt trieb er zwischen den Millionen, die er zum Lachen gebracht hatte. Es war keine Bitterkeit in seinem Herzen, nur tiefe Trauer. Und es war ein endloser Kampf, die Tränen zurückzuhalten. Er richtete sich mit diesem Zustand seines Herzens ein.

Es ist nichts, sagte er zu sich selbst, nur ein vorübergehendes Mißbehagen, das jeden ergreift, wenn er plötzlich die gewohnte Bahn verlassen muß, und ich bin ein Leben lang in dieser Bahn gefahren. Was Wunder...

Die Monate vergingen, und er begriff allmählich, daß er Verlorenem nachtrauerte. Etwas war ihm genommen worden – nicht die Fähigkeit, Menschen zum Lachen zu reizen, das fesselte ihn längst nicht mehr, nein, Tieferes, das nur ihm allein gehörte. Eines Tages dämmerte in ihm die Erkenntnis, daß er seit langer Zeit den Zustand der Glückseligkeit vermißte. Diese Entdeckung machte ihn zittern, er konnte es nicht mehr erwarten, in sein Zimmer zurückzukehren. Aber anstatt das Hotel aufzusuchen, rief er ein Taxi herbei und verlangte vom Fahrer, daß er ihn vor die Stadt führe. Aber wohin? wollte der Chauffeur wissen.

»Überallhin, wo es Bäume gibt«, erwiderte August ungeduldig. »Beeil dich, ich bitte darum – es ist dringend...«

Hinter einem Kohlenschuppen fand der Chauffeur einen einzelstehenden Baum. August befahl zu halten.

»Ist es hier?« fragte der Fahrer ahnungslos.

»Ja, und laß mich in Frieden...«

Lange Zeit mühte sich August verzweifelt, rund um sich jene Atmosphäre zu schaffen, die ihn umgab, wenn er abends im Zirkus zur Leiter trat. Es war eine Voraussetzung. Aber das Licht blieb hart und unerbittlich; eine schreckliche Sonne brannte in seinen Augen.

Das Einfachste ist, dachte er, ich bleibe hier sitzen, bis die

Nacht kommt. Wenn der Mond aufsteigt, wird alles seinen rechten Platz finden.

Wenige Augenblicke später war er bereits eingeschlafen. Es war ein schwerer Schlaf. Er träumte von seiner Rückkehr in die Manege. Nichts hatte sich dort geändert, alles war geblieben, wie es war, nur war es nicht länger ein Zirkus, in dem gespielt wurde. Die Kuppel war verschwunden, die Wände des Zeltes waren fortgestürzt in die Nacht.

Über seinem Haupt stand der wirkliche Mond hoch in den Himmeln, ein Mond, der durch unbewegte Wolken ritt. An Stelle der Sitzreihen dehnte sich in sanfter Steigung Mauer an Mauer, aus Menschen gebildet, wie die Befestigungswälle einer Stadt.

Kein Laut, kein Lachen, kein Murmeln dieses Publikums. Eine unübersehbare Menge von Gespenstern in einem endlosen Raum, und jedes dieser grauen Gespenster hing an einem Kreuz. Erstarrt vor Angst, vergaß August alles, was er hatte tun wollen.

Nach einer unerträglich langen Pause der Unentschlossenheit, während der er sich grausamer verraten und verlassen fühlte als der Erlöser selbst, machte er einen wilden Versuch, zu entfliehen. Aber wohin immer er rannte: die Ausgänge waren versperrt. In seiner Verzweiflung stürzte er sich auf die Leiter und begann fieberhaft zu klettern, emporzuklimmen, immer höher und immer noch höher, bis ihn der Atem verließ. Da hielt er inne, atmete und wagte die Augen zu öffnen.

Zuerst blickte er nach unten. Die Leiter verlor sich mit ihrem fast unsichtbaren Fuß auf einer fernen Erde. Dann blickte er empor. Sprosse nach Sprosse stieg da auf, durchstieß in einer endlosen Reihe die Wolken und das Blau des Himmels und führte gerade an den Mond hinan. Es war ein Mond, der unter den Sternen lag, ein Mond, unausdenkbar fern, feuchtschimmernd wie eine Scheibe aus Eis, an das Gewölbe der Welt gefroren. August begann zu weinen und zu seufzen. Echogleich, schwach und verhalten zuerst, aber langsam schwellend bis zur Klage des

Ozeans, drangen zu ihm die Seufzer der Menge. »Schrecklich«, murmelte er im Traum. »Schrecklicher als Geburt und Tod. Ich bin gefangen im Fegefeuer.« Darüber schwanden August die Sinne, und er fiel hintenüber ins Nichts. Nur so viel kam ihm noch zum Bewußtsein, daß die Erde seinem Körper in riesiger Masse entgegenwuchs. Und das, wußte er, würde das Ende Augusts sein, das wahre Ende, der Tod aller Tode.

Erinnerung streifte ihn, wie Licht aufblitzt an der Schneide eines Messers. Er hatte nur mehr eine Sekunde, keine zweite, eine halbe Sekunde vielleicht, und dann war unwiderruflich Schluß. Was störte nun die Tiefe seiner Seele, woher kam das jähe, stählerne Strahlen? Leuchtete es ihm schon voran in die dunkle Hölle des Todes und der Vergessenheit? Er dachte mit einer so fiebrigen Schnelligkeit, daß sich sein ganzes Leben im Bruchteil einer Sekunde vor ihm versammelte. Aber den wichtigsten Augenblick in diesem Leben, das Kleinod, um das sich alle anderen kleineren Steine, Stunden und Tage ansetzten – dies wiederzuerleben gelang nicht. Es war das Licht, die Offenbarung selbst, die unterging. Denn er wußte nun: es hatte in seinem Leben einen Augenblick gegeben, in dem sich alles erhellte. Und jetzt, da es zum Sterben ging, wurde er dieser höchsten Gabe heimtückisch beraubt. Mit der Geschicklichkeit eines genialen Geizhalses versuchte er das Unmögliche: er fing das letzte Glänzen der Sekunde wie einen Spiegel aus Glas und zersplitterte sie in unendlich winzige Teilchen. Nichts in seinem Leben konnte sich mit dem sinnlichen Entzücken vergleichen, das er inmitten dieses zertrümmerten, aufgelösten Bruchteils einer Sekunde schwebend empfand. Inmitten dieser funkelnden Splitter, in einem durchsichtig feinen Netz der Zeit sank er hinab und entdeckte voller Schrecken, daß es die Fähigkeit zur Erinnerung war, die er in sich zerschlagen hatte. Er fiel in die Leere, stürzte in das absolute Nichts, in die Nacht.

Von seinen Träumen sinnlich erschöpft und verwüstet, beschloß August am nächsten Tage, sein Zimmer nicht zu verlassen. Erst gegen Abend zu rührte er sich. Er hatte den ganzen Tag im Bett verbracht, in einem teilnahmslosen Spiel mit den Bruckstücken seiner Erinnerung, die ihn noch wie ein Schwarm von Heuschrecken umschwirrten. Endlich gelang es ihm, diesem weiten, brodelnden Kessel zu entrinnen. Er zog sich an und ging fort, verlor sich müde in der Menge. Kaum entsann er sich des Namens der Stadt, durch deren Straßen er strolchte.

An ihrem Rand stieß er auf eine Zirkustruppe, eine jener unsteten Banden, die ihr Leben auf der Achse verbringen. Augusts Herz begann stürmisch zu pochen. In großer Erregung näherte er sich einem der Wagen und stieg zaghaft die kleinen Stufen an seiner Rückseite empor. Er wollte an die Tür klopfen. Da hörte er das Wiehern eines Pferdes und hielt inne. Im selben Augenblick spürte er die Nüstern des Tieres in seinem Rücken. Eine tiefe Freude durchschauerte seinen Körper. Die Arme um den Hals des Tieres geschlungen, sprach er zarte, milde Worte, als grüße er einen lange verschollenen Freund.

Die Tür des Wagens wurde mit einem plötzlichen Ruck geöffnet, und eine helle Frauenstimme unterdrückte einen Ausruf der Überraschung.

»Ich bin's nur, August...« murmelte er außer Fassung.

»August?« wiederholte die Stimme. »Kenne ich nicht.«

»Entschuldigen Sie!« sagte er leise und schuldbewußt. »Ich gehe auch schon.« Aber er war noch keine fünf Schritte weit gekommen, als er die Frau rufen hörte.

»He! August! Komm zurück! Warum läufst du weg?«

Er blieb stehen, drehte sich um, zögerte einen Augenblick, dann floß ein Lächeln über sein Gesicht. Die Frau lief mit ausgestreckten Armen auf ihn zu. August erschrak. Für eine kleine Sekunde hatte er das Bedürfnis, zu fliehen. Aber es war zu spät. Die Arme der Frau umklammerten ihn bereits und hielten ihn fest.

»August, August!« rief sie immer wieder. »Daß ich dich nicht gleich erkannt habe!«

August erbleichte bei diesen Worten. Zum erstenmal wurde er auf seiner langen, einsamen, ziellosen Wanderung wiedererkannt. Die Frau hielt ihn wie in einem Schraubstock fest. Nun küßte sie ihn, erst auf die Wange, dann auf die andere, dann auf die Stirn und schließlich mitten auf den Mund. August bebte wie ein Blatt im Wind.

»Ich möchte gerne ein Stück Zucker«, bettelte er, als er sich befreien konnte.

»Zucker?«

»Ja, für das Pferd«, sagte August.

Während die Frau in den Wagen zurückkehrte und auf der Suche nach Zucker im Innern rumorte, setzte sich August bequem auf den Stufen zurecht. Mit sanfter, zitternder Nüster liebkoste das Pferd seinen Nacken. Seltsames Zusammentreffen: gerade in diesem Augenblick stieg der Mond hinter den Bäumen am Horizont empor. Eine wunderbare Ruhe kam über August. Für einige wenige Sekunden – wenn es Sekunden waren – saß er in einem Halbschlaf der Dämmerung. Dann kam die Frau zurück. Ihr weiter Rock wehte über seine Schulter, als sie leichtfüßig zu Boden sprang.

»Wir glaubten alle, du seist tot«, sagte sie.

Sie setzte sich zu seinen Füßen auf den Rasen.

»Und alle Welt hat dich gesucht«, fügte sie hinzu, während sie ihm Stück für Stück Zucker in die Hand schob.

August lauschte stumm. Die Worte flossen über ihn hin, aber ihren Sinn begriff er nur langsam, so langsam, als kämen die Worte vom fernen Ende der Welt. Sooft die Zunge des Pferdes lau und feucht seinen Handballen leckte, durchrann ihn das Entzücken mit köstlichen Schauern. Jetzt erlebte er eindringlich wieder jenen Zustand zwischen Traum und Wachen, den er sonst nur vom Fuße der Leiter her kannte, die Pause zwischen der Entrückung, die ihn kraftlos zurückließ, wenn er ihr langsam entwich, und dem vollen Ausbruch des Beifalls, der in seinen Ohren mählich wie das Rollen eines fernen Donners schwoll.

Keinen einzigen Augenblick lang dachte August daran, in das Hotel zurückzukehren und sein Gepäck zu holen. Eingeschlossen in den magischen Kreis der Räder und Wagen, lag er nahe dem Feuer auf seiner Decke und verfolgte schlaflos die bleiche Bahn des Mondes. Als er endlich die Lider schloß, war sein Entschluß gefaßt: er ging mit der Truppe. Dieser Leute wußte er sich sicher: sie würden das Geheimnis seines Namens wahren.

Die Arbeit beim Aufstellen des Zeltes, das Ausrollen der Teppiche, das Auspacken der Requisiten, das Tränken und Pflegen der Pferde, alle die tausende Dinge zu tun, die man von ihm verlangte – reine Freude war dies für August. Er vergaß sich in der Erfüllung der einfachen und harten Forderungen des Tages. Von Zeit zu Zeit gestattete er sich das Vergnügen, einer Aufführung beizuwohnen. Mit ganz neuen Augen schätzte er den Mut seiner Reisegenossen ein. Besonders die Partie des Clowns erregte ihn: diese stumme Schaustellung, beredter nun in ihrer Sprache als früher, als er noch selbst aufgetreten war. Er fühlte sich frei, so frei, wie er sich als Mitspieler nie gefühlt hatte. Oh, es war wundervoll, der Rolle entledigt zu sein und völlig einzutauchen in die gestaltlose Gleichförmigkeit des Lebens, ein Staubkorn zu werden unter Millionen und dabei... ja, und dabei immer noch nützlich zu sein und teilzuhaben, inniger vielleicht als jemals zuvor. Welche Verblendung war es gewesen, zu glauben, daß er den Menschen einen großen Dienst erwies, wenn er sie zum Lachen, Schreien und Weinen brachte! Er empfing nicht länger Applaus; vorbei die Stürme des Lachens, die Schmeicheleien! Er empfing Größeres, feinere Nahrung der Seele – Lächeln. Lächeln der Dankbarkeit? Kein Lächeln der Anerkennung! Er wurde wieder als menschliches Wesen aufgenommen, als ein Wesen, das sich wohl von den anderen unterschied, aber dennoch ihrer Gemeinschaft unauflöslich zugehörte. Das war wie kleine Schlucke eines Labetrunks, die man in Notzeiten erhält und die das Herz köstlicher erfrischen als Fässer Weins in den Jahren des Überflusses.

Unter der Wärme dieses Lächelns, das er wie süße Trauben einer reichen Ernte in die Scheuer fuhr, blühte August Tag für Tag voller und offener auf. Er fühlte sich mit einer unversiegbaren Fülle von Güte begabt, und er war begierig, stets ein übriges zu tun, mehr als man von ihm verlangte. Man konnte niemals zuviel von ihm fordern – so bereit war er nun. Er hatte eine kleine Redewendung für sich gefunden, die er leise vor sich hinmurmelte, wenn er an die Arbeit ging: »*A votre service!*« Vor den Tieren schämte er sich nicht, ganz laut zu sprechen; ihnen brauchte nichts verheimlicht zu werden. »*A votre service*«, sagte er zur Stute und hängte ihr den Hafersack über den Kopf. Und so zu den Robben, wenn er ihnen die schimmernden Rücken klopfte. Manchmal, wenn er aus dem Zelt hinaustrat in die sternenflimmernde Nacht, hob er die Augen, so als wolle er den Schleier durchbrechen, der unsere Augen vor dem Universum in seiner ganzen Herrlichkeit beschützt, und flüsterte sanft und verehrungsvoll: »*A votre service, Grand Seigneur!*«

Niemals hatte August einen ähnlichen Frieden gekannt, eine ähnliche Befriedigung, eine so tiefe und dauernde Freude. An den Zahltagen trug er seinen mageren Lohn in die Stadt, wanderte von Bude zu Bude, auf der Suche nach Geschenken für die Kinder – und für die Tiere! Ihm selbst genügte eine Fingerspitze voll Tabak.

Aber eines Tages erkrankte der Clown. August saß gerade vor einem Wohnwagen und flickte eine alte Hose, als er die Neuigkeit erfuhr. Er murmelte einige Worte des Mitgefühls und setzte seine Arbeit fort. Dennoch hatte er sogleich begriffen, was diese Nachricht für ihn bedeutete: man würde ihn auffordern, Antoine zu ersetzen, darüber konnte kein Zweifel bestehen. Er mühte sich, die aufsteigende Erregung zu unterdrücken, und versuchte ruhig und nüchtern über die Antwort nachzudenken, die er geben mußte, wenn die Zeit gekommen war.

Lange wartete er so, aber niemand fragte. Er allein war fähig, Antoines Stelle einzunehmen, dessen war er gewiß. Was hielt sie zurück? Auch als er sich erhob und zwischen den Wagen umherstrich, um sie nachdrücklicher auf seine Anwesenheit aufmerksam zu machen, um ihnen Gelegenheit zur Frage zu geben, wann und wo immer sie es wünschten, machte niemand Anstalten, mit ihm ins Gespräch zu kommen.

Zuletzt entschloß er sich, das Eis selbst zu brechen. Nach alldem, warum nicht? Warum sollte er seine Dienste nicht anbieten? Er fühlte sich stark und voll guten Willens gegen jedermann. Wieder Clown zu sein, war ein Geringes für ihn, ein Nichts. Ebensowohl konnte er einen Tisch vorstellen, einen Stuhl, die Leiter, ganz nach Bedarf.

Er verlangte keinerlei besondere Vorrechte für sich, er war einer der ihren, er teilte ihre Sorgen und ihr Leid.

»Hören Sie zu«, sagte er zum Boss, als er ihn endlich erwischte. »Ich bin bereit, heute nacht an Antoines Stelle zu treten. Das gilt natürlich nur«, fügte er hinzu und zögerte einen Augenblick, »wenn Sie nichts Besseres in Aussicht haben.«

»Nein, August, Sie sind der einzige, das wissen Sie genau. Es ist sehr freundlich von Ihnen...«

»Aber?« fragte August knapp und mißtrauisch. »Glauben Sie vielleicht, ich könnte den Clown nicht mehr spielen?«

»Aber nein, nicht das, nicht das! Es ist ja eine große Ehre für uns...«

»Also was dann?« forschte August, fast zitternd vor Eifer und Ungeduld, denn er verstand jetzt, daß es eine Frage des Takts war.

»Die Sache ist die«, sagte der Boss in seiner langsamen Weise. »Sehen Sie, wir haben alles unter uns besprochen. Wir wissen, wie es um Sie steht. Nun ja, wenn Sie an Stelle von Antoine einspringen würden... Verflucht noch einmal, was rede ich! Stehen Sie nicht herum und schauen Sie mich nicht so an! Hören Sie zu, August, was ich sagen möchte... Tja, das ist – wir möchten keine alten Wunden aufreißen. Verstehen Sie mich?«

August fühlte, wie ihm die Tränen in die Augen stiegen. Er nahm die beiden großen Hände des anderen, hielt sie behutsam in den seinen und floß, ohne ein Wort zu sprechen, über vor Dank.

»Lassen Sie mich heute auftreten«, bettelte er. »Ich bin der Ihre, so lange Sie wollen – eine Woche, einen Monat, sechs Monate. Es würde mir Spaß machen. Das ist die Wahrheit. Sie werden nicht nein sagen?...«

Einige Stunden später saß August vor dem Spiegel und studierte sein Gesicht. Es war eine Gewohnheit von früher her, vor dem Schminken lange auf sein Widerbild zu starren. So bereitete er sich für den Auftritt vor. Er betrachtete seine triste Erscheinung und begann dann plötzlich dieses Gesicht fortzuwischen, ein neues überzustreichen, eines, das alle Welt kannte. Das Gesicht Augusts! Den wahren August kannte freilich niemand, nicht einmal seine Freunde, denn der Ruhm hatte ihn zum Einsiedler gemacht.

Wie er so saß, überwältigt von der Erinnerung an tausend ähnliche Nächte vor dem Spiegel, fing er an zu begreifen, daß jenes abseitige Leben, das er eifersüchtig als sein alleiniges Eigentum betrachtet hatte, diese heimliche Existenz, die scheinbar den innersten Kern seines Wesens bewahrte, letzten Endes kein Leben war, daß sie ein Nichts war, nicht einmal der Schatten eines Lebens. Zu leben begonnen hatte er erst an jenem Tag, an dem er sich der Truppe anschloß, in dem Augenblick, als er zu dienen begann als der letzte und einfachste unter ihnen. Jenes heimliche Leben hatte sich verflüchtigt, fast ohne daß er es merkte; er war wieder ein Mensch geworden wie andere, mit allen Narrheiten, Tändeleien und Bedürfnissen den anderen gleich – und er war glücklich geworden auf diese Weise, seine Tage waren erfüllt. An diesem Abend würde er nun nicht als August erscheinen, nicht als der weltberühmte Clown, sondern als Antoine, von dem niemand wußte. Weil ihm weder Namen noch Ruf vorausgingen, nahmen sie Antoine jeden Abend als Selbstverständlichkeit hin. Kein donnernder Applaus begleitete seinen Abgang aus dem Ring der Manege: die Menschen lächelten nachsichtig, und ihre Bewunderung unterschied sich nicht von jener anderen, die sie den überraschenden Kunststücken der Robben entgegenbrachten.

Plötzlich erschütterte Unsicherheit seine Träume. Bisher hatte er dieses heimliche, erfüllte Leben vor der Öffentlichkeit geschützt. Wenn man ihn nun an diesem Abend als August, den Clown August wiedererkannte – welches Unglück! Nie wieder würde er Frieden finden, man würde ihn verfolgen von Stadt zu Stadt, ihn zu Erklärungen zwingen und darauf bestehen, daß er seinen Platz wieder einnehme in der Welt der großen Stars. Unklar fühlte er, daß man ihn sogar des Mordes an August bezichtigen konnte. August war ein Begriff, ein Idol; er gehörte der Welt. Es ließ sich nicht absehen, womit man ihn noch plagen würde...

Man klopfte an die Tür. Einer von der Truppe trat ein, lediglich um nachzusehen, ob alles in Ordnung gehe. Nach einigen beiläufigen Worten erkundigte sich August nach Antoines Befinden.

»Ich hoffe, er fühlt sich besser«, sagte er.

»Nein«, erwiderte der andere ernst. »Sein Zustand verschlimmert sich, scheint's. Niemand weiß genau, was ihm fehlt. Vielleicht sprechen Sie ein Wort mit ihm, bevor Sie auftreten, ja?«

»Aber gewiß!« sagte August. »Ich bin in fünf Minuten fertig.« Und er verstrich den Rest der Schminke in sein Gesicht.

Das Fieber schüttelte Antoine, als August bei ihm eintrat. Er beugte sich über den Kranken und strich über seine feuchte Hand.

»Armer Alter«, murmelte er, »was kann ich für dich tun?«

Antoine hob die Augen und blickte ihn minutenlang mit dem

Ausdruck eines Menschen an, der sich selbst im Spiegel sieht. Langsam begriff August, was in ihm vorging.

»Ich bin's, August«, sagte er sanft.

»Ich weiß«, sagte Antoine. »Du bist's... aber ich könnte's auch sein. Keiner merkt den Unterschied. Und du bist ein Großer, und ich war irgendwer.«

»Vor wenigen Augenblicken habe ich dasselbe gedacht«, sagte August mit einem aufmerksamen Lächeln. »Merkwürdig – nicht? Ein bißchen Schmiere ins Gesicht, eine Blase, ein Lumpengewand – wie wenig man doch braucht, um nichts aus sich zu machen. Das sind wir alle einmal gewesen – nichts. Und jedermann zur gleichen Zeit. Sie applaudieren nicht uns, sie applaudieren sich selbst. Mein lieber Alter, ich muß gleich gehen, aber laß dir zuerst noch sagen, was ich neulich dazugelernt habe... Du selbst zu sein, nur du selbst, ist eine große Sache. Aber wie macht man das, wie bringt man das fertig? Das ist der schwerste Trick von allen! Das Schwerste, weil es keinerlei Anstrengung von uns verlangt. Du versuchst weder dies zu sein noch das, weder groß noch klein, nicht tüchtig und nicht ungeschickt... Kannst du mir folgen? Du tust, was dir gerade einfällt. Aber mit Anstand, *bien entendu!* Denn nichts ist unwichtig. Nichts! Statt Gelächter und Applaus empfängst du Lächeln. Ein kleines, zufriedenes Lächeln – das ist alles. Aber es ist auch wirklich alles... mehr als du verlangen kannst. Du verrichtest die Dreckarbeit und nimmst sie den anderen von der Schulter. Das macht sie glücklich, aber dich selbst noch viel mehr. Begreifst du? Aber du mußt es ganz unauffällig tun, du darfst sie nicht wissen lassen, welches Vergnügen es dir bereitet. Wenn man dich einmal ertappt, wenn sie dein Geheimnis durchschauen, bist du verloren. Sie werden dich selbstsüchtig nennen, gleichviel was immer du für sie getan hast. Du kannst tun, was du willst – buchstäblich Selbstmord begehen auf offener Szene, solange sie dich nicht verdächtigen, daß du dich auf ihre Kosten bereicherst, indem sie dir eine Freude bereiten, die du dir selbst nicht geben könntest.

Nun gut! Entschuldige mich, Antoine, ich wollte keine lange Rede halten. In irgendeiner Weise bist du's, der mir heute ein Geschenk macht. Heute kann ich August sein, indem ich Antoine spiele. Das ist noch besser, als wirklich Antoine zu sein, *compris?*«

August hielt inne, mit diesem letzten Gedanken hatte ihn eine große Idee gestreift. Sie eignete sich nicht zur sofortigen Mitteilung an Antoine. Sie umschloß ein Risiko, ein Element der Gefahr. Aber er wollte nicht daran denken, er mußte sich jetzt beeilen, die Sache auszuarbeiten... diese Nacht noch, möglicherweise.

»Hör zu, Antoine«, sagte er fast schroff, während er sich zum Gehen wandte. »Ich werde dich heute nacht vertreten und vielleicht auch morgen nacht, aber dann ist es besser, wenn du dich selber rührst. Ich bin nicht begierig darauf, wieder Clown zu werden, verstehst du? Morgen früh will ich dich besuchen. Dann werde ich dir mehr sagen – und es wird dich erfrischen!«

Er machte eine Pause und räusperte sich.

»Du wolltest immer eine große, feine Nummer sein, nicht wahr? Erinnere dich! In mir wächst ein Gedanke: er ist zu deinem Nutzen. Soviel für heute! Schlaf gut!«

Er puffte Antoine in die Schulter, als wollte er ihn zur Gesundheit hinstoßen. An der Tür fing er noch den schwachen Schimmer eines Lächelns auf, das über Antoines Gesicht huschte. Er stahl sich auf den Zehenspitzen davon.

Mit langen Schritten strebte er dem Zelt zu und summte ein Lied vor sich hin. Die Idee, die ihm vor wenigen Augenblicken zugefallen war, gewann Gestalt. Kaum daß er seine Nummer erwarten konnte, so sehr verlangte es ihn, mit seinem Plan ans Ziel zu kommen. Diesen Abend, sagte er zu sich selbst, als er sich fertig machte, werde ich eine Vorstellung geben, wie sie noch niemand gesehen hat. Wartet nur, meine Lieben, wartet, bis sich August ins Zeug legt.

Er steigerte sich in solche Raserei und Ungeduld, daß er wie eine närrische Ziege umhersprang, als er, begleitet vom dünnen Quäken der Violine, in das Scheinwerferlicht taumelte. Sobald er die Sägespäne unter seinen Füßen spürte, wurde sein Spiel reine Improvisation. Nicht einer dieser wilden, sinnlosen Luftsprünge war von ihm vorgesehen, geschweige denn eingeübt worden. Er hatte sich selbst von der Tafel gewischt und schrieb darauf den Namen Antoines in unauslöschlichen Lettern. Wenn Antoine nur selbst hier gewesen wäre, um seine Geburt als Weltstar mitzuerleben!

In wenigen Augenblicken vergewisserte sich August, daß er sein Publikum gepackt hatte und in der Hand hielt. Dabei war er noch reichlich steif, noch nicht gelockert.

»Wartet, wartet!« muffelte er zwischen den Zähnen, während er sich von einer Seite auf die andere warf. »Das ist noch gar nichts, das ist nur der Anfang von Antoines Geburt. Er hat eben erst begonnen, die Füßchen zu regen.«

Nach diesem einleitenden Sketch sah er sich von einer Gruppe begeisterter Leute umringt. Unter ihnen war der Boss.

»Sind Sie toll geworden, August?« waren seine ersten Worte. »Wollen Sie Antoine ruinieren?«

»Nur keine Angst!« beruhigte ihn August, und die Freude schoß ihm warm ins Gesicht. »Ihr werdet sehen, ich *mache* Antoine. Nur Geduld! Ich versichere euch, alles wird gut.«

»Aber es ist schon zu gut, das ist es ja gerade! Nach einer solchen Vorstellung ist Antoine erledigt.«

Den Streit auszutragen, blieb keine Zeit. Die Manege mußte für die Trapezkünstler freigemacht werden. Die Truppe war klein: jeder mußte Hand anlegen.

Vor dem nächsten Auftritt des Clowns gab es langen Applaus, der sich zu Zurufen steigerte, als August seinen Kopf zwischen den Vorhängen zeigte.

»Antoine, Antoine!« schrien sie, stampften mit den Füßen, pfiffen und klatschten vor Freude in die Hände. »Antoine soll kommen! Wir rufen Antoine!«

Antoine pflegte bei diesem Auftritt eine kleine Solonummer zu zeigen, einen abgedroschenen Sketch, aus dem schon vor Jahren der letzte Hauch schöpferischen Atems entschwunden war. Abend für Abend hatte August diese Szene mitangesehen und überlegt, wie er an Antoines Stelle die Tricks ändern und ansetzen würde. Nun war der Augenblick gekommen, die Gags auszuspielen, die er so oft bis in den Schlaf hinein spielerisch in Gedanken geübt. Er hatte die starke Empfindung, nun einem Meister zu gleichen, der das Werk eines nachlässigen Schülers vollendet, die letzten Glanzlichter aufsetzt. Vom Gegenstand der Darstellung abgesehen, blieb nichts vom Original erhalten. Man änderte ein Winziges hier, ein Winziges dort, und am Ende stand das neue Werk.

August ging mit dem Eifer eines Irren an die Arbeit. Hier war nichts zu verlieren. Im Gegenteil: alles war zu gewinnen. Jeder Dreh und Kniff bedeutete neues Leben für Antoine. Während er die Nummer Akt für Akt durchfeilte und vollendete, notierte er im Gedächtnis für Antoine die Tricks, mit denen er die Wirkungen hervorbrachte. Jeden seiner Sprünge durchlebte und durchdachte er dreifach. Als der Meisterclown August, August als Antoine und Antoine als August. Und über diesen dreien schwebte als Wesen, das sich mit der Zeit als lebendig erweisen sollte, Antoine als Antoine. Ein neugeborener Antoine, gewiß, ein Antoine in exelsis. Je mehr er über diesen Antoine nachdachte (und es war erstaunlich, wie klar er sich selbst in dieser Verwandlung beobachten konnte), desto mehr Aufmerksamkeit schenkte er den vermutlichen Grenzen und Fähigkeiten des neugeschaffenen Wesens. Es war Antoine, an den er fortwährend dachte, nicht August. August war tot. Er empfand nicht den leisesten Wunsch, diesen August als weltberühmten Clown Antoine wiederauferstehen zu sehen. Sein einziges Bemühen war, Antoine so berühmt zu machen, daß nie wieder die Rede von August sein würde.

Am nächsten Morgen waren die Zeitungen voll des Lobes für

Antoine. August hatte, und das verstand sich von selbst, dem Boss noch am selben Abend von seinem Plan Mitteilung gemacht. Es war vereinbart, daß alle Vorkehrungen getroffen wurden, das Geheimnis zu wahren. Da niemand, außer den Mitgliedern der Truppe, von Antoines Krankheit wußte und Antoine selbst die glorreiche Zukunft, die man ihm zu bereiten gedachte, nicht einmal ahnte, waren die Aussichten ermutigend.

August konnte, wie sich denken läßt, den versprochenen Besuch bei Antoine kaum erwarten. Er war entschlossen, ihn nicht sofort mit den Zeitungsberichten zu überfallen, er wollte ihm lediglich zu wissen geben, was er in den wenigen Tagen von Antoines Unpäßlichkeit zu erreichen hoffte. Zuerst mußte Antoine gewonnen werden; dann erst durfte man den Kranken mit dem vollen Ausmaß des Erfolgs bekanntmachen. Sonst lief man Gefahr, Antoine mit der fertigen Tatsache einzuschüchtern. All dies wiederholte sich August Punkt für Punkt, ehe er den Weg zu Antoines Wohnwagen einschlug. Nicht eine Sekunde lang überlegte er, daß sein Vorschlag die Möglichkeiten Antoines übersteigen könnte. Er bezwang sich und wartete den Mittag heran, in der Hoffnung, dann Antoine in der rechten Stimmung zu finden. Als er sich auf den Weg machte, war Jubel in ihm. Antoine würde sich überzeugen lassen, daß er eine rechtmäßige Erbschaft antrat.

Nach allem, sagte er sich selbst, ist es nur ein kleiner Stoß, den ich ihm gebe. Das Leben ist voll kleiner Schwindeleien, man muß sie sich zunutze machen. Keiner schafft es allein, ohne Hilfe.

Mit diesem Zuspruch ging er los.

Es ist weder Betrug noch Diebstahl an Antoine, folgerte er. Er hat sich immer gewünscht, berühmt zu sein, jetzt *ist* er berühmt! Oder er wird es spätestens in einer Woche. Antoine wird Antoine sein... und noch mehr. Ein kleiner Zufall zur rechten Zeit ist alles, was man braucht, ein kleiner Dreh des Schicksals, ein Anstoß von irgendwo, und die Sache ist gemacht. – Du stolperst ins Scheinwerferlicht. Mit allen vieren zugleich.

Er dachte an seinen eigenen schnellen Aufstieg zum Ruhm.

Was hatte er, August, damit zu tun? Was man Genieblitz nannte, es war reiner Zufall gewesen. Wie wenig verstand das Publikum! Wieviel begriff es von den Winkelzügen des Schicksals! Ein Clown ist ein Bauer auf dem Schachbrett des Schicksals.

Das Leben in der Arena war ein stummes Schauspiel, eine Pantomime mit Stürzen, Ohrfeigen, Fußtritten – ein endloses Stoßen und Auffangen von Stößen, Treten und Getretenwerden. Und bei dieser schmachvollen und erniedrigenden Rigolade gewann man die Gunst des Publikums. ›Der beliebte Clown!‹ Seine besondere Aufgabe war, die Irrtümer und Sinnlosigkeiten, allen Wahnsinn und alle Mißverständnisse, die wie Seuchen die Menschheit quälen, wiederzuerwecken und darzustellen. Die Albernheit selbst, Gestalt geworden in der Manege, das begriff auch der dümmste Einfaltspinsel. Nichts zu verstehen, wo alles klar am Tage liegt, den Trick nicht zu erfassen, wenn er auch tausendmal vorgespielt wird, wie ein Blinder zu tappen, wo die Richtung überall deutlich angezeigt ist, immerfort an der Tür zu rütteln, obwohl mit großen Lettern darauf geschrieben steht: GEFAHR, mit dem Kopf voran in den Spiegel zu laufen, statt ihn zu umgehen, von der falschen Seite in das Gewehr zu schauen – ein geladenes Gewehr –, niemals würde das Publikum aufhören, an diesen Sinnlosigkeiten seinen Gefallen zu finden, denn seit Jahrtausenden täuschten sich die Menschen über den richtigen Weg, endete ihr Suchen und Fragen in derselben Sackgasse. Dem Meister Albernheit stand die Zeit in ihrer Gänze als Repertoire zur Verfügung. Er streckte die Waffen nur vor dem Antlitz der Ewigkeit...

Mitten in diesen fremdartigen Gedanken stieß er auf Antoines Wohnwagen. Er stutzte, ohne zu wissen warum. Der Boss kam ihm entgegen; er kam offensichtlich geradewegs von Antoines Krankenbett. Sein Erstaunen wuchs, als ihm der Boss mit erhobener Hand bedeutete, er möge stehenbleiben, wo er war. Der Ausdruck seines Gesichts erweckte in August ein Gefühl des Unbehagens, des Alarms. Er verharrte unterwürfig und wartete, daß der andere zu sprechen begänne.

Wenige Schritte vor August hob der Mann beide Arme mit einer Geste der Verzweiflung und Resignation. August brauchte kein Wort mehr zu hören, um zu wissen, was ihm bevorstand.

»Aber wann ist es geschehen?« fragte er, nachdem sie einige Schritte Seite an Seite gegangen waren.

»Vor ein paar Minuten. Ganz plötzlich. In meinen Armen.«

»Ich verstehe nicht«, murmelte August. »Was *war* es, das ihn tötete? Er war nicht so schlecht beisammen vergangene Nacht, als ich mit ihm sprach.«

»Das ist es ja gerade«, sagte der andere.

Etwas in seiner Stimme ließ August zurückzucken.

»Wollen Sie damit sagen...«

Er brach ab. Es war zu unerhört, er wies den Gedanken von sich. Aber im nächsten Augenblick sprach er schon wieder davon.

»Wollen Sie sagen«, seine Stimme zitterte von neuem, »daß er davon wußte...?«

»Eben das.«

Wiederum zuckte August zusammen.

»Wenn ich ganz offen meine Meinung sagen soll«, fuhr der Boss in seiner rauhen Art fort, »würde ich sagen, daß er an gebrochenem Herzen gestorben ist.«

Über diesen Worten hielten beide jäh den Schritt an.

»Hören Sie!« sagte der Boss. »Es ist nicht Ihre Schuld. Nehmen Sie sich's nicht so zu Herzen. Ich weiß, wir alle wissen, daß Sie unschuldig sind. Tatsache ist: Antoine wäre nie ein großer Clown geworden. Er hat es schon vor langer Zeit aufgegeben.«

Der Boss murmelte einige unverständliche Worte und seufzte.

»Die Frage ist: Wie werden wir den Leuten diese Vorstellung erklären! Es wird schwerfallen, ihnen die Wahrheit zu verbergen, nunmehr, Sie verstehen... Nicht wahr? Wir haben in keiner Weise mit seinem plötzlichen Tod gerechnet...«

Eine Pause entstand, dann sagte August leise: »Es wird gut sein, wenn ich eine Weile mit mir selbst allein bleibe, glauben Sie nicht?«

»Recht so!« bekräftigte der Boss. »Bedenken Sie alles in Ruhe. Es ist noch Zeit...«

Er fügte nicht hinzu wofür.

Traurig und verstört wanderte August fort in der Richtung zur Stadt. Eine lange Weile bildete sich kein einziger Gedanke in seinem Gehirn, nur dumpfe, träge Pein durchdrang alle Glieder seines Körpers. Schließlich fand er einen abgesonderten Platz an der Rampe einer Kaffeehausterrasse, setzte sich und bestellte zu trinken. Nein, mit dieser Möglichkeit hatte er gewiß nicht gerechnet. Das Schicksal hatte noch einmal zugeschlagen. Eines war klar – entweder er mußte wieder August werden oder Antoine. Er konnte nicht länger namenlos bleiben. Er mühte sich, an Antoine zu denken; an jenen Antoine, den er in der vorangegangenen Nacht geschaffen hatte. Würde er fähig sein, ihn wiederzuerwecken an diesem Abend, mit demselben Feuer, derselben Freude an seiner Schöpfung? Jenen anderen Antoine, der kalt und tot im Wagen lag, vergaß er ganz dabei. Ohne sich davon Rechnung abzulegen, war er nicht nur in seine Fußstapfen getreten, sondern hatte selbst seine Schuhe angezogen. Er wiederholte die Szene, zerlegte sie, spaltete sie in Stücke, besserte sie mit einigen Flicken aus, vervollkommnete sie hier und dort... geriet vom Hundertsten ins Tausendste, von einer Wendung zur anderen, von einer Nacht zur anderen, von Stadt zu Stadt. Und dann kam er plötzlich wieder zu sich. Mit einem Ruck setzte er sich auf seinem Sitz gerade zurecht, begann ernstlich und laut mit sich zu reden.

»Du willst also wieder Clown werden, ist es so? Hast davon noch nicht genug gehabt, he? August hast du ausgetilgt, Antoine ermordet... was weiter? Vor zwei Tagen noch warst du ein glücklicher Mann, ein freier Mann. Nun hängst du in der eigenen Schlinge, ein Mörder obendrein. Und du glaubst allen Ernstes – oder etwa nicht? –, daß du mit deinem schlechten Gewissen die Leute noch zum Lachen bringen wirst? Das geht wohl ein bißchen zu weit!«

August schlug mit der Faust auf die Mamorplatte des Tisches, als wolle er sich selbst von der Ernsthaftigkeit seiner Worte überzeugen.

»Eine große Vorstellung letzte Nacht! Und warum? Weil niemand in dem Mann, der sie großmachte, August vermutet hat. Es war das Talent, das Genie, dem sie applaudierten. Keiner hatte eine Ahnung. Sie sahen die Vollkommenheit. Es war ein voller Triumph. Quod erat demonstrandum!«

Noch einmal fiel er sich selbst in die Zügel wie einem Pferd.

»Quod erat demonstrandum? Was wolltest du sagen? Ach ja... August war also begierig, Antoines Platz einzunehmen. Keinen Pfifferling kümmerte er sich darum, ob Antoine dabei groß wurde oder nicht. Ja oder nein? Er wollte nur Gewißheit erlangen, daß sein Ruf nicht unbegründet war. Wie ein Fisch schnappte er nach dem Köder.«

Bah! August spuckte vor Abscheu aus. Seine Kehle war vor Erregung ausgedorrt. Er klatschte in die Hände und bestellte ein neues Glas.

»Mein Gott«, nahm er das Selbstgespräch wieder auf, nachdem er seinen Gaumen angefeuchtet hatte, »ist es vorstellbar, daß sich ein Mann selbst solche Schlingen legt! Heute glücklich, morgen bis zum Kragen im Sumpf. Was für ein Narr! Was bin ich für ein Narr!« Einen Augenblick lang vermochte er ganz nüchtern zu denken.

»Gut! Eines versteh ich nun – mein Glück war wirklich, aber ohne Grundlage. Ich muß es wiedergewinnen, aber diesmal auf redliche Art. Und ich muß es mit beiden Händen festhalten wie ein kostbares Kleinod. Ich muß lernen, als August glücklich zu sein, als der Clown, der ich bin.«

Er trank einen Schluck Wein und schüttelte sich dann wie ein nasser Hund.

»Möglicherweise ist dies die letzte Gelegenheit, die sich bietet. Ich steige noch einmal aus dem Nichts empor.«

Über das fing er an, sich einen neuen Namen auszudenken. Dieses Spiel führte ihn weit fort.

»Gewiß«, sagte er und vergaß den Namen schon wieder, den er eben für sich bestimmt hatte, »ich werde eine neue Nummer ausbauen, eine völlig neue Sache. Wenn es mich auch nicht glücklich macht, wird es mich doch frisch halten. Vielleicht Südamerika...«

Sein Entschluß zum Neubeginn war so stark, daß er beinahe im Galopp zum Rummelplatz zurückkehrte. Sofort begab er sich auf die Suche nach dem Boss.

»Es ist beschlossen«, rief er atemlos. »Ich gehe fort, weit fort, dorthin, wo mich niemand kennt. Ich werde noch einmal ganz von vorne beginnen.«

»Aber warum?« schrie der dicke Mann. »Warum wollen Sie von vorne beginnen, wenn Sie's hier schon zu großem Ansehen gebracht haben?«

»Sie werden es nicht verstehen, aber ich will es Ihnen trotzdem sagen. *Weil ich glücklich sein möchte diesmal.*«

»*Glücklich?* Ich verstehe nichts. Warum glücklich?«

»Weil es gewöhnlich für einen Clown das Glück ist, ein anderer zu sein als er selbst.«

»Ich verstehe kein Wort... Hören Sie zu, August...«

»Einen Augenblick«, bat August händeringend. »Was macht die Leute lachen und schreien, wenn sie uns sehen?«

»Lieber alter Junge! Was hat das alles miteinander zu tun? Das sind Haarspaltereien. Laß uns vernünftig reden. Kehren wir auf den Boden der Wirklichkeit zurück.«

»Aber das zu tun, bin ich eben dabei«, erklärte August feierlich. »Wirklichkeit! Das ist das rechte Wort dafür. Nun weiß ich, wer ich bin, was ich bin und was ich tun muß. *Das ist die Wirklichkeit.* Was Sie Wirklichkeit nennen, ist Sägemehl, es bröckelt weg, schlüpft durch die Finger.«

»Mein lieber August«, begann der Boss wieder, als spreche er zu einem Verlorenen. »Sie haben zuviel nachgedacht. Keine voreiligen Entscheidungen. Kommen Sie...«

»Nein«, sagte August fest. »Ich brauche keinen Trost, keinen Ratschlag. Mein Entschluß ist gefaßt.« Er hob die Hand zum Abschied.

»Wie Sie glauben«, sagte der Boss und zuckte die Schultern. »Also – leben Sie wohl! So meinten Sie's doch?«

Noch einmal machte er sich auf den Weg in die Welt, entschlossen, diesmal ganz in ihr aufzugehen. Als er sich der Stadt näherte, fiel ihm ein, daß er nur wenige Sous in der Tasche hatte. In wenigen Stunden würde er hungern, die Kälte würde kommen, und er würde sich wie die Tiere des Feldes zusammenrollen und liegen und die ersten Sonnenstrahlen erwarten. Warum hatte er sich entschlossen, Straße für Straße bis zu ihrem Ende zu trampen? Er wußte es nicht. Hätte er nicht ebensogut seine Kräfte sparen können?

»Und wenn ich eines Tages wirklich nach Südamerika aufbreche?«

Er hatte wieder laut mit sich selbst zu sprechen begonnen.

»Es kann Jahre dauern. Und welche Sprache soll ich dort sprechen? Und warum sollten sie mich nehmen, mich, einen Fremden und Unbekannten? Wer weiß, ob sie überhaupt einen Zirkus haben da unten? Und wenn, werden sie ihre eigenen Clowns haben – in ihrer Sprache.« In einem kleinen Park angekommen, setzte er sich auf eine Bank.

»Das muß noch genauer bedacht werden«, warnte er sich selbst. »Man geht nicht so einfach nach Südamerika. Ich bin kein Albatros, bei Gott! Ich bin August, ein Mann mit zarten Füßen und einem Magen, der gefüllt sein möchte.«

Eine nach der anderen begann er die menschlichen Eigentümlichkeiten aufzuzählen, die ihn, August, von den Vögeln der Luft und den Tieren des Abgrunds sonderten. Dieses Nachsinnen endete schließlich in einer langen Betrachtung über jene beiden Eigentümlichkeiten, die am deutlichsten die Welt des Menschen vom Bereich des Tierischen scheiden – Lachen und Weinen. Seltsam, dachte er bei sich selbst, daß er, der doch in diesem Gebiet beheimatet war, darüber Spekulationen anstellte wie ein Schulbub.

»Aber ich bin kein Albatros!« Dieser Gedanke – zugegeben, nicht gerade der glänzendsten einer – kam immer wieder, während er die Fragen nach vorwärts und rückwärts wälzte.

Aber wenn sie auch weder originell noch glänzend war, so war sie doch bequem und beruhigend, diese Idee, daß er sich auch während des ärgsten Saltos seiner Einbildungskraft nie für einen Albatros halten würde.

Südamerika – was für ein Unsinn! Fraglich war nicht die Richtung, in die er aufbrechen – und wie er dorthin gelangen sollte, fraglich war... Er versuchte, es sich selbst in sehr, sehr einfachen Worten zu erklären. War es nicht vielleicht so, daß er sich sehr wohl befand, so wie er war... ohne sich zu verkleinern, ohne sich zu vergrößern? Er hatte seine eigenen Grenzen überschritten, das war sein Irrtum gewesen. Das Lachen der Menschen genügte ihm nicht, er wollte ihnen die Freude schenken. Freude ist eine Gabe Gottes. Hatte er dies nicht erkannt in der Zeit seines Verzichts – als er annahm, was ihm geboren wurde?

August fühlte, daß er mit seinen Überlegungen ins Ungewisse geriet. Seine wahre Tragödie, merkte er nun, lag darin, daß er unfähig war, seine Kenntnis einer anderen Welt, einer Welt jenseits Unwissenheit und Vergänglichkeit, jenseits von Lachen und Weinen, den anderen mitzuteilen. Diese Grenze war es, die den Clown aus ihm machte – Gottes eigenen Clown, denn auf Erden war niemand, dem er diesen Zwiespalt begreiflich machen konnte.

Und in diesem Augenblick überkam es ihn plötzlich – ganz einfach ging das alles! –, daß niemand zu sein, oder jemand oder jedermann zu sein, ihn keineswegs daran hinderte, er selbst zu sein...

Wenn er schon ein Clown war, dann ganz und gar, durch und durch, von Grund auf – vom morgendlichen Erwachen bis zum Zurücksinken in den Schlaf. Clown zu jeder Zeit, für Lohn oder aus reiner Freude am Dasein. So sehr, so unwandelbar war er von der Weisheit dieses Gedankens überzeugt, daß es ihn gelüstete, ohne Verzug zu beginnen – ohne Schminke, ohne Kostüm, ja selbst ohne die Begleitung jener alten, quäkenden Violine. So ausschließlich würde er August sein, daß nichts übrigblieb als die Wahrheit, die nun in ihm wie Feuer brannte.

Einmal noch schloß er die Augen, um hinabzusteigen in die Dunkelheiten. Lange blieb er so, ruhig und friedvoll ging der Atem durch seine Brust, durch die Lagerstatt seiner Seele. Als er die Augen wieder öffnete, sah er eine Welt, von der alle Schleier abgefallen waren. Es war die Welt, die er immer in seinem Herzen getragen hatte, immer bereit, Gestalt zu werden, die aber erst zu leben beginnen konnte, wenn man sich mit ihr vereinigte, wenn ihr Puls gleich wurde dem Schlagen des eigenen Herzens.

August war so gerührt, daß er seinen Augen nicht traute. Er rieb sie mit dem Handrücken, nur um sich zu überzeugen, daß sie noch feucht waren von den Tränen der reinen Freude, die er vergossen hatte, ohne es zu wissen.

Kerzengerade saß er auf der Bank, und seine Augen starrten in die Ferne. Sie mußten erst an das Licht der Vision gewöhnt werden. Aus der Tiefe seiner Seele stiegen, unablässiges Gemurmel, Worte des Dankes.

Er stand auf, gerade als die Sonne seine Bank mit einer letzten rötlichen Flut von Gold überschwemmte. Eine Woge von Kraft und Sehnsucht schwoll in seinen Adern. Wie ein Neugeborener wagte er einige Schritte in das unbeschreibbare Licht. Ein Vogel, der zum erstenmal seine Flügel spannt, so breitete er seine Arme aus zu einer allumfassenden Umarmung.

Nun schwand die Erde hin in jenes tiefe Violett, das die Dämmerung verkündet. August taumelte vor Entzücken.

»Endlich! Endlich!« jubelte er, aber in Wirklichkeit war dieser Jubel nur ein schwacher Widerhall der unermeßlichen Freude, die ihn bewegte.

Ein Mann kam auf ihn zu. Ein Mann in Uniform, mit einem Knüppel bewaffnet. August erschien er als Engel der Erlösung. Er lief ihm entgegen, um sich in die Arme des Erlösers zu retten, da fiel eine Wolke von Dunkelheit über ihn mit der Härte eines Hammerschlags. Lautlos stürzte er dem Wachmann zu Füßen.

Zwei Fußgänger, die den Vorfall mitangesehen hatten, eilten herbei. Sie knieten nieder und wälzten August auf den Rücken. Zu ihrem Staunen lächelte er. Es war ein breites, seraphisches Lächeln, aus dem Blut sprudelte und rieselte. Seine Augen waren weit offen und starrten mit untrübbarer Unschuld auf die dünne Schale des Mondes, die gerade jetzt am Himmel sichtbar wurde.

1948

Helfer

»Doch wenn einmal der große Psychologe kommt...
der so beharrlich und geduldig wie Buffon
die Abarten der Tiere ordnete und klassierte,
seinerseits alle Spielarten, Spezies und Urformen der magischen Macht,
die wir Gedächtnis nennen, vereinzelt schildert
und in ihren Varianten darlegt,
dann müßte er Jakob Mendels gedenken, dieses Genies
der Preise und Titel, dieses namenlosen Meisters
der antiquarischen Wissenschaft.«

Stefan Zweig

Buchmendel

Wieder einmal in Wien und heimkehrend von einem Besuch in den äußern Bezirken, geriet ich unvermutet in einen Regenguß, der mit nasser Peitsche die Menschen hurtig in Haustore und Unterstände jagte, und auch ich selbst suchte schleunig nach einem schützenden Obdach. Glücklicherweise wartet nun in Wien an jeder Ecke ein Kaffeehaus – so flüchtete ich in das gerade gegenüberliegende, mit schon tropfendem Hut und arg durchnäßten Schultern. Es erwies sich von innen als Vorstadtcafé hergebrachter, fast schematischer Art, ohne die neumodischen Attrappen der Deutschland nachgeahmten innerstädtischen Musikdielen, altwienerisch bürgerlich und vollgefüllt mit kleinen Leuten, die mehr Zeitungen konsumierten als Gebäck. Jetzt um die Abendstunde war zwar die ohnehin schon stickige Luft mit blauen Rauchkringeln dick marmoriert, dennoch wirkte dies Kaffeehaus sauber mit seinen sichtlich neuen Samtsofas und seiner aluminiumhellen Zahlkassa: in der Eile hatte ich mir gar nicht die Mühe genommen, seinen Namen außen abzulesen, wozu auch? – Und nun saß ich warm und blickte ungeduldig durch die blauüberflossenen Scheiben, wann es dem lästigen Regen belieben würde, sich ein paar Kilometer weiter zu verziehen.

Unbeschäftigt saß ich also da und begann schon jener trägen Passivität zu verfallen, die narkotisch jedem wirklichen Wiener Kaffeehaus unsichtbar entströmt. Aus diesem leeren Gefühl blickte ich mir einzeln die Leute an, denen das künstliche Licht dieses Rauchraums ein ungesundes Grau um die Augen schattete, schaute dem Fräulein an der Kasse zu, wie sie mechanisch Zucker und Löffel für jede Kaffeetasse dem Kellner austeilte, las halbwach und unbewußt die höchst gleichgültigen Plakate an den Wänden, und diese Art Verdumpfung tat beinahe wohl. Aber plötzlich ward ich auf merkwürdige Weise aus meiner Halbschläferei gerissen, eine innere Bewegung begann unbestimmt unruhig in mir, so wie ein kleiner Zahnschmerz beginnt, von dem man noch nicht weiß, ob er von links, von rechts, vom untern oder obern Kiefer seinen Ausgang nimmt; nur ein dumpfes Spannen fühlte ich, eine geistige Unruhe. Denn plötzlich – ich hätte es nicht sagen können, wodurch – wurde mir bewußt, hier mußte ich schon einmal vor Jahren gewesen und durch irgendeine Erinnerung diesen Wänden, diesen Stühlen, diesen Tischen, diesem fremden, rauchigen Raum verbunden sein.

Aber je mehr ich den Willen vortrieb, diese Erinnerung zu fassen, desto boshafter und glitschiger wich sie zurück – wie eine Qualle ungewiß leuchtend auf dem untersten Grunde des Bewußtseins und doch nicht zu greifen, nicht zu packen. Vergeblich klammerte ich den Blick an jeden Gegenstand der Einrichtung; gewiß, manches kannte ich nicht, wie die Kasse zum Beispiel mit ihrem klirrenden Zahlungsautomaten und nicht diesen braunen Wandbelag aus falschem Palisanderholz, alles das mußte erst später aufmontiert worden sein. Aber doch, aber doch, hier war ich einmal gewesen vor zwanzig Jahren und länger, hier haftete, im Unsichtbaren versteckt wie der Nagel im Holz, etwas von meinem eigenen, längst überwachsenen Ich.

Gewaltsam streckte und stieß ich alle meine Sinne vor in den Raum und gleichzeitig in mich hinein – und doch, verdammt! ich konnte sie nicht erreichen, diese verschollene, in mir selbst ertrunkene Erinnerung.

Ich ärgerte mich, wie man sich immer ärgert, wenn irgendein Versagen einen die Unzulänglichkeit und Unvollkommenheit der geistigen Kräfte gewahr werden läßt. Aber ich gab die Hoffnung nicht auf, diese Erinnerung doch noch zu erreichen. Nur einen winzigen Haken, das wußte ich, mußte ich in die Hand kriegen, denn mein Gedächtnis ist sonderbar geartet, gut und schlecht zugleich, einerseits trotzig und eigenwillig, aber dann wieder unbeschreiblich getreu. Es schluckt das Wichtigste sowohl an Geschehnissen als auch an Gesichtern, an Gelesenem wie an Erlebtem oft völlig hinab in seine Dunkelheiten und gibt nichts aus dieser Unterwelt ohne Zwang, bloß auf den Anruf des Willens heraus. Aber nur den flüchtigsten Halt muß ich fassen, eine Ansichtskarte, ein paar Schriftzüge auf einem Briefkuvert, ein verräuchertes Zeitungsblatt, und sofort zuckt das Vergessene wie an der Angel der Fisch aus der dunkel strömenden Fläche völlig leibhaft und sinnlich wieder hervor. Jede Einzelheit weiß ich dann eines Menschen, seinen Mund und im Mund wieder die Zahnlücke links bei seinem Lachen, und den brüchigen Tonfall dieses Lachens und wie dabei der Schnurrbart ins Zucken kommt und wie ein anderes, neues Antlitz heraustaucht aus diesem Lachen – alles das sehe ich dann sofort in völliger Vision und weiß auf Jahre zurück jedes Wort, das dieser Mensch mir jemals erzählte. Immer aber bedarf ich, um Vergangenes sinnlich zu sehen und zu fühlen, eines sinnlichen Anreizes, eines winzigen Helfers aus der Wirklichkeit. So schloß ich die Augen, um angestrengter nachdenken zu können, um jenen geheimnisvollen Angelhaken zu formen und zu fassen. Aber nichts! Abermals nichts! Verschüttet und vergessen! Und ich erbitterte mich derart über den schlechten, eigenwilligen Gedächtnisapparat zwischen meinen Schläfen, daß ich mit den Fäusten mir die Stirne hätte schlagen können, so wie man einen verdorbenen Automaten anrüttelt, der widerrechtlich das Geforderte zurückbehält. Nein, ich konnte nicht länger ruhig sitzenbleiben, so erregte mich dieses innere Versagen, und stand vor lauter Ärger auf, mir Luft zu machen. Aber sonderbar – kaum daß ich die ersten Schritte durch das Lokal getan, da begann es schon, flirrend und funkelnd, dieses erste phosphoreszierende Dämmern in mir. Rechts von der Zahlkasse, erinnerte ich mich, mußte es hinübergehen in einen fensterlosen und nur von künstlichem Licht erhellten Raum. Und tatsächlich: es stimmte. Da war es, anders tapeziert als damals, aber doch genau in den Proportionen, dies in seinen Konturen verschwimmende rechteckige Hinterzimmer, das Spielzimmer. Instinktiv sah ich mich um nach den einzelnen Gegenständen, mit schon freudig vibrierenden Nerven (gleich würde ich alles wissen, fühlte ich). Zwei Billarde lungerten als grüne lautlose Schlammteiche darin, in den Ecken hockten Spieltische, an deren einem zwei Hofräte oder Professoren Schach spielten. Und in der Ecke, knapp beim eisernen Ofen, dort, wo man zur Telephonzelle ging, stand ein kleiner viereckiger Tisch. Und da blitzte es mich plötzlich durch und durch. Ich wußte sofort, sofort, mit einem einzigen heißen, beglückt erschütterten Ruck: mein Gott, das war ja Mendels Platz, Jakob Mendels, Buchmendels, und ich war nach zwanzig Jahren wieder in sein Hauptquartier, in das Café Gluck in der obern Alserstraße, geraten. Jakob Mendel, wie hatte ich ihn vergessen können, so unbegreiflich lange, diesen sonderbarsten Menschen und sagenhaften Mann, dieses abseitige Weltwunder, berühmt an der Universität und in einem engen, ehrfürchtigen Kreis – wie ihn aus der Erinnerung verlieren, ihn, den Magier und Makler der Bücher, der hier täglich unentwegt saß von morgens bis abends, ein Wahrzeichen des Wissens, Ruhm und Ehre des Café Gluck!

Und nur diese eine Sekunde lang mußte ich den Blick nach innen wenden hinter die Lider, und aufstieg schon aus dem bildnerisch erhellten Blut seine unverkennbare, plastische Gestalt. Ich sah ihn sofort leibhaftig, wie er dort immer saß an dem viereckigen Tischchen mit der grauschmutzigen Mamorplatte, der allzeit mit Büchern und Schriften überhäuften. Wie er dort unentwegt und unerschütterlich saß, den bebrillten Blick hypnotisch starr auf ein Buch geheftet, wie er dort saß und im Lesen summend und brummend seinen Körper und die schlecht polierte, fleckige Glatze vor- und zurückschaukelte, eine Gewohnheit, mitgebracht aus dem Cheder, der jüdischen Kleinkinderschule des Ostens. Hier an diesem Tisch und nur an ihm las er seine Kataloge und Bücher, so wie man ihn das Lesen in der Talmudschule gelehrt, leise singend und sich schwingend, eine schwarze, schaukelnde Wiege. Denn wie ein Kind in Schlaf fällt und der Welt entsinkt durch dieses rhythmisch hypnotische Auf und Nieder, so geht nach der Meinung jener Frommen auch der Geist leichter ein in die Gnade der Versenkung dank diesem Sichwiegen und Sichschwingen des müßigen Leibes. Und tatsächlich, dieser Jakob Mendel sah und hörte nichts von allem um sich her. Neben ihm lärmten und krakeelten die Billardspieler, liefen die Marköre, rasselte das Telephon: man scheuerte den Boden, man heizte den Ofen, er merkte nichts davon. Einmal war eine glühende Kohle aus dem Ofen gefallen, schon brenzelte und qualmte zwei Schritte von ihm das Parkett, da erst, am infernalischen Gestank, bemerkte ein Gast die Gefahr und stürzte zu, hastig das Qualmen zu löschen: er selbst aber, Jakob Mendel, nur zwei Zoll weit und schon angebeizt vom Rauch, er hatte nichts wahrgenommen. Denn er las, wie andere beten, wie Spieler spielen und Trunkene betäubt ins Leere starren, er las mit einer so rührenden Versunkenheit, daß alles Lesen von anderen Menschen mir seither immer profan erschien. In diesem kleinen galizischen Büchertrödler Jakob Mendel hatte ich zum erstenmal als junger Mensch das große Geheimnis der restlosen Konzentration gesehen, das den Künstler macht wie den Gelehrten, den wahrhaft

Weisen wie den vollkommen Irrwitzigen, dieses tragische Glück und Unglück vollkommener Besessenheit.

Hingeführt zu ihm hatte mich ein älterer Kollege von der Universität. Ich forschte damals dem selbst heute noch nur wenig erkannten paracelsischen Arzt und Magnetiseur Mesmer nach, allerdings mit wenig Glück; denn die einschlägigen Werke erwiesen sich als unzulänglich, und der Bibliothekar, den ich argloser Neuling um Auskunft gebeten, murrte mich unfreundlich an, Literaturnachweise seien meine Sache, nicht die seine. Damals nannte mir nun jener Kollege zum erstenmal seinen Namen. »Ich geh mit dir zu Mendel«, versprach er mir, »der weiß alles und verschafft alles, der holt dir das entlegenste Buch aus dem vergessensten deutschen Antiquariat heran. Der tüchtigste Mann in Wien und überdies noch ein Original, ein vorweltlicher Bücher-Saurier aussterbender Rasse.«

So gingen wir zu zweit ins Café Gluck, und siehe, da saß er, Buchmendel, bebrillt, bartumschludert, schwarz angetan, und wiegte sich lesend wie ein dunkler Busch im Wind. Wir traten heran, er merkte es nicht. Er saß nur und las und wiegte den Oberkörper pagodenhaft hin und zurück über den Tisch, und hinter ihm pendelte am Haken sein brüchiger schwarzer Paletot, gleichfalls breit angestopft mit Zeitschriften und Zettelwerk. Um uns anzukündigen, hustete mein Freund kräftig. Aber Mendel, die dicke Brille hart ans Buch gedrückt, merkte noch nichts. Endlich klopfte mein Freund auf die Tischplatte, genau so laut und kräftig, wie man an eine Tür pocht – da starrte Mendel endlich auf, schob die ungefüge stahlgeräderte Brille mechanisch rasch die Stirn empor, und unter den weggesträubten aschgrauen Brauen stachen uns zwei merkwürdige Augen entgegen, kleine, schwarze, wache Augen, flink, spitz und flippend wie eine Schlangenzunge. Mein Freund präsentierte mich, und ich erläuterte mein Anliegen, wobei ich zuerst – diese List hatte mein Freund ausdrücklich anempfohlen – mich scheinzornig über den Bibliothekar beklagte, der mir keine Auskunft hatte geben wollen. Mendel lehnte sich zurück und spuckte sorgfältig aus. Dann lachte er nur kurz mit stark östlichem Jargon: »Nicht gewollt hat er? Nein – nicht gekonnt hat er! Ein Parch is er, ein geschlagener Esel mit graue Haar. Ich kenn ihn, Gott sei's geklagt, zu gutem schon zwanzig Jahr, aber gelernt hat er seitdem noch immer nix. Gehalt einstecken, dos is das einzige, was die können! Ziegelsteine sollten sie lieber schupfen, diese Herrn Doktors, statt bei die Bücher sitzen.«

Mit dieser kräftigen Herzentladung war das Eis gebrochen, und eine gutmütige Handbewegung lud mich zum erstenmal an den viereckigen, mit Notizen überschmierten Marmortisch, diesen mir noch unbekannten Altar bibliophiler Offenbarungen. Ich erklärte rasch meine Wünsche: die zeitgenössischen Werke über Magnetismus sowie alle späteren Bücher und Polemiken für und gegen Mesmer; sobald ich fertig war, kniff Mendel eine Sekunde das linke Auge zusammen, genau wie ein Schütze vor dem Schuß. Aber wahrhaftig, nur eine Sekunde dauerte diese Geste konzentrierter Aufmerksamkeit, dann zählte er sofort, wie aus einem unsichtbaren Katalog lesend, zwei oder drei Dutzend Bücher fließend auf, jedes mit Verlagsort, Jahreszahl und ungefährem Preis. Ich war verblüfft. Obwohl vorbereitet, dies hatte ich nicht erwartet. Aber meine Verdutztheit schien ihm wohlzutun; denn sofort spielte er auf der Klaviatur seines Gedächtnisses die wunderbarsten bibliothekarischen Paraphrasen meines Themas weiter. Ob ich auch über die Somnambulisten etwas wissen wolle und über die ersten Versuche mit Hypnose und über Gaßner, die Teufelsbeschwörungen und die Christian Science und die Blavatsky? Wieder prasselten die Namen, die Titel, die Beschreibungen; jetzt erst begriff ich, an ein wie einzigartiges Wunder von Gedächtnis ich bei Jakob Mendel geraten war, tatsächlich an ein Lexikon, an einen Universalkatalog auf zwei Beinen. Ganz benommen starrte ich dieses bibliographische Phänomen an, eingespult in die unansehnliche, sogar etwas schmierige Hülle eines galizischen kleinen Buchtrödlers, der, nachdem er mir etwa achtzig Namen heruntergerasselt, scheinbar achtlos, aber innerlich wohlgefällig über seinen ausgespielten Trumpf, sich die Brille mit einem vormals vielleicht weiß gewesenen Taschentuch putzte. Um mein Staunen ein wenig zu bemänteln, fragte ich zaghaft, welche von diesen Büchern er mir allenfalls besorgen könne. »Nu, man wird ja sehen, was sich machen läßt«, brummte er. »Kommen Sie nur morgen wieder her, der Mendel wird Ihnen inzwischen schon eppes auftreiben, und was sich nicht findet, werd sich anderswo finden. Wenn einer Sechel hat, hat er auch Glück.« Ich dankte höflich und stolperte aus lauter Höflichkeit sofort in eine dicke Dummheit hinein, indem ich vorschlug, ihm meine gewünschten Buchtitel auf einen Zettel zu notieren. Im gleichen Augenblick spürte ich schon einen warnenden Ellbogenstoß meines Freundes. Aber zu spät! Schon hatte mir Mendel einen Blick zugeworfen – welch einen Blick! – einen gleichzeitig triumphierenden und beleidigten, einen höhnischen und überlegenen, einen geradezu königlichen Blick, den shakespearischen Blick Macbeths, wenn Macduff dem unbesiegbaren Helden zumutet, sich kampflos zu ergeben. Dann lachte er abermals kurz, der große Adamsapfel an seiner Kehle kollerte merkwürdig hin und her, anscheinend hatte er ein grobes Wort mühsam verschluckt. Und er wäre im Recht gewesen mit jeder erdenklichen Grobheit, der gute, brave Buchmendel; denn nur ein Fremder, ein Ahnungsloser (ein »Amhorez«, wie er sagte) konnte eine derart beleidigende Zumutung stellen, ihm, Jakob Mendel, ihm, Jakob Mendel, einen Buchtitel aufzunotieren wie einem Buchhandlungslehrling oder Bibliotheksdiener, als ob dieses unvergleichliche, dieses diamantene Buchgehirn solch grober Hilfsmittel jemals bedurft hätte. Erst später begriff ich, wie sehr ich sein abseitiges Genie mit diesem höflichen Angebot gekränkt haben mußte; denn dieser kleine, zerdrückte, ganz in seinen Bart eingewickelte und überdies bucklige galizische Jude Jakob Mendel war ein Titan des Gedächtnisses. Hinter dieser kalkigen, schmutzigen, von grauem Moos überwucherten Stirn stand in der unsichtbaren Geisterschrift jeder Name und Titel wie mit Stahlguß eingestanzt, der je auf einem Titelblatt eines Buches gedruckt war. Er wußte von jedem Werk, dem gestern erschienenen wie von einem zweihundert Jahre alten, auf den ersten Hieb genau den Erscheinungsort, den Verfasser, den Preis, neu und antiquarisch, und erinnerte sich bei jedem Buch mit fehlerloser Vision zugleich an Einband und Illustrationen und Faksimilebeigaben, er sah jedes Werk, ob er es selbst in den Händen gehabt oder nur von fern in einer Auslage oder Bibliothek einmal erspäht hatte, mit der gleichen optischen Deutlichkeit wie der schaffende Künstler sein inneres und der andern Welt noch unsichtbares Gebilde. Er erinnerte sich, wenn etwa ein Buch im Katalog eines Regensburger Antiquariats um sechs Mark angeboten wurde, sofort, daß ebendasselbe in einem andern Exemplar vor zwei Jahren in einer Wiener Auktion um vier Kronen zu haben gewesen war, und zugleich auch des Erstehers; nein: Jakob Mendel vergaß nie einen Titel, eine Zahl, er kannte jede Pflanze, jedes Infusorium, jeden Stern in dem ewig schwingenden und ständig umgerüttelten Kosmos des Bücherweltalls. Er wußte in jedem Fach mehr als die Fachleute, er beherrschte die Bibliotheken besser als die Bibliothekare, er kannte die Lager der meisten Firmen auswendig, besser als ihre Besitzer, trotz ihren Zetteln und Kartotheken, indes ihm nichts zu Gebote stand als Magie des Erinnerns, als dies unvergleichliche, dies nur an hundert einzelnen Beispielen wahrhaft zu explizierende Gedächtnis. Freilich, dieses Gedächtnis hatte nur so dämonisch unfehlbar sich schulen und gestalten können durch das ewige Geheimnis jeder Vollendung: durch Konzentration. Außerhalb der Bücher wußte dieser merkwürdige Mensch nichts von der Welt; denn alle Phänomene des Daseins begannen für ihn erst wirklich zu werden, wenn sie in Lettern sich umgossen, wenn sie in einem Buche sich gesammelt und gleichsam sterilisiert hatten. Aber auch diese Bücher selbst las er nicht auf ihren Sinn, auf ihren geistigen und erzählerischen Gehalt: nur ihr Name, ihr Preis, ihre Erscheinungsform, ihr erstes Titelblatt zog seine Leidenschaft an. Unproduktiv und unschöpferisch von Titeln und Namen, in die weiche Gehirnrinde eines Säugetiers eingestempelt statt wie sonst in einen Buchkatalog geschrieben, war dies spezifisch antiquarische Gedächtnis Jakob Mendels jedoch in seiner einmaligen Vollendung als Phänomen nicht geringer als jenes Napoleons für Physiognomien, Mezzofantis für Sprachen, eines Lasker für Schachanfänge, eines Busoni für Musik. Eingesetzt in ein Seminar, an eine öffentliche Stelle hätte das Gehirn Tausende, Hunderttausende von Studenten und Gelehrten belehrt und erstaunt, fruchtbar für die Wissenschaften, ein unvergleichlicher Gewinn für jene öffentlichen Schatzkammern, die wir Bibliotheken nennen. Aber diese obere Welt war ihm, dem kleinen, ungebildeten galizischen Buchtrödler, der nicht viel mehr als seine Talmudschule bewältigt, für ewig verschlossen; so vermochten diese phantastischen Fähigkeiten sich nur als Geheimwissenschaft auszuwirken an jenem Marmortische des Café Gluck. Doch wenn einmal der große Psychologe kommt (dies Werk fehlt noch immer unserer geistigen Welt), der so beharrlich und geduldig wie Buffon die Abarten der Tiere ordnete und klassierte, seinerseits alle Spielarten, Spezies und Urformen der magischen Macht, die wir Gedächtnis nennen, vereinzelt schildert und in ihren Varianten darlegt, dann müßte er Jakob Mendels gedenken, dieses Genies der Preise und Titel, dieses namenlosen Meisters der antiquarischen Wissenschaft.

Dem Berufe nach und für die Unwissenden galt Jakob Mendel freilich nur als kleiner Buchschacherer. Allsonntags erschienen in der »Neuen Freien Presse« und im »Neuen Wiener Tagblatt« dieselben stereotypen Anzeigen: »Kaufe alte Bücher, zahle beste Preise, komme sofort, Mendel, Obere Alserstraße«, und dann eine Telephonnummer, die in Wirklichkeit jene des Café Gluck war. Er stöberte Lager durch, schleppte mit einem alten kaiserbärtigen Dienstmann allwöchentlich neue Beute in sein Hauptquartier und von dort wieder weg, denn für einen ordnungsmäßigen Buchhandel fehlte ihm die Konzession. So blieb es beim kleinen Schacher, bei einer wenig einträglichen Tätigkeit. Studenten verkauften ihm ihre Lehrbücher, durch seine Hände wanderten sie vom älteren Jahrgang zum jeweils jüngeren, außerdem vermittelte und besorgte er jedes gesuchte Werk mit geringem Zuschlag. Bei ihm war guter Rat billig. Aber das Geld hatte keinen Raum innerhalb seiner Welt; denn nie hatte man ihn anders gesehen als im gleichen abgeschabten Rock, früh, nachmittags und abends seine Milch verzehrend und zwei Brote, mittags eine Kleinigkeit essend, die man ihm vom Gasthaus herüberholte. Er rauchte nicht, er spielte nicht, ja man darf sagen, er lebte nicht, nur die beiden Augen lebten hinter der Brille und fütterten jenes rätselhafte Wesen Gehirn unablässig mit Worten, Titeln und Namen. Und die weiche, fruchtbare Masse sog diese Fülle gierig in sich ein wie eine Wiese die tausend und aber tausend Tropfen eines Regens. Die Menschen interessierten ihn nicht, und von allen menschlichen Leidenschaften kannte er vielleicht nur die eine, freilich allermenschlichste, der Eitelkeit. Wenn jemand zu ihm um eine Auskunft kam, an hundert andern Stellen schon müde gesucht, und er konnte auf den ersten Hieb ihm Bescheid geben, dies allein wirkte auf ihn als Genugtuung, als Lust, und vielleicht noch dies, daß in Wien und auswärts ein paar Dutzend Menschen lebten, die seine Kenntnisse ehrten und brauchten. In jedem dieser ungefügen Millionenkonglomerate, die wir Großstadt nennen, sind immer an wenigen Punkten einige kleine Facetten eingesprengt, die ein und dasselbe Weltall auf kleinwinziger Fläche spiegeln, unsichtbar für die meisten, kostbar bloß dem Kenner, dem Bruder in der Leidenschaft. Und diese Kenner der Bücher kannten alle Jakob Mendel. So wie man, wenn man über ein Musikblatt Rat holen wollte, zu Eusebius Mandyczewski in die Gesellschaft der Musikfreunde ging, der dort mit grauem Käppchen freundlich inmitten seiner Akten und Noten saß und mit dem ersten aufschauenden Blick die schwierigsten Probleme lächelnd löste, so wie heute noch jeder,

der über Altwiener Theater und Kultur Aufschluß braucht, unfehlbar sich an den allwissenden Vater Glossy wendet, so pilgerten mit der gleichen vertrauenden Selbstverständlichkeit die paar strenggläubigen Wiener Bibliophilen, sobald es eine besonders harte Nuß zu knacken gab, ins Café Gluck zu Jakob Mendel. Bei einer solchen Konsultation Mendel zuzusehen, bereitete mir jungem neugierigen Menschen eine Wollust besonderer Art. Während er sonst, wenn man ihm ein minderes Buch vorlegte, den Deckel verächtlich zuklappte und nur murrte: »Zwei Kronen«, rückte er vor irgendeiner Rarität oder einem Unikum respektvoll zurück, legte ein Papierblatt unter, und man sah, daß er sich auf einmal seiner schmutzigen, tintigen, schwarznägeligen Finger schämte. Dann begann er zärtlich-vorsichtig, mit einer ungeheueren Hochachtung das Rarum anzublättern, Seite für Seite. Niemand konnte ihn in einer solchen Sekunde stören, so wenig wie einen wirklich Gläubigen im Gebet, und tatsächlich hatte dies Anschauen, Berühren, Beriechen und Abwägen, hatte jede dieser Einzelhandlungen etwas von dem Zeremoniell, von der kultisch geregelten Aufeinanderfolge eines religiösen Aktes. Der krumme Rücken schob sich hin und her, dabei murrte und knurrte er, kratzte sich im Haar, stieß merkwürdige vokalische Urlaute aus, ein gedehntes, fast erschrockenes »Ah« und »Oh« hingerissener Bewunderung und dann wieder ein rapid erschrecktes »Oi« oder »Oiweh«, wenn sich eine Seite als fehlend oder ein Blatt als vom Holzwurm zerfressen erwies. Schließlich wog er die Schwarte respektvoll auf der Hand, beschnüffelte und beroch das ungefüge Quadrat mit halbgeschlossenen Augen nicht minder ergriffen als ein sentimentalisches Mädchen eine Tuberose. Während dieser etwas umständlichen Prozedur mußte selbstredend der Besitzer seine Geduld zusammenhalten. Nach beendetem Examen aber gab Mendel bereitwillig, ja geradezu begeistert jede Auskunft, an die sich unfehlbar weitspurige Anekdoten und dramatische Preisberichte von ähnlichen Exemplaren anschlossen. Er schien heller, jünger, lebendiger zu werden in solchen Sekunden, und nur eines konnte ihn maßlos erbittern: wenn etwa ein Neuling ihm für diese Schätzung Geld anbieten wollte. Dann wich er gekränkt zurück wie etwa ein Galeriehofrat, dem ein durchreisender Amerikaner für seine Erklärung ein Trinkgeld in die Hand drücken will; denn ein kostbares Buch in der Hand haben zu dürfen, bedeutete für Mendel, was für einen andern die Begegnung mit einer Frau. Diese Augenblicke waren seine platonischen Liebesnächte. Nur das Buch, niemals Geld hatte über ihn Macht. Vergebens versuchten darum große Sammler, darunter auch der Gründer der Universität in Princetown, ihn für ihre Bibliothek als Berater und Einkäufer zu gewinnen – Jakob Mendel lehnte ab; er war nicht anders zu denken als im Café Gluck. Vor dreiunddreißig Jahren, mit noch weichem, schwarzflaumigem Bart und geringelten Stirnlocken, war er, ein kleines schiefes Jüngel, aus dem Osten nach Wien gekommen, um Rabbinat zu studieren; aber bald hatte er den harten Eingott Jehovah verlassen, um sich der funkelnden und tausendfältigen Vielgötterei der Bücher zu ergeben. Damals hatte er zuerst ins Café Gluck gefunden, und allmählich wurde es seine Werkstatt, sein Hauptquartier, sein Postamt, seine Welt. Wie ein Astronom einsam auf seiner Sternwarte durch den winzigen Rundspalt des Teleskops allnächtlich die Myriaden Sterne betrachtet, ihre geheimnisvollen Gänge, ihr wandelndes Durcheinander, ihr Verlöschen und Sichwiederentzünden, so blickte Jakob Mendel durch seine Brille von diesem viereckigen Tisch in das andere Universum der Bücher, das gleichfalls ewig kreisende und sich umgebärende, in diese Welt über unserer Welt.

Selbstverständlich war er hoch angesehen im Café Gluck, dessen Ruhm sich für uns mehr an sein unsichtbares Katheder knüpfte als an die Patenschaft des hohen Musikers, des Schöpfers der »Alceste« und der »Iphigenia«: Christoph Willibald Gluck. Er gehörte dort ebenso zum Inventar wie die alte Kirschholzkasse, wie die beiden arg geflickten Billarde, der kupferne Kaffeekessel, und sein Tisch wurde gehütet wie ein Heiligtum. Denn seine zahlreichen Kundschaften und Auskundschafter wurden von dem Personal jedesmal freundlich zu irgendeiner Bestellung gedrängt, so daß der größere Gewinnteil seiner Wissenschaft eigentlich dem Oberkellner Deubler in die breite, hüftwärts getragene Ledertasche floß. Dafür genoß Buchmendel vielfache Privilegien. Das Telephon stand ihm frei, man hob ihm seine Briefe auf und besorgte alle Bestellungen; die alte, brave Toilettenfrau bürstete ihm den Mantel, nähte Knöpfe an und trug ihm jede Woche ein kleines Bündel zur Wäsche. Ihm allein durfte aus dem nachbarlichen Gasthaus eine Mittagsmahlzeit geholt werden, und jeden Morgen kam der Herr Standhartner, der Besitzer, in persona an seinen Tisch und begrüßte ihn (freilich meist, ohne daß Jakob Mendel, in seine Bücher vertieft, diesen Gruß bemerkte). Punkt halb acht Uhr morgens trat er ein, und erst, wenn man die Lichter auslöschte, verließ er das Lokal. Zu den andern Gästen sprach er nie, er las keine Zeitung, bemerkte keine Veränderung, und als der Herr Standhartner ihn einmal höflich fragte, ob er bei dem elektrischen Licht nicht besser lese als früher bei dem fahlen, zuckenden Schein der Auerlampen, starrte er verwundert zu den Glühbirnen auf: diese Veränderung war trotz dem Lärm und Gehämmer einer mehrtägigen Installation vollkommen an ihm vorbeigegangen. Nur durch die zwei runden Löcher der Brille, durch diese beiden blitzenden und saugenden Linsen filterten sich die Milliarden schwarzer Infusorien der Lettern in sein Gehirn, alles andere Geschehen strömte als leerer Lärm an ihm vorbei. Eigentlich hatte er mehr als dreißig Jahre, also den ganzen wachen Teil seines Lebens, einzig hier an diesem viereckigen Tisch lesend, vergleichend, kalkulierend verbracht, in einem unablässig fortgesetzten, nur vom Schlaf unterbrochenen Dauertraum. Deshalb überkam mich eine Art Schrecken, als ich den orakelspendenden Mamortisch Jakob Mendels leer wie eine Grabplatte in diesem Raum dämmern sah. Jetzt erst, älter geworden, verstand ich, wieviel mit jedem solchen Menschen verschwindet, erstlich weil alles Einmalige von Tag zu Tag kostbarer wird in unserer rettungslos einförmiger werdenden Welt. Und dann: der junge, unerfahrene Mensch in mir hatte aus einer tiefen Ahnung diesen Jakob Mendel sehr lieb gehabt. Und doch, ich hatte vergessen können – allerdings in den Jahren des Krieges und in einer der seinen ähnlichen Hingabe an das eigene Werk. Jetzt aber, vor diesem leeren Tische, fühlte ich eine Art Scham vor ihm und eine erneuerte Neugier zugleich.

Denn wo war er hin, was war mit ihm geschehen? Ich rief den Kellner und fragte. Nein, einen Herrn Mendel, bedaure, den kenne er nicht, ein Herr dieses Namens verkehre nicht im Café. Aber vielleicht wisse der Oberkellner Bescheid. Dieser schob seinen Spitzbauch schwerfällig heran, zögerte, dachte nach: nein, auch ihm sei ein Herr Mendel nicht bekannt. Aber ob ich vielleicht den Herrn Mandl meine, den Herrn Mandl vom Kurzwarengeschäft in der Florianigasse? Ein bitterer Geschmack kam mir auf die Lippen, Geschmack von Vergänglichkeit: wozu lebt man, wenn der Wind hinter unserm Schuh schon die letzte Spur von uns wegträgt? Dreißig Jahre, vierzig vielleicht, hatte ein Mensch in diesen paar Quadratmetern Raum geatmet, gelesen, gedacht, gesprochen, und bloß drei Jahre, vier Jahre mußten hingehen, ein neuer Pharao kommen, und man wußte nichts mehr von Joseph, man wußte im Café Gluck nichts mehr von Jakob Mendel, dem Buchmendel! Beinahe zornig fragte ich den Oberkellner, ob ich nicht Herrn Standhartner sprechen könne oder ob nicht sonst wer im Hause sei vom alten Personal? Oh, der Herr Standhartner, o mein Gott, der habe längst das Café verkauft, der sei gestorben, und der alte Oberkellner, der lebe jetzt auf seinem Gütel bei Krems. Nein, niemand sei mehr da . . . oder doch! Ja doch – die Frau Sporschil sei noch da, die Toilettenfrau (vulgo Schokoladefrau). Aber die könne sich gewiß nicht mehr an die einzelnen Gäste erinnern. Ich dachte gleich: einen Jakob Mendel vergißt man nicht, und ließ sie mir kommen.

Sie kam, die Frau Sporschil, weißhaarig, zerrauft, mit ein wenig wassersüchtigen Schritten aus ihren hintergründigen Gemächern und rieb sich noch hastig die roten Hände mit einem Tuch: offenbar hatte sie gerade ihr trübes Gelaß gefegt oder Fenster geputzt. An ihrer unsicheren Art merkte ich sofort: ihr wars unbehaglich, so plötzlich nach vorn unter die großen Glühbirnen in den noblen Teil des Cafés gerufen zu werden. So sah sie mich zunächst mißtrauisch an, mit einem Blick von unten herauf, einem sehr vorsichtig geduckten Blick. Was konnte ich Gutes von ihr wollen? Aber kaum daß ich nach Jakob Mendel fragte, starrte sie mich mit vollen, geradezu strömenden Augen an, die Schultern fuhren ihr ruckhaft auf. »Mein Gott, der arme Herr Mendel, daß an den noch jemand denkt! Ja, der arme Herr Mendel!« – fast weinte sie, so gerührt war sie, wie alte Leute es immer werden, wenn man sie an ihre Jugend, an irgendeine gute vergessene Gemeinsamkeit erinnert. Ich fragte, ob er noch lebe. »O mein Gott, der arme Herr Mendel, fünf oder sechs Jahre, nein, sieben Jahre muß der schon tot sein. So a lieber, guter Mensch, und wenn ich denk, wie lang ich ihn kennt hab, mehr als fünfundzwanzig Jahr, er war doch schon da, wie ich eintreten bin. Und eine Schand wars, wie man ihn hat sterben lassen.« Sie wurde immer aufgeregter, fragte, ob ich ein Verwandter sei. Es hätte sich ja nie jemand um ihn gekümmert, nie jemand nach ihm erkundigt – und ob ich denn nicht wisse, was mit ihm passiert sei?

Nein, ich wüßte nichts, versicherte ich; sie solle mir erzählen, alles erzählen. Die gute Person tat scheu und geniert und wischte immer wieder an ihren nassen Händen. Ich begriff: ihr war es peinlich, als Toilettenfrau mit ihrer schmutzigen Schürze und ihren zerstrubbelten weißen Haaren hier mitten im Kaffeehausraum zu stehen, außerdem blickte sie immer ängstlich nach rechts und links, ob nicht einer der Kellner zuhöre. So schlug ich ihr vor, wir wollten hinein in das Spielzimmer, an Mendels alten Platz: dort solle sie mir alles berichten. Gerührt nickte sie mir zu, dankbar, daß ich sie verstand, und ging voraus, die alte, schon ein wenig schwankende Frau, und ich hinter ihr. Die beiden Kellner staunten uns nach, sie spürten da einen Zusammenhang, und auch einige Gäste verwunderten sich über uns ungleiches Paar. Und drüben an seinem Tisch erzählte sie mir (manche Einzelheit ergänzte mir später anderer Bericht) von Jakob Mendels, von Buchmendels Untergang.

Ja also, er sei, so erzählte sie, auch nachher noch, als der Krieg schon begonnen, immer noch gekommen, Tag um Tag um halb acht Uhr früh, und genau so sei er gesessen und habe er den ganzen Tag studiert wie immer, ja sie hätten alle das Gefühl gehabt und oft darüber geredet, ihm sei's gar nicht zum Bewußtsein gekommen, daß Krieg sei. Ich wisse doch, in eine Zeitung habe er nie geschaut und nie mit wem andern gesprochen; aber auch wenn die Ausrufer ihren Mordslärm mit den Extrablättern machten und alle andern zusammenliefen, nie sei er da aufgestanden oder hätte zugehört. Er habe auch gar nicht gemerkt, daß der Franz fehle, der Kellner (der bei Gorlice gefallen sei), und nicht gewußt, daß sie den Sohn vom Herrn Standhartner bei Przemysl gefangen hatten, und nie kein Wort habe er gesagt, wie das Brot immer miserabler geworden ist und man ihm statt der Milch das elende Feigenkaffeegschlader hat geben müssen. Nur einmal habe er sich gewundert, daß jetzt so wenige Studenten kämen, das war alles. – »Mein Gott, der arme Mensch, den hat doch nichts gefreut und gekümmert als seine Bücher.«

Aber dann eines Tags, da sei das Unglück geschehen. Um elf Uhr vormittags, am hellichten Tag, sei ein Wachmann gekommen mit einem Geheimpolizisten, der hätte die Rosette gezeigt im Knopfloch und gefragt, ob hier ein Jakob Mendel verkehre. Dann wären sie gleich an den Tisch gegangen zum Mendel, und der hätte ahnungslos noch geglaubt, sie wollten Bücher verkaufen oder ihn was fragen. Aber gleich hätten sie ihn aufgefordert, mitzukommen, und ihn weggeführt. Eine rechte Schande sei es für das Kaffeehaus gewesen, alle Leute hätten sich herumgestellt um den armen Herrn Mendel, wie er dagestanden ist zwischen den beiden, die Brille unterm Haar, und hin- und hergeschaut hat von einem zum andern und nicht recht gewußt, was sie eigentlich von ihm wollten. Sie aber habe stante pede dem Gendarmen gesagt, das müsse ein Irrtum sein, ein Mann wie Herr Mendel könne keiner Fliege was tun; aber da habe der Geheimpolizist sie gleich angeschrien, sie solle sich nicht in Amtshandlungen einmischen. Und dann hätten sie ihn weggeführt, und er sei lange nicht mehr gekommen, zwei Jahre lang. Noch heute wisse sie nicht recht, was die damals von ihm gewollt hätten. »Aber ich leist ein Jurament«, sagte sie erregt, die alte Frau, »der Herr Mendel kann nichts Unrechtes getan haben. Die haben sich geirrt, da leg ich meine Hand ins Feuer. Es war ein Verbrechen an dem armen, unschuldigen Menschen, ein Verbrechen!«

Und sie hatte recht, die gute, rührende Frau Sporschil. Unser Freund Jakob Mendel hatte wahrhaftig nichts Unrechtes begangen, sondern nur (erst später erfuhr ich alle Einzelheiten) eine rasende, eine rührende, eine selbst in jenen irrwitzigen Zeiten ganz unwahrscheinliche Dummheit, erklärbar bloß aus der vollkommenen Versunkenheit, aus der Mondfernheit seiner einmaligen Erscheinung. Folgendes hatte sich ereignet: auf dem militärischen Zensuramt, das verpflichtet war, jede Korrespondenz mit dem Ausland zu überwachen, war eines Tages eine Postkarte abgefangen worden, geschrieben und unterschrieben von einem gewissen Jakob Mendel, ordnungsgemäß nach dem Ausland frankiert, aber – unglaublicher Fall – in das feindliche Ausland gerichtet, eine Postkarte an Jean Labourdaire, Buchhändler, Paris, Quai de Grenelle adressiert, in der ein gewisser Jakob Mendel sich beschwerte, die letzten acht Nummern des monatlichen »Bulletin bibliographique de la France« trotz vorausbezahltem Jahresabonnement nicht erhalten zu haben. Der eingestellte untere Zensurbeamte, ein Gymnasialprofessor, in Privatneigung Romanist, dem man einen blauen Landsturmrock umgestülpt hatte, staunte, als ihm dieses Schriftstück in die Hände kam. Ein dummer Spaß, dachte er. Unter den zweitausend Briefen, die er allwöchentlich auf dubiose Mitteilungen und spionageverdächtige Wendungen durchstöberte und durchleuchtete, war ihm ein so absurdes Faktum noch nie unter die Finger gekommen, daß jemand aus Österreich einen Brief nach Frankreich ganz sorglos adressierte, also ganz gemütlich eine Karte in das kriegführende Ausland so einfach in den Postkasten warf, als ob diese Grenzen seit 1914 nicht umnäht wären mit Stacheldraht und an jedem von Gott geschaffenen Tage Frankeich, Deutschland, Österreich und Rußland ihre männliche Einwohnerzahl gegenseitig um ein paar tausend Menschen kürzten. Zunächst legte er deshalb die Postkarte als Kuriosum in seine Schreibtischlade, ohne von dieser Absurdität weitere Meldung zu erstatten. Aber nach einigen Wochen kam abermals eine Karte desselben Jakob Mendel an einen Bookseller John Aldridge, London, Holborn Square, ob er ihm nicht die letzten Nummern des »Antiquarian« besorgen könnte, und abermals war sie unterfertigt von ebendemselben merkwürdigen Individuum Jakob Mendel, das mit rührender Naivität seine volle Adresse beischrieb. Nun wurde es dem in die Uniform eingenähten Gymnasialprofessor doch ein wenig eng unter dem Rock. Steckte am Ende irgendein rätselhafter chiffrierter Sinn hinter diesem vertölpelten Spaß? Jedenfalls, er stand auf, klappte die Hacken zusammen und legte dem Major die beiden Karten auf den Tisch. Der zog beide Schultern hoch: sonderbarer Fall! Zunächst avisierte er die Polizei, sie solle ausforschen, ob es diesen Jakob Mendel tatsächlich gäbe, und eine Stunde später war Jakob Mendel bereits dingfest gemacht und wurde, noch ganz taumelig von der Überraschung, vor den Major geführt. Der legte ihm die mysteriösen Postkarten vor, ob er sich als Absender bekenne. Erregt durch den strengen Ton und vor allem, weil man ihn bei der Lektüre eines wichtigen Katalogs aufgestört hatte, polterte Mendel beinahe grob, natürlich habe er diese Karten geschrieben. Man habe wohl noch das recht, ein Abonnement für sein gezahltes Geld zu reklamieren.

Der Major drehte sich im Sessel schief hinüber zu dem Leutnant am Nebentisch. Die beiden blinzelten sich einverständlich an: ein gebrannter Narr! Dann überlegte der Major, ob er den Einfaltspinsel nur scharf anbrummen und wegjagen sollte oder den Fall ernst aufziehen. In solchen unschlüssigen Verlegenheiten entschließt man sich bei jedem Amt fast immer, zunächst ein Protokoll aufzunehmen. Ein Protokoll ist immer gut. Nützt es nichts, so schadet es nichts, und nur ein sinnloser Papierbogen mehr unter Millionen ist vollgeschrieben.

In diesem Falle aber schadete es leider einem armen, ahnungslosen Menschen, denn schon bei der dritten Frage kam etwas sehr Verhängnisvolles zutage. Man forderte zuerst seinen Namen: Jakob, recte Jainkeff Mendel. Beruf: Hausierer (er besaß nämlich keine Buchhändlerlizenz, nur einen Hausiererschein). Die dritte Frage wurde zur Katastrophe: der Geburtsort. Jakob Mendel nannte einen kleinen Ort bei Petrikau. Der Major zog die Brauen hoch, Petrikau, lag das nicht in Russisch-Polen, nahe der Grenze? Verdächtig! Sehr verdächtig! So inquirierte er nun strenger, wann er die österreichische Staatsbürgerschaft erworben habe. Mendels Brille starrte ihn dunkel und verwundert an: er verstand nicht recht. Zum Teufel, ob und wo er seine Papiere habe, seine Dokumente? Er habe keine andern als den Hausierschein. Der Major schob die Stirnfalten immer höher. Also wie es mit seiner Staatsbürgerschaft stehe, solle er endlich einmal erklären. Was sein Vater gewesen sei, ob Österreicher oder Russe? Seelenruhig erwiderte Jakob Mendel: natürlich Russe. Und er selbst? Ach, er hätte sich schon vor dreiunddreißig Jahren über die russische Grenze geschmuggelt, seither lebe er in Wien. Der Major wurde immer unruhiger. Wann er hier das österreichische Staatsbürgerrecht erworben habe? Wozu? fragte Mendel. Er habe sich um solche Sachen nie gekümmert. So sei er also noch russischer Staatsbürger? Und Mendel, den diese öde Fragerei innerlich längst langweilte, antwortete gleichgültig: »Eigentlich ja.«

Der Major warf sich so brüsk erschrocken zurück, daß der Sessel knackte. Das gab es also! In Wien, in der Hauptstadt Österreichs, ging mitten im Kriege, Ende 1915, nach Tarnow und der großen Offensive, ein Russe unbehelligt spazieren, schrieb Briefe nach Frankreich und England, und die Polizei kümmerte sich um nichts. Und da wundern sich die Dummköpfe in den Zeitungen, daß Conrad von Hötzendorf nicht gleich nach Warschau vorwärtsgekommen ist, da staunen sie im Generalstab, wenn jede Truppenbewegung durch Spione nach Rußland weitergemeldet wird. Auch der Leutnant war aufgestanden und stellte sich an den Tisch: das Gespräch schaltete sich scharf um zum Verhör. Warum er sich nicht sofort gemeldet habe als Ausländer? Mendel, noch immer arglos, antwortete in seinem singenden jüdischen Jargon: »Wozu hätt ich mich melden sollen auf einmal?« In dieser umgedrehten Frage erblickte der Major eine Herausforderung und fragte drohend, ob er nicht die Ankündigungen gelesen habe? Nein! Ob er etwa auch keine Zeitungen lese? Nein!

Die beiden starrten den vor Unsicherheit schon leicht schwitzenden Jakob Mendel an, als sei der Mond mitten in ihr Bürozimmer gefallen. Dann rasselte das Telephon, knackten die Schreibmaschinen, liefen die Ordonnanzen, und Jakob Mendel wurde dem Garnisongefängnis überantwortet, um mit dem nächsten Schub in ein Konzentrationslager abgeführt zu werden. Als man ihm bedeutete, den beiden Soldaten zu folgen, starrte er ungewiß. Er verstand nicht, was man von ihm wollte, aber eigentlich hatte er keinerlei Sorge. Was konnte der Mann mit dem goldenen Kragen und der groben Stimme schließlich Böses mit ihm vorhaben? In seiner obern Welt der Bücher gab es keinen Krieg, kein Nichtverstehen, sondern nur das ewige Wissen und Nochmehrwissenwollen von Zahlen und Worten, von Titeln und Namen. So trollte er gutmütig zwischen den beiden Soldaten die Treppe hinunter. Erst als man ihm auf der Polizei alle Bücher aus den Manteltaschen nahm und die Brieftasche abforderte, in der er hundert wichtige Zettel und Kundenadressen stecken hatte, da erst begann er wütend um sich zu schlagen. Man mußte ihn bändigen. Aber dabei klirrte leider seine Brille zu Boden, und dies sein magisches Teleskop in die geistige Welt brach in mehrere Stücke. Zwei Tage später expedierte man ihn im dünnen Sommerrock in ein Konzentrationslager russischer Zivilgefangener bei Komorn.

Was Jakob Mendel in diesen zwei Jahren Konzentrationslager an seelischer Schrecknis erfahren, ohne Bücher, seine geliebten Bücher, ohne Geld, inmitten der gleichgültigen, groben, meist analphabetischen Gefährten dieses riesigen Menschenkotters, was er dort leidend erlebte, von seiner obern und einzigen Bücherwelt abgetrennt wie ein Adler mit zerschnittenen Schwingen von seinem ätherischen Element – hierüber fehlt jede Zeugenschaft. Aber allmählich weiß schon die von ihrer Tollheit ernüchterte Welt, daß von allen Grausamkeiten und verbrecherischen Übergriffen dieses Krieges keine sinnloser, überflüssiger und darum moralisch unentschuldbarer gewesen als das Zusammenfangen und Einhürden hinter Stacheldraht von ahnungslosen, längst dem Dienstalter entwachsenen Zivilpersonen, die viele Jahre in dem fremden Lande als in einer Heimat gewohnt und aus Treugläubigkeit an das selbst bei Tungusen und Araukanern geheiligte Gastrecht versäumt hatten, rechtzeitig zu fliehen – ein Verbrechen an der Zivilisation, gleich sinnlos begangen in Frankreich, Deutschland und England, auf jeder Scholle unseres irrwitzig gewordenen Europa. Und vielleicht wäre Jakob Mendel wie hundert andere Unschuldige in dieser Hürde dem Wahnsinn verfallen oder an Ruhr, an Entkräftung, an seelischer Zerrüttung erbärmlich zugrunde gegangen, hätte nicht knapp rechtzeitig ein Zufall, ein echt österreichischer, ihn noch einmal in seine Welt zurückgeholt. Es waren nämlich mehrmals nach seinem Verschwinden an seine Adresse Briefe von vornehmen Kunden gekommen; der Graf Schönberg, der ehemalige Statthalter von Steiermark, fanatischer Sammler heraldischer Werke, der frühere Dekan der theologischen Fakultät Siegenfeld, der an einem

Kommentar des Augustinus arbeitete, der achtzigjährige pensionierte Flottenadmiral Edler von Pisek, der noch immer an seinen Erinnerungen herumbesserte – sie alle, seine treuen Klienten, hatten wiederholt an Jakob Mendel ins Café Gluck geschrieben, und von diesen Briefen wurden dem Verschollenen einige in das Konzentrationslager nachgeschickt. Dort fielen sie dem zufällig gutgesinnten Hauptmann in die Hände, und der erstaunte, was für vornehme Bekanntschaften dieser kleine, halbblinde, schmutzige Jude habe, der, seit man ihm seine Brille zerschlagen (er hatte kein Geld, sich eine neue zu verschaffen), wie ein Maulwurf, grau, augenlos und stumm in einer Ecke hockte. Wer solche Freunde besaß, mußte immerhin etwas Besonderes sein. So erlaubte er Mendel, diese Briefe zu beantworten und seine Gönner um Fürsprache zu bitten. Die blieb nicht aus. Mit der leidenschaftlichen Solidarität aller Sammler kurbelten die Exzellenz sowie der Dekan ihre Verbindungen kräftig an, und ihre vereinte Bürgschaft erreichte, daß Buchmendel im Jahre 1917 nach mehr als zweijähriger Konfinierung wieder nach Wien zurückdurfte, freilich unter der Bedingung, sich täglich bei der Polizei zu melden. Aber doch, er durfte wieder in die freie Welt, in seinen alten, kleinen, engen Mansardenraum, er konnte wieder an seinen geliebten Bücherauslagen vorbei und vor allem zurück in sein Café Gluck.

Diese Rückkehr Mendels aus einer höllischen Unterwelt in das Café Gluck konnte mir die brave Frau Sporschil aus eigener Erfahrung schildern. »Eines Tages – Jessas, Marand Joseph, ich glaub, ich trau meinen Augen nicht – da schiebt sich die Tür auf, Sie wissen ja, in der gwissen schiefen Art, nur grad einen Spalt weit, wie er immer hereinkommen ist, und schon stolpert er ins Café, der arme Herr Mendel. Einen zerschundenen Militärmantel voller Stopfen hat er anghabt und irgendwas am Kopf, was vielleicht einmal ein Hut war, ein weggeworfener. Keinen Kragen hat er anghabt, und wie der Tod hat er ausgschaut, grau im Gesicht und grau das Haar und so mager, daß es einen derbarmt hat. Aber er kommt herein, grad, als ob nix gwesen wär, er fragt nix, er sagt nix, geht hin zu dem Tisch da und zieht den Mantel aus, aber nicht wie früher so fix und leicht, sondern schwer schnaufen müssen hat er dabei. Und kein Buch hat er mitghabt wie sonst – er setzt sich nur hin und sagt nix, und tut nur hinstarren vor sich mit ganz leere, ausgelaufene Augen. Erst nach und nach, wie wir ihm dann den ganzen Pack bracht haben von die Schriften, die was für ihn kommen waren aus Deutschland, da hat er wieder angfangen zu lesen. Aber er war nicht derselbige mehr.«

Nein, er war nicht derselbe, nicht das Miraculum mundi mehr, die magische Registratur aller Bücher: alle, die ihn damals sahen, haben mir wehmütig das gleiche berichtet. Irgend etwas schien rettungslos zerstört in seinem sonst stillen, nur wie schlafend lesenden Blick; etwas war zertrümmert: der grauenhafte Blutkomet mußte in seinem rasenden Lauf schmetternd hineingeschlagen haben auch in den abseitigen, friedlichen, in diesen alkyonischen Stern seiner Bücherwelt. Seine Augen, jahrzehntelang gewöhnt an die zarten, lautlosen, insektenfüßigen Lettern der Schrift, sie mußten Furchtbares gesehen haben in jener stacheldrahtumspannten Menschenhürde, denn die Lider schatteten schwer über den einst so flinken und ironisch funkelnden Pupillen, schläfrig und rotrandig dämmerten die vordem so lebhaften Blicke unter der reparierten, mit dünnem Bindfaden mühsam zusammengebundenen Brille. Und furchtbarer noch: in dem phantastischen Kunstbau seines Gedächtnisses mußte irgendein Pfeiler eingestürzt und das ganze Gefüge in Unordnung geraten sein; denn so zart ist ja unser Gehirn, dies aus subtilster Substanz gestaltete Schaltwerk, dies feinmechanische Präzisionsinstrument unseres Wissens zusammengestimmt, daß ein gestautes Äderchen, ein erschütterter Nerv, eine ermüdete Zelle, daß ein solches verschobenes Molekül schon zureicht, um die herrlich umfassendste, die sphärische Harmonie eines Geistes zum Verstummen zu bringen. Und in Mendels Gedächtnis, dieser einzigen Klaviatur des Wissens, stockten bei seiner Rückkunft die Tasten. Wenn ab und zu jemand um Auskunft kam, starrte er ihn erschöpft an und verstand nicht mehr genau, er verhörte sich und vergaß, was man ihm sagte – Mendel war nicht mehr Mendel, wie die Welt nicht mehr die Welt war. Nicht mehr wiegte ihn völlige Versunkenheit beim Lesen auf und nieder, sondern meist saß er starr, die Brille nur mechanisch gegen das Buch gewandt, ohne daß man wußte, ob er las oder nur vor sich hindämmerte. Mehrmals fiel ihm, so erzählte die Sporschil, der Kopf schwer nieder auf das Buch, und er schlief ein am hellichten Tag, manchmal starrte er wieder stundenlang in das fremde stinkende Licht der Azetylenlampe, die man ihm in jener Zeit der Kohlennot auf den Tisch gestellt. Nein, Mendel war nicht mehr Mendel, nicht mehr ein Wunder der Welt, sondern ein müd atmender, nutzloser Pack Bart und Kleider, sinnlos auf dem einst pythischen Sessel hingelastet, nicht mehr der Ruhm des Café Gluck, sondern eine Schande, ein Schmierfleck, übelriechend, widrig anzusehen, ein unbequemer, unnötiger Schmarotzer.

So empfand ihn auch der neue Besitzer, namens Florian Gurtner aus Retz, der, an Mehl- und Butterschiebungen im Hungerjahr 1919 reich geworden, dem biedern Standhartner für achtzigtausend rasch zerblätterte Papierkronen das Café Gluck abgeschwatzt hatte. Er griff mit seinen festen Bauernhänden scharf zu, krempelte das altehrwürdige Kaffeehaus hastig auf nobel um, kaufte für schlechte Zettel rechtzeitig neue Fauteuils, installierte ein Mamorportal und verhandelte bereits wegen des Nachbarlokals, um eine Musikdiele anzubauen. Bei dieser hastigen Verschönerung störte ihn natürlich sehr dieser galizische Schmarotzer, der tagsüber von früh bis nachts allein einen Tisch besetzt hielt und dabei im ganzen nur zwei Schalen Kaffee trank und fünf Brote verzehrte. Zwar hatte Standhartner ihm seinen alten Gast besonders ans Herz gelegt und zu erklären versucht, was für ein bedeutender und wichtiger Mann dieser Jakob Mendel sei, er hatte ihn sozusagen bei der Übergabe mit dem Inventar als ein auf dem Unternehmen lastendes Servitut mitübergeben. Aber Florian Gurtner hatte sich mit den neuen Möbeln und der blanken Aluminiumzahlkasse auch das massive Gewissen der Verdienerzeit zugelegt und wartete nur auf einen Vorwand, um diesen letzten lästigen Rest vorstädtischer Schäbigkeit aus seinem vornehm gewordenen Lokal hinauszukehren. Ein guter Anlaß schien sich bald einzustellen; denn es ging Jakob Mendel schlecht. Seine letzten gesparten Banknoten waren zerpulvert in der Papiermühle der Inflation, seine Kunden hatten sich verlaufen. Und wieder als kleiner Buchtrödler Treppen zu steigen, Bücher hausierend zusammenzuraffen, dazu fehlte dem Müdgewordenen die Kraft. Es ging ihm elend, man merkte das an hundert kleinen Zeichen. Selten ließ er sich mehr vom Gasthaus etwas herüberholen, und auch das kleine Entgelt für Kaffee und Brot blieb er immer länger schuldig, einmal sogar drei Wochen lang. Schon damals wollte ihn der Oberkellner auf die Straße setzen. Da erbarmte sich die brave Frau Sporschil, die Toilettenfrau, und bürgte für ihn.

Aber im nächsten Monat ereignete sich dann das Unglück. Bereits mehrmals hatte der neue Oberkellner bemerkt, daß es bei der Abrechnung nie recht mit dem Gebäck stimmen wollte. Immer mehr Brote erwiesen sich als fehlend, als angesagt und bezahlt waren. Sein Verdacht lenkte sich selbstverständlich gleich auf Mendel; denn mehrmals war schon der alte wacklige Dienstmann gekommen, um sich zu beschweren, Mendel sei ihm seit einem halben Jahre die Bezahlung schuldig, und er könne keinen Heller herauskriegen. So paßte der Oberkellner jetzt besonders auf, und schon zwei Tage später gelang es ihm, hinter dem Ofenschirm versteckt, Jakob Mendel zu ertappen, wie er heimlich von seinem Tische aufstand, in das andere vordere Zimmer hinüberging, rasch aus einem Brotkorb zwei Semmeln nahm und sie gierig in sich hineinstopfte. Bei der Abrechnung behauptete er, keine gegessen zu haben. Nun war das Verschwinden geklärt.

Der Kellner meldete sofort den Vorfall Herrn Gurtner, und dieser, froh des langgesuchten Vorwands, brüllte Mendel vor allen Leuten an, beschuldigte ihn des Diebstahls und tat sogar noch dick, daß er nicht sofort die Polizei rufe. Aber er befahl ihm, sogleich und für immer sich zum Teufel zu scheren. Jakob Mendel zitterte nur, sagte nichts, stolperte auf von seinem Sitz und ging.

»Ein Jammer war's«, schilderte die Frau Sporschil diesen seinen Abschied. »Nie werd ich's vergessen, wie er aufgstanden ist, die Brillen hinaufgschoben in die Stirn, weiß wie ein Handtuch. Nicht Zeit hat er sich genommen, den Mantel anzuziehen, obwohl's Januar war, Sie wissen ja, damals im kalten Jahr. Und sein Buch hat er liegen lassen auf dem Tisch in seinem Schreck, ich hab's erst später bemerkt und wollt's ihm noch nachtragen. Aber da war er schon hinabgestolpert zur Tür. Und weiter auf die Straßen hätt ich mich nicht traut; denn an die Tür hat sich der Herr Gurtner hingstellt und ihm nachgschrien, daß die Leut stehen blieben und zusammengelaufen sind. Ja, eine Schand war's, gschämt hab ich mich bis in die unterste Seel! So was hätt nicht passieren können bei dem alten Herrn Standhartner, daß man einen ausjagt nur wegen ein paar Semmeln, bei dem hätt er umsonst essen können noch sein Leben lang. Aber die Leute von heut, die haben ja kein Herz. Einen wegzutreiben, der über dreißig Jahre wo gsessen ist Tag für Tag – wirklich, eine Schand war's, und ich möcht's nicht zu verantworten haben vor dem lieben Gott – ich nicht.«

Ganz aufgeregt war sie geworden, die gute Frau, und mit der leidenschaftlichen Geschwätzigkeit des Alters wiederholte sie immer wieder das von der Schand und dem Herrn Standhartner, der zu so was nicht imstande gewesen wäre. So mußte ich sie schließlich fragen, was denn aus unserm Mendel geworden sei und ob sie ihn wiedergesehen. Da rappelte sie sich zusammen und wurde noch erregter: »Jeden Tag, wenn ich vorübergangen bin an seinem Tisch, jedesmal, das können S' mir glauben, hat's mir einen Stoß geben. Immer hab ich denken müssen, wo mag er jetzt sein, der arme Herr Mendel, und wenn ich gwußt hätt, wo er wohnt, ich wär hin, ihm was Warmes bringen; denn wo hätt er denn das Geld hernehmen sollen zum Heizen und zum Essen? Und Verwandte hat er auf der Welt, soviel ich weiß, niemanden gehabt. Aber schließlich, wie ich immer und immer nix gehört hab, da hab ich mir schon denkt, es muß vorbei mit ihm sein, und ich würd ihn nimmer sehen. Und schon hab ich überlegt, ob ich nicht sollt eine Messe für ihn lesen lassen; denn ein guter Mensch war er, und man hat sich doch gekannt, mehr als fünfundzwanzig Jahr.

Aber einmal in der Früh, um halb acht Uhr im Februar, ich putz grad das Messing an die Fensterstangen, auf einmal (ich mein, mich trifft der Schlag), auf einmal tut sich die Tür auf, und herein kommt der Mendel. Sie wissen ja: immer ist er so schief und verwirrt hereingschoben, aber diesmal war's noch irgendwie anders. Ich merk gleich, den reißt's hin und her, ganz glanzige Augen hat er gehabt und, mein Gott, wie er ausgschaut hat, nur Bein und Bart! Sofort kommt's mir entrisch vor, wie ich ihn so seh: ich denk mir gleich, der weiß von nichts, der geht am hellichten Tag umeinand als ein Schlafeter, der hat alles vergessen, das von die Semmeln und das vom Herrn Gurtner und wie schandbar sie ihn hinausgschmissen haben, der weiß nichts von sich selber. Gott sei Dank! der Herr Gurtner war noch nicht da, und der Oberkellner hat grad seinen Kaffee trunken. Da spring ich rasch hin, damit ich ihm klarmach, er soll nicht dableiben, sich nicht noch einmal hinauswerfen lassen von dem rohen Kerl« (und dabei sah sie sich scheu um und korrigierte rasch) – »ich mein, von Herrn Gurtner. Also ›Herr Mendel‹, ruf ich ihn an. Er starrt auf. Und da, in dem Augenblick, mein Gott, schrecklich war das, in dem Augenblick muß er sich an alles erinnert habn; denn er fahrt sofort zusammen und fangt an zu zittern, aber nicht bloß mit die Finger zittert er, nein, als ein Ganzer hat er gescheppert, daß man's bis an die Schultern kennt hat, und schon stolpert er wieder rasch auf die Tür zu. Dort ist er dann zusammgfallen. Wir haben gleich um die Rettungsgesellschaft telephoniert, und die hat ihn weggeführt, fiebrig, wie er war. Am Abend ist er gestorben, Lungenentzündung, hochgradige, hat der Doktor gesagt, und auch, daß er schon damals nicht mehr recht gewußt hat von sich, wie er noch einmal zu uns kommen ist. Es hat ihn halt nur so hergetrieben, als einen Schlafeten. Mein Gott, wenn man sechsunddreißig Jahr einmal wo gesessen ist jeden Tag, dann ist eben so ein Tisch einem sein Zuhaus.«

Wir sprachen noch lange von ihm, die beiden letzten, die diesen sonderbaren Menschen gekannt, ich, dem er als jungen Mann trotz seiner mikrobenhaft winzigen Existenz die erste Ahnung eines vollkommen umschlossenen Lebens im Geiste gegeben – sie, die arme, abgeschundene Toilettenfrau, die nie ein Buch gelesen, die diesem Kameraden ihrer untern armen Welt nur verbunden war, weil sie ihm durch fünfundzwanzig Jahre den Mantel gebürstet und die Knöpfe angenäht hatte. Und doch, wir verstanden einander wunderbar gut an seinem alten, verlassenen Tisch in der Gemeinschaft des vereint heraufbeschworenen Schattens; denn Erinnerung verbindet immer, und zwiefach jede Erinnerung in Liebe. Plötzlich, mitten im Schwatzen, besann sie sich: »Jessas, wie ich vergessig bin – das Buch hab ich ja noch, das was er damals am Tisch liegen lassen hat. Wo hätt ich's ihm denn hintragen sollen? Und nachher, wie sich niemand gemeldet hat, nachher hab ich gmeint, ich dürft's mir behalten als Andenken. Nicht wahr, da ist doch nix Unrechts dabei?« Hastig brachte sie's heran aus ihrem rückwärtigen Verschlag. Und ich hatte Mühe, ein kleines Lächeln zu unterdrücken; denn gerade dem Erschütternden mengt das immer spielfreudige und manchmal ironische Schicksal das Komische gerne boshaft zu. Es war der zweite Band von Hayns ›Bibliotheca Germanorum erotica et curiosa‹, das jedem Buchsammler wohlbekannte Kompendium galanter Literatur. Gerade dies skabröse Verzeichnis – habent sua fata libelli – war als letztes Vermächtnis des hingegangenen Magiers zurückgefallen in diese abgemürbten, rot aufgesprungenen, unwissenden Hände, die wohl nie ein anderes als das Gebetbuch gehalten. Ich hatte Mühe, meine Lippen festzuklemmen gegen das unwillkürlich von innen aufdrängende Lächeln, und dies kleine Zögern verwirrte die brave Frau. Ob's am Ende was Kostbares wär, oder ob ich meinte, daß sie's behalten dürft?

Ich schüttelte ihr herzlich die Hand. »Behalten Sie's nur ruhig, unser alter Freund Mendel hätte nur Freude, daß wenigstens einer von den vielen Tausenden, die ihm ein Buch danken, sich noch seiner erinnert.« Und dann ging ich und schämte mich vor dieser braven alten Frau, die in einfältiger und doch menschlichster Art diesem Toten treu geblieben. Denn sie, die Unbelehrte, sie hatte wenigstens ein Buch bewahrt, um seiner besser zu gedenken, ich aber, ich hatte jahrelang Buchmendel vergessen, gerade ich, der ich doch wissen sollte, daß man Bücher nur schafft, um über den eigenen Atem hinaus sich Menschen zu verbinden und sich so zu verteidigen gegen den unerbittlichen Widerpart alles Lebens: Vergänglichkeit und Vergessensein.

»Im Frühjahr 1941 schlief ich auf einer Antillen-Insel in einer Baracke
mit vielen spanischen Frauen. Wir warteten alle auf Schiffe,
um in die Länder zu fahren, die uns Asyl versprochen hatten.
Die spanischen Frauen sangen oft,
sie waren erregt in Leid und Freude, in Sicherheit und Ungewißheit.
Unter ihnen saß eine kleine dünne Frau,
grau waren ihr Haar und ihr Gesicht,
sie sah anders aus als die spanischen Frauen,
sie war auch immer stumm.
Einmal, als sie einem Kind einen Knopf annähte,
entfuhr ihr auf deutsch: ›Halt still!‹
Ich fragte sie, woher sie stamme, und sie erwiderte:
›Aus dem Rheinland, aus Algesheim.‹
Wir saßen an diesem Abend lange zusammen.
Bald darauf fuhr ich ab.
Ich weiß nicht, ob sie noch lebt.
Hier steht, was ich von ihr weiß.«

Anna Seghers

Agathe Schweigert

Eine Frau namens Helene Denhöfer lebte zu Beginn des Jahrhunderts in der kleinen Stadt Algesheim, nicht weit vom Rhein. Sie hatte von ihrem Mann ein Kurzwarengeschäft am Stadtrand geerbt, das sie ausgezeichnet versah mit Hilfe ihrer Tochter Agathe. Das Mädchen bediente von klein auf die Kundschaft, sobald es die Schulaufgaben beendet hatte.

Die winzige Wohnung lag hinter dem Laden auf den Hof zu. Der Hof war in Gartenvierecke eingeteilt; ihr eigenes zu gießen und zu jäten, war gleichfalls eine der Pflichten des Mädchens. Es hätte wohl sonst noch bläßlicher ausgesehen, noch schwächlicher.

In den Gesprächen von Mutter und Tochter kam nichts anderes vor als die Kundschaft und ihr Bedürfnis an allen Kleinigkeiten, die man Kurzwaren nennt, Bänder und Knöpfe, Nadeln und Litzen und Garne und ähnliche Dinge. Kaum wahrnehmbare Veränderungen in Herstellungsart und Mode waren ein Grund zu Erörterungen, ja zu Kopfzerbrechen, damit man schnell, aber mit ein paar Pfennigen Vorteil das Gewünschte verkaufe.

Die Kundschaft vergrößerte sich bei soviel Eifer und damit der Umsatz, freilich stets den bescheidenen Waren entsprechend. Dazu kam, daß sich mit den Jahren ein paar neue Straßen um den ursprünglichen Stadtrand legten. Eine Konservenfabrik war entstanden, ihre Spargel und Erbsen waren bekannt. Bahnlinien berührten Algesheim; das Städtchen erhielt einen neuen Rangierbahnhof. Bald bildeten mehrere Häuserblocks, meistens von Eisenbahnern und Eisenbahnarbeitern bewohnt, ein Anhängsel mehr als einen Vorort. Frau Denhöfer war zu allen freundlich, wenn sie auch im Herzen die alten Käufer bevorzugte, Handwerker, Geschäftsleute wie sie selbst und kleine Beamte.

Agathe freute sich auf die Schulentlassung, denn in Zukunft konnte sie ohne Behinderung der Mutter im Laden helfen.

Da im selben Sommer der erste Weltkrieg ausbrach, schien ihre Hilfe fast unerläßlich. Die Stadt war voll von Soldaten, Tag und Nacht fuhren Truppentransporte über die Rheinebene nach Frankreich. Mit den Fahnen und mit der Marschmusik kam eine neue, hitzige, unbekannte Geschäftigkeit über ganz Algesheim, selbst über Frau Denhöfer. Fremde Menschen in Uniformen, alte Bekannte, die aber in Uniformen völlig verändert schienen, forderten ihren Bedarf an Knöpfen und Litzen und Garnen, goldenen und silbernen, an aller Art Kurzwaren, die mit Uniformen zusammenhingen, mit vaterländischen Festen und auch schon mit Trauerkleidern. Frau Denhöfer, in ihrem Geschäft von jeher gefaßt auf Veränderungen, ließ sich nicht so leicht schwindelig machen. Sie hob einen Notpfennig auf und auch ein kleines geheimes Warenlager, falls der Notpfennig schmelze. Und Agathe vertraute der Mutter. Sie sprach im gleichen eifrigen Ton mit den Käufern über Siege und über Generäle, und nach der Marneschlacht sprach sie beklommen.

Als mit den Niederlagen der Hunger kam, schien es zuerst, Frau Denhöfer und ihre Tochter seien an Einschränkungen gewöhnt, die neuen könnten ihnen nichts anhaben. Von einer Hamsterfahrt in die Dörfer bei frostigem Herbstregen kam aber Frau Denhöfer mit einem für ihre Kleinheit und Magerkeit erstaunlich wilden Husten zurück. Daraus entstand Lungenentzündung; sie starb.

An dem Leben der Tochter war dadurch nicht viel verändert. Die dünne, aber bis in die Todesstunde hartnäckige Stimme der Mutter fehlte ihr abends beim Kassemachen. So sehr glich die schmächtige, zuerst schwarz, dann grau gekleidete Agathe ihrer Mutter, sie war so eifrig und aufmerksam, daß auch die Käufer keine Veränderungen merkten. Sie vergaßen manchmal den Tod der Mutter und sagten Frau Denhöfer statt Fräulein Denhöfer.

Agathe selbst schien immer weiter von denselben Sorgen und Mühen bedrängt. Sie öffnete, als die schwerste Notzeit gekommen war, die von ihrer Mutter für diesen Fall vorbereitete Kiste. Jetzt konnten die Leute schlechterdings jeden Lappen verwerten. –

Manchmal humpelte auf Krücken ein Landsturmmann namens Schweigert in den Laden. Seine Frau war an Grippe gestorben. Sie hatte die Nachricht von seiner schweren Verwundung noch empfangen, seine Heimkehr hatte sie nicht mehr erlebt. Schweigert sah düster aus, das mühsame Gehen auf Krücken war ihm zuwider. Sein bißchen Essen machte er sich allein zurecht in der einsamen Küche. Er war Eisenbahner gewesen, ein guter Kollege, hilfsbereit, witzig. Er sehnte sich wohl noch immer in seinem Herzen nach etwas Glück. Die Einsamkeit fraß an ihm. Obwohl ihm das Gehen schwerfiel, zerlegte er jeden kleinen Einkauf in winzige Kleinigkeiten. Statt ein halbes Dutzend Knöpfe, kaufte er dreimal zwei Knöpfe. Vor Ladenschluß kam er wieder: Die Nähnadel sei ihm zersprungen. Rangieren, das hätte er gelernt, aber Knöpfe annähen falle ihm schwer.

Agathe nähte ihm, ohne zu lächeln, zwei Knöpfe fest. Und er sah erstaunt ihren weißen glasfeinen Fingern zu. Seine Frau war gutmütig und vergnügt gewesen, aber breit und lärmig. –

Die letzten Niederlagen, die Oktoberrevolution in Rußland, die Flucht des Kaisers nach Holland, die Gründung der Weimarer Republik, der Einmarsch der Franzosen, die Kämpfe in Berlin und an der Ruhr – das alles gab Anlaß genug zum Grübeln und Fragen und Streiten. Überall und in Algesheim. Niemand kümmerte sich darum, daß Agathe Denhöfer den Franz Schweigert geheiratet hatte.

Es sollte auch niemand erfahren, ob diese Ehe schlecht oder mittelmäßig oder besonders glücklich geworden war. Denn sie war sehr kurz, und fast jeder Mensch trug damals sein eigenes, fast unerträgliches Kriegsleid. Franz Schweigert starb, wie ihn auch Agathe pflegen mochte, an den Folgen seiner schweren Verwundung.

Sie besorgte emsig wie vorher ihr Geschäft. Darin schien nichts verändert zu sein, bis auf die Anwesenheit des Kindes, ein stilles, sauberes Büblein. Bei jedem Sonnenstrahl schlug ihm Agathe den Stall, den noch Schweigert gebastelt hatte, im Hof auf. Sie gab ihm zum Spielen Reste von Litzen und goldene und silberne Knöpfe, an denen kein Bedarf mehr war. Manche Käufer verwechselten immer noch Agathe mit ihrer Mutter, Frau Denhöfer. Und sie hielten das Kind für den Enkel. Es kam auch manchmal vor, daß ein Fremder die schmächtige Agathe für ein Schulmädchen hielt und das Kind für ihren kleinen Bruder.

Sie rechnete so genau wie ihre Mutter ihr's beigebracht hatte. Die Inflation hatte den Notpfennig verzehrt, Agathe begann von neuem zu sparen. Sie übernahm verschiedene Handarbeiten, ob Stricken, ob Stopfen, ihr war es gleich. Ganz langsam kam wieder etwas zusammen. Sie brauchte das Geld für den Sohn, der sollte etwas Besonderes werden, sie wußte noch nicht genau was.

Bisweilen kam ein Gerücht von der Ruhr her oder aus Sachsen, von Hamburg oder von München. Sie kannte sich weder in der Zeit aus noch dem Land, in dem Algesheim lag. – Einmal, frühmorgens, als sie vor Geschäftsbeginn ihr Ladenfenster säuberte, führten Polizisten einen wilden, immerzu in die Dämmerung schreienden Burschen an geketteten Händen zum Bahnhof, den Stadtrand entlang, damit die Begebenheit keine Wellen schlage. Agathe Schweigert war ganz verstört, ihr kam es vor wie ein böser Traum. Sie sagte nichts davon zu ihren Käufern, da diese auch nichts sagten.

Im selben Jahr saß ihr Sohn Ernst in der Schulbank, mit seinem blankgebürsteten Scheitel, mit seinen klugen Äuglein. Sie war fast enttäuscht, wie gut ihm die Veränderung schmeckte. Er spielte bald nicht mehr in ihrem Hofviereck, sondern in fremden Höfen. Er lernte leicht. Ein Freund, den er sich in der Schule zugelegt hatte, war ihr lästig.

Reinhold Schanz hieß der Freund. Ein grober Bengel. Er war das jüngste von vielen Geschwistern. Sein Vater hatte mit dem Schweigert auf dem Rangierbahnhof zusammen gearbeitet; das bedeutete viel für Ernst. Der Mutter aber war diese Familie Schanz fremd, ja befremdlich geblieben. Auch kaufte Frau Schanz von jeher in einem der anderen Geschäfte, die sich inzwischen in Algesheim aufgetan hatten.

Wenn Reinhold pfiff, war es um Ernst geschehen. Er sprang weg, oder er schlich sich weg durch fremde Höfe, zu ungelegenen Zeiten. Wenn er schließlich heimkam, war es schon dunkel, denn sie waren bis zum Rhein vorgedrungen. Das war es, was beide lockte, weil alles erst richtig am Ufer anfing, was überhaupt etwas wert war. Ernst begann nach seiner verspäteten, mit Besorgnis erwarteten Heimkehr rasch von ihren Erlebnissen zu erzählen. Dann ging auch der Schatten weg von dem Gesicht der Mutter, der ihn verwirrt hatte wie einstmals seinen Vater der Schimmer auf demselben Gesicht. Die Schweigert vergaß beim Zuhören all die ausgestandene Angst; ihr schien es, den Jungen seien Dinge begegnet, die Angst und Warten wettmachten. Sie hatten in dieser kurzen Zeit Schiffe und Menschen gesehen, die die Schweigert selbst niemals zu sehen bekam. Wann hätte sie auch die vielen Stunden Weg zu Fuß oder mit der Bahn zum Rhein machen sollen, wozu? Mit wem? Drei Schulausflüge in ihrer Kindheit waren verweht mit dem Staub jener heißen Sommertage. Ihr Mann war Invalide gewesen, ihre Mutter hatte bloß Geschäftsfahrten unternommen und zuletzt die tödliche Hamsterfahrt.

Ernst, während er gierig verschlang, was Agathe ihm vorgesetzt hatte, erzählte, bis in ihren Augen die Trauer völlig verschwunden war.

Trotz aller Abenteuer gelangen ihm seine Schulaufgaben, er wurde ein ausgezeichneter Schüler. Der Klassenlehrer kam eines Tages zu Frau Schweigert und sagte, der Junge sei für die höhere Schule geeignet, was ihr keine anderen Kosten verursachen würde als die für Bücher und Hefte.

Zu groß war die Freude, das Ziel geheimer Wünsche zu nahe gerückt, als daß sie sich gescheut hätte vor ein paar Lasten und Mühen mehr.

Die Anschaffungen waren, wie es sich zeigte, gar nicht einfach. Sie übernahm alle möglichen Nebenaufträge: Knopflöchernähen, Kunststopfen. Ernst brachte ihr gute Zeugnisse auch aus der neuen Schule.

Es war eine Enttäuschung, daß er den Reinhold Schanz, obwohl dieser nur acht Schuljahre machte, keineswegs aufgab. Er besuchte ihn erst recht, weil es lustig zuging unter so vielen Geschwistern und auch weil der Vater Schanz ihm mancherlei seltsame Vorkommnisse aus der Zeit seines Vaters erzählte.

Für die Familie Schanz war es, als die Krisenzeit kam, unmöglich, das Lehrgeld für den jüngsten Sohn, den Reinhold, aufzubringen. So kam er denn schließlich doch noch von Algesheim weg in eine Nachbarstadt, in die Werkstatt irgendeines Verwandten.

Da die Kundschaft durchweg ihre Einkäufe erschreckend herunterschraubte, verdiente die Schweigert das Geld für Schuhe und Kleider und auch für die vielen Schulbücher vor allem durch Nachtarbeit. Ernst stieg vergnügt und ganz leicht von einer Klasse zur anderen. Er las ihr oft etwas vor mit seiner eindringlichen Stimme, und was sie hörte, auch wenn sie es nicht völlig verstand, erschien ihr all die Nachtarbeit wert.

Bei den Gesprächen über den Ladentisch verhielt sie sich still; sie wurde ohnedies nicht schlau aus den Meinungen. Über den Reichstagsbrand wurde von ihren Käufern kopfschüttelnd, erstaunt, manchmal mit einem gewissen Unglauben berichtet. Doch bald klang in vielen Gesprächen die Hoffnung auf eine Veränderung, auf feste Arbeit und reichlich Essen.

Agathe Schweigert hatte für Hitler so viel und so wenig übrig wie vormals für Kaiser Wilhelm oder den Präsidenten Ebert. Nur ihr Sohn Ernst ließ dann und wann eine spitze Bemerkung fallen, die von dem Vater Schanz stammen mochte, auf dem Umweg über Reinhold, den er, wie sich dabei erwies, immer noch hin und wieder traf. Obwohl ihr Reinhold zuwider war, horchte sie unbewußt auf die Meinung des Vaters. War der doch der einzige Mensch, von dem sie annehmen konnte, daß er ihrem Mann einstmals nahegestanden hatte. Sie brachte es aber nicht über sich, so wenig wie sie so was als Kind vermocht hätte, ihn anzusprechen, ihm Fragen zu stellen.

In ihrem kleinen Geschäft war eine Belebung spürbar. Sie erschrak, wenn Ernst ihr unbedacht die Meinung des Schanz wiederholte, das sei für die Katz, man werde schon sehen, was nachkomme. Es war ihr leid, daß sie nicht immerzu bis ins kleinste den Ratschlägen ihrer Mutter gefolgt war. Dann hätte sie sich eine Kiste mit Borten und Litzen und Tressen und Garnen aufbewahrt, die sie als unverwertbar zum Teil verschludert hatte. Wieviel weißes Zeug, sogar weißes Band war von einem Tag zum andern verlangt worden – in den Schulen hatten die Lehrerinnen aus den Fahnen die gelben Streifen herausgeschnitten und durch weiße ersetzt. Was ihr an den regen, beinahe erregten Bestellungen von allerlei Stücken in vorgeschriebenen Farben und Mustern wichtig dünkte, war die Möglichkeit, wieder ein bißchen Geld zurückzulegen. Ernst hatte unterdes sein Abitur gemacht. Er sollte in Frankfurt am Main Deutsch und Geschichte studieren, um Oberlehrer zu werden. Sie war über diese Aussicht glücklich und über den Abschied voll Kummer.

Die Briefe, die zuerst regelmäßig kamen, hielten sie aufrecht hinter dem Ladentisch und auch ein gewisser Stolz, daß ihm das Studium nur möglich war, weil sie ihr kleines Geschäft unerbittlich versah. Sie las sich seine Briefe abends vor, und dabei entstanden in ihrem Kopf die Menschen und Orte, die er beschrieb.

Bei seinem dritten oder vierten Besuch kam er ihr nicht mehr so fröhlich wie früher vor. Sein Gesicht war verärgert, es wurde ganz blaß vor Zorn, als er richtig sah, was die Mutter in ihrem Laden verkaufte, all das Zeugs, bestickt und bedruckt mit großen und kleinen winzigen Hakenkreuzen. Er schimpfte zwischen den Zähnen. Sie sagte erschrocken: »Wenn ich nichts verkaufe, wie kannst du sonst weiterlernen?« Als er sich verabschiedete nach einem abgekürzten, bedrückenden Aufenthalt, gab sie ihrem Bedürfnis nach und strich ihm über sein schönes dichtes Haar. Er sah sie traurig erstaunt an. Sein Mund war gleich darauf wieder bitter.

Seine Briefe kamen bald seltener, sie wurden knapper und frostiger. –

Eines Abends, es war schon spät, hörte sie einen leichten Sprung in ihr Gartenviereck, jemand drückte die Klinke der Hoftür herunter, sie fuhr freudig hoch, weil sie dachte, das könne nur Ernst sein. Es war aber Reinhold Schanz. Ihr kam er noch rauher als früher vor. Er sagte: »Hier ist ein Brief von Ihrem Sohn. Bitte tun Sie, was drin steht.«

Ernst Schweigert schrieb: »Liebe Mutter, gib meinem Freund Reinhold das Geld für das nächste Semester. Hoffentlich hast Du's greifbar. Gib ihm auch meinen Wintermantel und meine alten zwei Hemden, selbst wenn sie noch nicht geflickt sind. Ich danke Dir sehr, liebe Mutter, Dein Ernst.«

Frau Schweigert sagte: »Warum nur?«, und Reinhold Schanz sagte: »Er ist in Gefahr, und er muß schnell weg.«

Frau Schweigert fiel der Mann mit geketteten Händen zwischen zwei Polizisten ein, den sie einmal frühmorgens erblickt hatte. – Das Geld war zur Hand; es war ja die Woche, in der sie es abzuschicken pflegte, und sie tat dazu, was in ihrer Tageskasse war; in die Manteltaschen steckte sie Socken, und sie machte mit ihren geübten Fingern sehr schnell ein Wäschepaket. Sie fragte: »Wieso in Gefahr?«, und Reinhold Schanz antwortete: »Die haben was gegen Hitler verteilt, ein paar Studenten.« Er versuchte den Mantel anzuziehen, der war ihm aber zu eng und zu kurz, so nahm er ihn über den Arm, und das Geld steckte er ein, und das Paket klemmte er unter die Achsel. Er nickte dankend. Er sagte noch: »Wenn jemand fragt, ich war gar nicht hier.« Dann ging er rasch fort.

Die Schweigert löschte das Licht. Sie saß im Dunkeln und horchte, als ob die Nacht ihr mehr erklären könnte als Reinhold Schanz.

Am nächsten Morgen war es gut vor den Augen der Käufer, daß sie von jeher nur wenig sprach und immer bläßlich und kränklich aussah. Von der Nachtwache war ihr nichts anzumerken und auch von der nächsten nichts und von der übernächsten. Sie war erst beruhigt, als ein Zettel unter die Hoftür geschoben wurde: »Alles ging gut, er ist weg.«

In derselben Woche kamen zwei von der Staatspolizei, die fragten sie, wo ihr Sohn sei. Sie sah sie traurig an mit ihren müden und grauen Augen und erwiderte: »In Frankfurt, wo er studiert.« Schließlich, nach bohrender Befragung und aller Art Quengelei, ließ man die Frau in Ruhe. Die kam ihnen gar zu dümmlich vor.

Sie versah wie in der Vergangenheit ihr Geschäft, nur war sie jetzt vom Warten verzehrt, die Zeit schien ihr aus Schubladen zu bestehen, die sie andauernd öffnen und schließen mußte. Vor Uniformen war ihr nicht bang, weder vor braunen noch vor schwarzen. Sie hatte ja von klein auf mit den tausend winzigen

Kleinigkeiten zu tun gehabt, die unerläßlich waren zu ihrer Anfertigung. Wenn einer, was jetzt häufig geschah, großspurig ihren Laden betrat, würde er wohl so ein winziges Bestandteilchen fordern.

Ihr Ernst schrieb endlich aus Paris. Die Stadt sei wunderbar, und er könne ganz gut die Sprache verstehen, und er hätte alte und neue Freunde. Sie dachte: Jetzt muß er was anderes lernen, aber er lebt. Sie haben ihn nicht gefangen. – Saß sie abends in ihrem Hofzimmer, las sie, was Ernst inzwischen geschrieben hatte, sie überdachte auch, was er ihr gesagt hatte bei seinem letzten Besuch. Sie sah sein schönes Haar, seinen bitteren Mund. Und sie hörte den verächtlichen Ton in seiner Stimme, als er über den Krimskrams schimpfte, den sie verkaufen mußte. Jetzt erst recht. Algesheim war ja wieder voll von Soldaten, seit die Wehrmacht auf der Rheinebene lag.

Was sie furchtbar erregte, war die Rücksendung eines Briefes mit dem Vermerk »Adressat unbekannt«. Sie zerwühlte ihr Bett in den kommenden Nächten, oder sie legte sich gar nicht schlafen. Ihr Warten war aber völlig fruchtlos, es gab keinen Boten, der eine Nachricht durch die Türspalte schob. Sie nahm alle Briefe des Sohnes wieder und wieder vor, viele waren es nicht. In einem Brief stand, vielleicht würde sie eine Zeitlang nichts von ihm hören. Doch diesem Brief war noch einer gefolgt. Ihr blieb nichts anderes übrig, als in die öde Zeit hineinzuwarten.

Als sie nachts wiederum einen Brief nach dem anderen vornahm, stutzte sie über den Stempel »Toulouse« auf einer Briefmarke. Der war ihr zwar gleich aufgefallen, da ihr nichts in und an seinen Briefen entging, jetzt begann sie darüber nachzudenken. Auf den Briefbogen war »Grappe d'Or« gedruckt. Wenn Ernst nicht mehr am alten Ort war, war er vielleicht in dieser Stadt, vielleicht in der »Grappe d'Or«, sicher war er einmal dort gewesen, hatte dort an einem Tisch nach Algesheim geschrieben, jemand mußte ihn dort kennen.

Ihr Gesicht flog rot an vor Nachdenken, und ihre Augen glänzten. In ihrem Innern hatte sich ein Entschluß zu regen begonnen.

Es fiel niemand auf, daß sie gesprächiger wurde, auch nicht, daß sie achtgab auf die Gespräche im Laden. Von jeher hatte ihr unter den Käuferinnen ein altes Fräulein gefallen, das in der ersten Schulklasse ihren Sohn unterrichtet und ihn beim Einkaufen manchmal gelobt hatte. Als das Fräulein atemlos bei Geschäftsschluß noch etwas kaufte, faßte sich die Schweigert ein Herz, sie versuchte sich im Schwatzen über dieses und jenes, ihr Erröten verbarg sie im Suchen und Ordnen. – Ihr Zutrauen wurde rasch belohnt; denn als sie sich überwand und fragte, was es mit der Weltausstellung in Paris auf sich hätte, über die sie oft reden höre, wußte die Lehrerin Bescheid. Ihr Bruder besaß einen Freund, auch ein Lehrer, der fahre hin, alles sei verbilligt, Reise und Aufenthalt, alles sei darauf zugeschnitten, sogar die Behörden hierzuland erlaubten diese Reise.

Da dem Fräulein die Absicht des Freundes ihres Bruders bemerkenswert dünkte, brachte sie ganz von selbst bunte Prospekte und erklärte sie weitschweifig, wie es sich für eine Lehrerin gehörte. Und die Schweigert horchte so aufmerksam, ihre Fragen waren so genau, daß die Lehrerin lächelnd bemerkte: »Frau Denhöfer« – sie hatte sich nie an den Namen Schweigert gewöhnen können –, »mir kommt's vor, Sie wären auf einmal reiselustig?« – »Kann schon sein«, erwiderte Agathe, gleichfalls lächelnd mit ihrem blassen Mund.

Verschiedene Vorbereitungen hatte sie gleichlaufend mit den Erkundigungen betrieben. Sie hatte sich einen kleinen Handkoffer angeschafft und ihre Ersparnisse abgehoben.

Als in Algesheim eine milde Sommernacht endete, die Sterne waren fast verblaßt, und einige Straßen waren noch farblos im Morgengrauen, in den Fensterscheiben am äußersten Stadtrand funkelte schon die Sonne, die über der Rheinebene aufging, verschloß sie ihr Kurzwarengeschäft. Sie trug die Schlüssel zur Aufbewahrung in die Wohnung der alten Lehrerin. Es war erleichternd, daß auch der Freund des Bruders zuerst nach Frankfurt am Main fuhr, so daß sie sich dort beide zum französischen Konsul begeben konnten.

Im stillen hatte sie nur darum gefürchtet, ob ihr die Heimatbehörde den Paß ausstellen würde. Doch seit der fluchtartigen Abfahrt des Sohnes waren schon fast zwei Jahre vergangen; der neue Beamte hatte sie gar nicht gekannt, er hatte nur ihren frischen Fragebogen besehen, der glatt und sauber ausgefüllt war.

Sowohl die Fahrt über die Rheinbrücke wie der verzwickte Weg vom Frankfurter Bahnhof zum Konsulat und wieder zurück und ihre nächtliche Fahrt nach Frankreich mit den Kontrollen auf beiden Seiten der Grenze ließ sie ohne besonderes Staunen, ohne Erregung über sich ergehen. Denn sie hatte schon im voraus daheim alle möglichen Reisevorfälle durchgehechelt, ihr Kopf war jetzt zu müde zum Denken und ihr Herz zum Erregen, sie war ihres Zieles sicher geworden. In dem vollen Abteil war sie ein Krümelchen unter kräftigen, lebhaften Menschen. Ein schönes, schwarzäugiges Kind, das nicht mehr stillsitzen konnte, sobald es in Frankreich Tag war, riß sich den Rock ein zum Ärger seiner Mutter. Die Schweigert griff ihr Nähzeug und stopfte den Riß; das Kind war endlich still vor Verwunderung.

Sie konnte kein Wort mit den Fremden sprechen, doch wurden ihr diese zum Beistand am Ostbahnhof von Paris. Der Plan der Schweigert war, hier zuerst in das Haus zu fahren, in dem ihr Sohn gewohnt hatte; die fremde Frau setzte sie in den Autobus und reichte ihr den Handkoffer und sagte noch einmal: »Merci.«

Sie fand das kleine Hotel auf dem linken Ufer der Seine. Zuerst war die Wirtin unfreundlich, sie musterte verdrießlich diese hagere Fremde. Die war kläglich dran an Kleidung, Aussehn und Worten. Doch als Agathe ihren Familiennamen aufschrieb, erinnerte sich die Wirtin an den Sohn, sie rief: »Ah, Ernst!«, aufrichtig erstaunt, daß solch dürftiges Wesen so einen lustigen, hübschen Burschen zur Welt gebracht hatte. Ihr war es selbst leid, daß er fort war, warum und wohin, das wußte sie auch nicht. Ein Mieter, der deutsch verstand, war gerufen worden. Zu dritt beratschlagten sie, Agathe zeigte den Briefumschlag aus Toulouse, man meldete auf ihre Bitte eine Verbindung am Telefon mit der »Grappe d'Or« an.

Sie nagte, wartend, ein wenig an ihrem Reisevorrat. Bald gab niemand mehr auf sie acht. Sie kraulte die Katze der Wirtin. Ihr Herz fing heftig zu klopfen an, als stünde ihr etwas Besonderes bevor. Als das Telefon läutete, war ihr Sprung so jäh, daß die Katze von ihren Knien fiel und sich wütend sträubte.

Am Telefon in Toulouse erklang eine Männerstimme – vielleicht der Wirt der »Grappe d'Or«. Die Schweigert rief mehrmals den Namen des Sohnes, dazwischen rief sie: »Sa mère, seine Mutter!« Auf einmal schien es ihr, der Wirt in Toulouse hätte etwas begriffen, sie hörte ein Stimmengewirr, als frage er in das Zimmer zurück, und man gebe ihm einen Bescheid, und man berate hin und her. Dann kam eine andere Stimme, die irgendwie deutsch sprach: »Er ist nicht mehr hier, ich kann Ihnen nicht mehr sagen. Sie kommen her? Wann? Morgen schon?«

Die Schweigert seufzte, sie hatte geahnt, sie müsse bis nach Toulouse, und wenn sie es mußte, dann gleich.

In Algesheim hatte sie immer wieder versucht, sich etwas vorzustellen unter der Stadt, die ihrem Sohn überaus gut gefiel, es war ihr nicht gelungen. Jetzt, zwischen den Bahnhöfen von Paris, sah sie, durcheinandergeschüttelt, all die Bilder, die er in Briefen beschrieben hatte. Sie brauchte sich nichts mehr vorzustellen, sie brauchte sich auch nichts einzuprägen. Selbst in Gedanken wollte sie keine Sekunde verlieren. Sie fragte sich zum Billettschalter durch, sie wagte es kaum, einen heißen Kaffee zu schlucken, und im Zug wagte sie kaum zu schlafen.

Beißend hell war der Morgen in Toulouse. Manchmal tappte die Schweigert blind vor Erschöpfung die weiße Mauer entlang. Manchmal setzte sie sich auf ihren Koffer. Zum Glück war es beinahe dunkel, ja kühl in der Gasse, in der die »Grappe d'Or«

lag. Über der Tür und über den Fensterrahmen standen, wenn auch verwaschen, abgebröckelt, die Buchstaben, die sie vom Briefbogen kannte. Der Wirt betrachtete sie verwundert und mitleidig, auch mit ein wenig Belustigung. Er war fest und breit, und er hatte einen Schnurrbart. Und kümmerlich war die fremde Frau, aber sie war die Mutter des Jungen, der vor kurzem sein Gast gewesen war. Und er ließ den Mann rufen, der ihr gestern am Telefon auf deutsch geantwortet hatte.

Er erschien sofort, sogar atemlos. Er war jung, vielleicht so alt wie Ernst, mager und lang, sein Blick war gut – er rückte neben die Schweigert, um Auge in Auge mit ihr zu sprechen. Er nahm ihre Hand und strich ihr beruhigend über den Arm und hörte sich zuerst an, was sie von der Reise erzählte. »Ernst Schweigert war hier«, sagte er, »aber er ist nicht mehr hier. Sein letzter Brief ging vielleicht verloren. Er ist nach Spanien.« Frau Schweigert starrte ihn an, und wie sie fragte: »Wieso? Warum?«, begriff er, daß diese Frau mit seiner Auskunft nicht das geringste anfangen konnte. Und wie er sich auch anstrengen mochte, warum er selbst und seine Freunde, darunter Ernst Schweigert, in Internationalen Brigaden für die Spanische Republik zu kämpfen beschlossen hätten, wie er auch nach Worten suchte, um etwas davon zu erklären, er sah in dem fahlen Gesicht der Schweigert nur eine quälende Anstrengung, ein einziges Wort zu begreifen. Sie fragte immer wieder: »Wieso? Warum?« Zuletzt nicht einmal mehr mit der Stimme, die krank und heiser geworden war, nur mit den Lippen. Schließlich preßte sie den Mund zusammen, ihre blaugrauen Augen, die er dicht vor sich hatte, waren sehr hell geworden, fast weiß, ihre Pupillen winzig, als sehe sie in ein Licht. Sie zog den Arm unter seiner Hand weg und stand auf und sagte: »Da geh ich hin.« Er fragte, was sie dort anfangen wolle. Jetzt war sie es, die ruhig und geduldig erklärte, sie wolle ihren Sohn sehen, und als er behauptete, das sei unmöglich, erwiderte sie, doch, sie würde sicher nach Spanien fahren, wohin sie sonst fahren solle? Sie sprach in entschiedenem Ton, und er fragte sie schließlich etwas härter, was sie denn dort zu tun gedächte, um nicht der Spanischen Republik zur Last zu fallen. Herumhocken, ein hungriges Maul mehr und warten, warten? Da kam er schön an. Sie erwiderte gleichfalls härter, sie sei noch nie im Leben jemand zur Last gefallen, sie verstehe sich beinah auf jede Art Arbeit, Kriegszeit hätte sie auch schon erlebt, am Rhein kenne man so was, waschen und scheuern und stopfen und nähen und pflegen sei sie gewohnt. Nur, er müsse ihr helfen, diese Fahrt zu bewerkstelligen.

Inzwischen hatte der Wirt den Tisch gedeckt, er hatte Wein und Brot gebracht; wenn er die Sprache auch nicht verstand, er hörte die große Erregung heraus, und er dachte, seine Fischsuppe könne nicht schaden. Sie aßen und tranken zu dritt, beide betreuten die Schweigert, wie nie Menschen zuvor sie betreut hatten. Eine große Bangnis und ein großer Trost kamen zusammen in diesem Haus.

Der nächste Morgen erschien ihr nicht mehr so grell und heiß. Auch kam, wie er versprochen hatte, pünktlich der lange und magere Mensch, der über Ernst Bescheid gewußt hatte. Er führte sie durch die Stadt über einen weiten Platz, der gefegt war von Sonnenstrahlen, in eine Gasse, so eng und düster wie die Gasse der »Grappe d'Or«. Er sagte, hier sei das Haus, in dem man ihre Sache beraten würde. In engen Zimmern, die sie als eine Art Amt erkannte, mit Regalen und Pulten, schrieben und wühlten einige Männer und Frauen, die riefen sich Worte zu in verschiedenen Sprachen. Eine Frau sprach auf deutsch lange und leise mit dem Begleiter der Schweigert. Streng sah die Frau aus, sie trug eine Brille, darum dachte die Schweigert an die Lehrerin in Algesheim, bei der sie die Ladenschlüssel gelassen hatte, wie man an eine Traumperson denkt, das Schlüsselbund war so groß und wichtig wie das Gesicht mit der Brille.

Auf einmal drehte sich diese Frau zu ihr hin, sie fragte streng, was die Schweigert wolle und könne. Die Schweigert erwiderte klar und entschieden, sogar mit einem gewissen Stolz. Die bebrillte Frau, nicht unfreundlich, aber nüchtern und aufmerksam, gab ihr zuletzt einen Fragebogen, wie man einen auf jeder Art Amt den Leuten gibt.

In der folgenden Zeit gewöhnte sich die Schweigert daran, in einem Café unter den Arkaden im Schatten zu sitzen und den großen Platz zu betrachten. Der Wirt der »Grappe d'Or« war ganz verwundert, als sie rechtzeitig vor der Abreise ohne Zögern genau bezahlte. Und er stieß mit ihr an, und er betrachtete sie noch einmal erstaunt und mitleidig wie bei ihrer Ankunft, aber ohne Belustigung. Sie hatte Vertrauen zu ihm gefaßt und überließ ihm zur Aufbewahrung einen Rest ihres Geldes. –

Dicht vor der spanischen Grenze erkannte sie drei, vier Menschen wieder, die im selben Zug mit ihr gefahren waren. Ihr Herz war dumpf in dem langen Tunnel unter der Erde, der nach Spanien führte. Ihre Begleiter, meistens so jung wie ihr Sohn und der magere lange Mensch von Toulouse – aber es gab auch einen weißhaarigen, der mindestens so alt wie sie selbst war, und es gab auch ein blutjunges Mädchen –, nahmen sich ihrer an, als hätten sie's untereinander ausgemacht, trugen abwechselnd ihren Handkoffer, obwohl alle selbst beladen waren. Die Schweigert wunderte sich noch immer, wie sich solche fremden Menschen durch Gesten und Worte ständig miteinander verbanden. Auch sie wandte sich schließlich an diese Leute, als hätte sie lange zuvor unter ihnen gelebt, aber in Wirklichkeit hatte sie niemals unter solchen gelebt wie die, die mit ihr in dem dumpfen Tunnel auf die spanische Seite gingen.

Sie sah erstaunt, ohne Ängstlichkeit an dem Soldaten hinauf, der mit einem harten Gesicht unter der Fahne rot-gold-violett ihre Papiere prüfte. Er hatte eine Furche zwischen den Brauen, und er sah kurz herunter auf das Gesicht der Schweigert, das auch eine Furche hatte zwischen den Brauen. Nicht mehr fassungslos, aufs Geratewohl, sondern fest überzeugt, sie könne, wenn sie nur unumwunden darauf bestünde, ihr Ziel erreichen, gelangte sie schließlich durch viele Kontrollen nach Barcelona.

In der deutschen Abteilung der Interbrigaden erfuhr sie den Standort des Regiments, zu dem ihr Sohn gehörte. Sie schrieb ihm: »Jetzt bin ich hier.«

Man beriet noch, welche Arbeit man dieser Frau zuweisen könne, als eine Nachricht vom Regiment kam, der Sohn läge mit einem Streifschuß im Lazarett in Albacete. Man gab ihr zu dem Passierschein einen Brief, sie könne nach ihrer Ankunft eingesetzt werden an Ort und Stelle.

Im Zug, im Lastwagen, nie kam es ihr vor, als fahre sie weiter und weiter fort, vielmehr war sie des Glaubens, sie sei bald angelangt. Jeder Aufenthalt war ihr quälend. Nur, manche Nacht lag sie im Freien, sie sah in den ausgestirnten Himmel. Dabei vergaß sie das Warten hier unten. Sie hatte noch nie so viele, so funkelnde Sterne gesehen. Sie hatte nur einmal in Algesheim am Ende der Nacht die letzten paar Sterne gesehn, verblassende, kümmerliche, als sie endgültig wegfuhr. Hier gab es wohl immer nachts solchen Prunk. Und dann, auf der Fahrt, die violetten Berge! Und Dörfer in Felsspalten! Und eine Ebene, so froh, als sei nichts anderes als Sonne möglich! Und weiche, waldige Berge und Meer – alles kam, wenn man die Ladentür hinter sich abschloß! Oft zeigte sie ihren Passierschein vor, ganz froh, wenn man ihn forderte, sie spürte jedesmal Stolz und Genugtuung. Im Lastwagen oder im vollen Abteil, immer fand sich noch ein schmaler Platz, mehr brauchte sie nicht. Allerorts waren Soldaten und Bauersleute und selbst die Kinder heftig erregt. Manchmal blieb ein Blick an ihr hängen, ganz betroffen, manchmal schlang plötzlich jemand den Arm um ihre Schulter und rief ihr, als sei sie taub, das Wort »Teruel« ins Ohr. Es klang oft in den Gesprächen, »Teruel«, »Teruel«. Ob es ein Mensch oder ein Ort war, wußte sie nicht. Und immer wieder zeigte sie ihren Passierschein mit Stolz und mit strenger Miene.

Das Krankenhaus war vordem ein Schloß gewesen und der Park ein Schloßpark. Sie sah beklommen dahin und dorthin. Einige Soldaten übten sich auf Krücken, mit zusammengebissenen oder lachenden Zähnen. Andere lagen, dick verbunden, im Schatten. Von ihrem Sohn wußte sie nur: ein Streifschuß. Nicht schwer. – Was hatte das zu bedeuten? Sie besaß ihre eigenen Erfahrungen von unheilbaren Wunden. Jetzt, da ihr Ziel erreicht war, fing ihr Herz erst an, sie mit schweren Schlägen zu warnen. Sie stieg die große weiße Treppe hinauf mit ihrem Handkoffer.

Im Verwaltungsbüro, als man endlich begriff, wer sie war, gab man ihr einen Brief. Sie sah die Handschrift des Sohnes. Sekundenlang war sie so erleichtert, ihr lange entbehrtes Glück wieder vor Augen zu haben, daß die Enttäuschung nicht gleich kam.

»Wie ich froh war, Mutter! Wie ich auf Dich gewartet habe! Aber ich durfte nicht länger bleiben. Ich komme zu Dir, sobald ich kann. Sicher ganz bald. Wie gut, daß Du nicht mehr weit weg bist, niemand von uns hat es so gut wie ich. Wirst Du hier bleiben? Sie brauchen ja alle Hände, und Du, Mutter, kannst alles.«

Trotz ihres Kummers war sie stolz auf die weiße Schürze, die sie von nun an trug wie die Krankenschwestern, obwohl ihre Arbeit nur darin bestand, Wäsche im Stand zu erhalten. In der ersten Zeit war davon reichlich vorhanden. Bald aber hieß es, nicht nur viele gebrauchte Stücke auszubessern, sondern aus allerlei brauchbaren Resten ständig genügend Bettzeug bereitzuhalten.

Aus der deutschen Brigade wurden viele Verwundete gebracht. Die Schweigert machte sich in den Krankensälen zu schaffen, um ihre Gespräche zu hören, um zu begreifen, welcher Mütter Söhne sie waren. Und sie suchte jetzt auf der Karte, wo ihr Sohn lag.

Eine spanische Krankenschwester namens Luisa hatte sie bald nach der Ankunft gefragt, so gut es ging, ob Ernst Schweigert wirklich ihr Sohn sei. Jedes Land, dachte Agathe, gibt seinem Namen eine Silbe dazu. Ernest hieß er in Frankreich, und in Spanien heißt er Ernesto. Dieses Mädchen war zart, seine Haut war so weiß, daß es kaum zu begreifen war, sein Haar war so schwarz wie ein Amselgefieder. Frau Schweigert betrachtete die Bilder, auf denen ihr Sohn mit Luisa zu sehen war. Sein Arm war verbunden: er sah aber froh und gelassen aus, wie er daheim nie ausgesehen hatte.

Wenn Luisa einen Brief bekam, lief sie damit zu der Schweigert, und die Schweigert lief zu Luisa, wenn sie selbst einen Brief bekam.

Eines Tages erschien es ihr, als ob die Menschen bei ihrem Anblick zögerten, ja, ihrem Blick auswichen. Etwas trieb sie, Luisa zu suchen. Die lag auf ihrem Bett und weinte. Die Schweigert berührte ihr Haar, da fuhr sie hoch und warf sich ihr an den Hals und weinte laut. Sie wiegte den Oberkörper der Schweigert, den sie fest umfaßt hielt, hin und her, doch die Schweigert hielt sich so steif, daß es war, als wiege sie ein Brett. Agathe Schweigert hatte bereits verstanden, daß Ernst gefallen war.

Später spürte sie mit gerunzelter Stirn, daß manch einer sie sanft berührte. Gute Worte wurden an ihr vorbei gemurmelt. In ihrem Innern und auch in ihrem Gesicht zog sich alles zusammen. Niemand erfuhr, ob sie nachts weinte.

Ihr eigenes Unglück war dicht gefolgt von den Unglücksschlägen auf die Menschen der Spanischen Republik. Während Frankreich keine Waffensendung durchließ, halfen die Italiener und Deutschen ungestört dem General Franco. Die Republikanische Armee war in zwei Teile zerrissen.

Im Krankenhaus lagen Verwundete auf jedem freien Stück Fußboden. Der Krieg war so nahe gerückt, daß man ihn hinter den Bergen hörte. Man würde bald aufbrechen müssen. Agathe Schweigert war wie gefeit gegen Schrecken und Furcht. Sie hatte keinen Schlaf nötig. Ihre Hände brachten andauernd alles fertig, Soldaten verbinden, blutiges Zeug waschen, Bettzeug und Wäsche flicken.

Wie sie da umherlief, lautlos, aber mit ständig regen Fingern, rief es plötzlich aus einem Bett: »Frau Schweigert!« Sie brauchte sich, weil sie klein war, nicht einmal über den Mann zu bücken. In dem bleichen, hochmütigen Gesicht im weißen Verband erkannte sie Reinhold Schanz. Er war gar nicht erstaunt, sie hier plötzlich zu sehen, vielleicht weil ihm, von Wundfieber gequält, immerzu unwahrscheinliche Bilder vorschwebten, vielleicht, ganz einfach, weil ihm Ernst Schweigert selbst noch von der Ankunft der Mutter erzählt hatte. Und er zog sie auf seinen Bettrand und erzählte ihr schonungslos, aber Klarheit verschaffend und dadurch erleichternd, Ernst Schweigert sei vor seinen Augen gefallen. »Er hat nicht gelitten, Frau Schweigert, er hat einen guten Tod gehabt.«

Sie nestelte an seinem Hemd und an seiner Decke. – Da Reinhold Schanz transportfähig war, benützte man die nächste Gelegenheit, um ihn mit mehreren Kameraden wegzuschaffen. Am zweiten Morgen lag schon ein Fremder in seinem Bett.

Luisa fuhr mit einem der nächsten Transporte ab. Sie warf sich an den Hals der Schweigert und weinte laut. Dabei fühlte die Frau noch einmal statt ihres andauernden dumpfen Kummers einen Stich, der unterträglich gewesen wäre, hätte er länger als eine Sekunde gedauert. Niemand hatte es ausdrücklich angeordnet, niemand erstaunte sich, daß die Schweigert half bis zuletzt, und sie half auch die letzten Verwundeten verbinden und in die Wagen schleppen. –

In dem Flüchtlingsstrom, der über die Pyrenäen zog, von Francos Soldaten auf der Erde und aus der Luft bis zur äußersten Grenze des Heimatbodens verfolgt, war die Schweigert allein mit ihrem kleinen, leichten Handkoffer. Den trug sie aber jetzt auf dem Rücken wie einen Tornister. Es gab viele einzelne Menschen auf diesem Weg. Die hatten entweder gleich beim Aufbruch ihren Anschluß verpaßt, oder sie hatten die Ihren unterwegs bei einem Fliegerangriff aus den Augen verloren. Mütter suchten ihre Kinder, Kinder ihre Eltern, Bräute ihre Freunde. Agathe Schweigert suchte niemand, sie hatte niemand aus den Augen verloren. Sie nahm sich unterwegs eines kleinen Jungen an, der sich am Fuß verletzt hatte, sie verband ihn, er war eines von mehreren Geschwistern, Mutter und Großvater gelang es kaum, die Kinder zusammenzuhalten und auf der Flucht zu versorgen. Aus ihrem Kopftuch stellte die Schweigert eine Trage her, auf der die zwei größeren Knaben den Kleinsten eine Zeitlang abwechselnd schleppten. Bald kamen die Mutter – sie hieß Maria Gonzalez – und ihr Schwiegervater, der Großvater, ein düsterer, kräftiger alter Mann, gar nicht ohne die Schweigert aus. Sie versorgte die jüngsten Kinder, Alfonso, der älteste, half ihr viel, der war wie sein Großvater, düster und kräftig. Ob der Vater, ein Offizier in der Republikanischen Armee, gefangen oder gefallen war, wußte niemand.

Als all diese spanischen Menschen, für die ein Leben unter der Herrschaft Francos undenkbar war, die Pyrenäen herunterzogen, entstand eine fassungslose Verwirrung an der französischen Grenze. Doch die Behörden, von der Regierung angewiesen, faßten sich und sperrten in Lager ein, wen sie greifen konnten. Die Familie Gonzalez, die aus einem alten Mann bestand und einer Frau und Kindern und schließlich auch aus Agathe Schweigert, die andauernd helfend ein großes Stück mit ihnen gezogen war, gelangte in die Nähe von Perpignan.

Mitleidig, in Ehrfurcht vor soviel aus eigenem Entschluß ertragenen Leid, nahm eine Bauersfamilie die Familie Gonzalez auf. Sie gab ihnen eine Scheune als Unterkunft und brachte ihnen zu essen, was möglich war. Die beiden Frauen verdienten sich bald ihre Unterkunft. So lebten sie alle zusammen, betreut von diesen französischen Bauern und ihnen zugleich eine Erntehilfe bis in den Herbst hinein. Der Weltkrieg brach aus. Zuerst lag die französische Armee der deutschen Wehrmacht an der Maginot-Linie starr gegenüber. Eine Ahnung bemächtigte sich der Menschen, daß das, was im Vorfrühling geschehen und in Spanien wie ein Ende erschienen war, den Anfang unerhörter Schrecken und Leiden auf dem ganzen Erdteil bedeuten könne.

Die Familie Gonzales fror schon in ihrer Scheune; durch mancherlei Arbeit beschafften die beiden Frauen Decken und Kinderzeug. Sie waren froh, wenn sie im Bauernhaus in der warmen Küche beim Schälen, beim Nähen und Flicken helfen konnten.

Niemand gab auf die Schweigert acht. Die war so stumm wie ihr Schatten, nur ihre Finger waren immer geschmeidig und rege.

Inzwischen hatte die Frau Gonzalez Nachricht von ihrem Mann erhalten. Er war interniert in einem Lager an der Küste, das nur einen halben Tag entfernt lag. Sie besuchte ihn bald. Die Schweigert hörte sich stumm, ohne etwas zu äußern, die Freude über das Wiedersehen an.

Eines Tages rief die Gonzalez: »Da ist auch für Sie ein Brief!« Diese Handschrift hatte Agathe noch nie erblickt. Im selben Lager, in dem der Mann der Gonzalez eingesperrt war, war auch Reinhold Schanz eingesperrt. An einem der öden Gefangenschaftstage, da jeder Brief etwas Neues für alle bedeutete, hatte Gonzales dem Schanz von der fremden Frau erzählt, die mit seiner Familie in der Nähe von Perpignan lebte. Als Reinhold Schanz nach manchen Rückfragen festgestellt hatte, daß diese Frau keine andere sein könne als die Mutter seines gefallenen Freundes, schrieb er ihr einen Brief.

»Ich bin so allein auf der Welt, Frau Schweigert, wie Sie. Bis auf die Genossen und Freunde. Im Sommer war es hier glühend heiß. Jetzt geht ein kalter Wind. Meine Malaria macht mir wieder zu schaffen. Ich weiß nicht, ob Sie das könnten, mir etwas Chinin zu beschaffen. Verzeihen Sie bitte.«

Bis jetzt hatte die Schweigert dahingelebt. Sie las ein paarmal den Brief und dachte nach. Wenn der Wirt der »Grappe d'Or« in Toulouse brav und anständig war, dann war gewiß ihr Geld noch unberührt. Sie schrieb ihm. Frau Gonzalez stellte verwundert fest, daß etwas wie eine Erregung in die Schweigert gekommen war. Kurz darauf traf ein Brief des Wirtes ein. Er schickte das Geld zurück.

An einem Wintermorgen, sie hatte den Nachtzug benutzt, um rechtzeitig anzukommen, stand sie vor dem Lagertor, durchweht und verfroren. In ihrem Handkoffer lagen ein Päckchen Chinin und auch etwas warmes Zeug für den Reinhold Schanz. Erstaunt, ungehalten betrachtete sie die Baracken hinter dem Stacheldraht. Es war ein Glück, daß sie den Nachtzug genommen hatte. Denn da sie von keiner Behörde eine Erlaubnis besaß, brauchte sie Zeit, um sich hier Einlaß zu verschaffen.

Die Garde mobile am Tor wollte sie durchaus nicht ins Lager lassen. Da sie den Mann aber nicht verstand und nur immer denselben Namen sagte, holte er seinen Vorgesetzten. Mit diesem begab sich dasselbe, und er führte sie vor den Leutnant. Der Leutnant sagte sich, daß die armselige Frau ihm bestimmt keinen Schaden bringen könnte. Auf seinen Befehl führte man sie in die leere Besuchsbaracke, und man holte den Reinhold Schanz.

Er sah rauh und verwildert aus. In seinem Gesicht lag ein großer Stolz. Um seinen Mund lag ein Zug von Spott über alles, was sich seinem jungen Leben entgegenstemmte. Dann ruhte sein Blick nachdenklich auf der Schweigert. Er dankte ihr für die Dinge, die sie aus dem Handkoffer nahm. Er hätte ihr gern über den Kopf gestrichen, aber er wagte es nicht recht.

Eines erzählte dem anderen, wie sein Leben verlaufen war, seit sie sich im Lazarett getroffen hatten. Ein Soldat erschien und rief: »Fini!« Die Schweigert stand zögernd auf, der Soldat wartete vor der Tür, Reinhold brachte sie ein paar Schritte heraus. Im hellen Sonnenschein wehte ein eisiger Wind. Sie nahmen Abschied voneinander; da drehte er sich noch einmal um. Er bückte sich und sagte schnell: »Bald fahren die Gonzalez' ab, viele fahren bald ab. Damit uns die Nazis nicht fangen, wenn der Krieg auch hierher kommt.«

Der Soldat rief noch einmal: »Fini!« Er wartete aber ein wenig. Ihn dauerte die alte Frau, die da im eisigen Wind stand, zum Umblasen leicht und klein, und zu dem Mann hinaufsehen mußte, wie er sich auch bückte. Reinhold Schanz fuhr fort: »Ein paar Länder in Südamerika versprechen uns Asyl und Arbeitserlaubnis, auch die Schiffsbillette wird man uns schicken. Es helfen sich gegenseitig die Freunde der Spanischen Republik. Jetzt stellen wir eine Liste auf, wer mit uns fahren soll. Und Sie, Frau Schweigert, Sie sind die Mutter von Ernst, und Sie haben auch viel selbst getan. Sie sollen darum mit uns fahren. Wo sollen Sie auch sonst hin? Doch nicht zurück nach Algesheim?«

»Nein, nein«, sagte Agathe Schweigert, »ich will mit euch.«

Im Frühjahr 1941 schlief ich auf einer Antillen-Insel in einer Baracke mit vielen spanischen Frauen. Wir warteten alle auf Schiffe, um in die Länder zu fahren, die uns Asyl versprochen hatten.

Die spanischen Frauen sangen oft, sie waren erregt in Leid und Freude, in Sicherheit und Ungewißheit. Unter ihnen saß eine kleine dünne Frau, grau waren ihr Haar und ihr Gesicht, sie sah anders aus als die spanischen Frauen, sie war auch immer stumm.

Einmal, als sie einem Kind einen Knopf annähte, entfuhr ihr auf deutsch: »Halt still!«

Ich fragte sie, woher sie stamme, und sie erwiderte: »Aus dem Rheinland, aus Algesheim.«

Wir saßen an diesem Abend lange zusammen. Bald darauf fuhr ich ab. Ich weiß nicht, ob sie noch lebt. Hier steht, was ich von ihr weiß.

»Mir wurde bald klar, daß der merkwürdige kleine Mann,
diensteifrig und zerlumpt wie er war,
für sich selbst ein ganz neues Wirtschaftssystem erfunden hatte.
Anstatt Geld auf die Sparkasse zu legen, zog er es vor,
sich bei seiner Umwelt ein Guthaben moralischer Verpflichtungen zu schaffen.
Er hatte ein kleines Vermögen in sozusagen unsichtbaren Krediten angelegt.«

Stefan Zweig

Ein Mensch, den man nicht vergißt

Undankbar wäre es, wollte ich den Menschen vergessen, der mich zwei der schwierigsten Dinge des Lebens gelehrt hat: einmal, aus völliger innerer Freiheit heraus sich der stärksten Macht der Welt, der Macht des Geldes nicht unterzuordnen, und dann, unter seinen Mitmenschen zu leben, ohne sich auch nur einen einzigen Feind zu schaffen.

Ich lernte diesen einzigartigen Menschen auf ganz einfache Weise kennen. Eines Nachmittags – ich wohnte damals in einer Kleinstadt – nahm ich meinen Spaniel auf einen Spaziergang mit. Plötzlich begann der Hund sich recht merkwürdig zu gebärden. Er wälzte sich am Boden, scheuerte sich an den Bäumen und jaulte und knurrte dabei fortwährend.

Noch ganz verwundert darüber, was er nur haben könne, gewahrte ich, daß jemand neben mir ging – ein Mann von ungefähr dreißig Jahren, ärmlich gekleidet und ohne Kragen und Hut. Ein Bettler, dachte ich und war schon dabei, in die Tasche zu greifen. Aber der Fremde lächelte mich ganz ruhig mit seinen klaren blauen Augen an wie ein alter Bekannter.

»Dem armen Tier fehlt was«, sagte er und zeigte auf den Hund. »Komm mal her, wir werden das gleich haben.«

Dabei duzte er mich, als wären wir gute Freunde; aus seinem Wesen sprach eine solch warmherzige Freundlichkeit, daß ich gar keinen Anstoß an dieser Vertraulichkeit nahm. Ich folgte ihm zu einer Bank und setzte mich neben ihn. Er rief den Hund mit einem scharfen Pfiff heran.

Und nun kommt das Merkwürdigste: mein Kaspar, sonst Fremden gegenüber äußerst mißtrauisch, kam heran und legte gehorsam seinen Kopf auf die Knie des Unbekannten. Der machte sich daran, mit seinen langen empfindsamen Fingern das Fell des Hundes zu untersuchen. Endlich ließ er ein befriedigtes »Aha« hören und nahm dann eine anscheinend recht schmerzhafte Operation vor, denn Kaspar jaulte mehrmals auf. Trotzdem machte er keine Miene wegzulaufen. Plötzlich ließ ihn der Mann wieder frei.

»Da haben wir's«, meinte er lachend und hielt etwas in die Höhe. »Nun kannst du wieder springen, Hundchen.« Während sich der Hund davonmachte, erhob sich der Fremde, sagte mit einem Kopfnicken »Grüß Gott« und ging seines Wegs. Er entfernte sich so rasch, daß ich nicht einmal daran denken konnte, ihm für seine Bemühung etwas zu geben, geschweige denn mich bedankte. Mit der gleichen selbstverständlichen Bestimmtheit, mit der er aufgetaucht war, verschwand er wieder.

Zu Hause angelangt, mußte ich noch immer an das seltsame Gehaben des Mannes denken und berichtete meiner alten Köchin von der Begegnung.

»Das war der Anton«, sagte sie. »Der hat ein Auge für solche Sachen.«

Ich fragte sie, was der Mann von Beruf sei und was er treibe, um seinen Lebensunterhalt zu verdienen.

Als sei meine Frage so erstaunlich, antwortete sie:

»Gar nichts. Einen Beruf? Was sollte er auch mit einem Beruf?«

»Na, schön und gut«, meinte ich, »aber schließlich muß doch jeder von irgend einer Beschäftigung leben?«

»Der Anton nicht«, sagte sie. »Dem gibt jeder von sich aus, was er nötig hat. Dem ist Geld ganz gleichgültig. Das braucht der gar nicht.«

Tatsächlich ein seltsamer Fall. In dieser kleinen Stadt, wie in jeder anderen kleinen Stadt auf der Welt, mußte man jedes Stück Brot und jedes Glas Bier mit Geld bezahlen. Man mußte sein Nachtquartier bezahlen und seine Kleidung. Wie brachte es dieser unscheinbare Mann in seinen abgerissenen Hosen fertig, ein so festgefügtes Gesetz zu umgehen und glücklich, frei von Sorgen dahinzuleben?

Ich beschloß, hinter das Geheimnis seines Tuns zu kommen und stellte dabei sehr bald fest, daß meine Köchin recht gehabt hatte. Dieser Anton hatte wirklich keine bestimmte Beschäftigung. Er begnügte sich damit, von früh bis abend in der Stadt herumzuschlendern – scheinbar ziellos –, aber mit seinen wachen Augen beobachtete er alles. So hielt er den Kutscher eines Wagens an und machte ihn darauf aufmerksam, daß sein Pferd schlecht angeschirrt sei. Oder er bemerkte, daß ein Pfosten in einem Zaun morsch geworden war. Dann rief er den Besitzer und riet ihm, den Zaun ausbessern zu lassen. Meistens übertrug man ihm dann die Arbeit, denn man wußte, daß er niemals aus Habgier Ratschläge erteilte, sondern aus aufrichtiger Freundlichkeit.

An wie vieler Leute Arbeit habe ich ihn nicht Hand anlegen sehen! Einmal fand ich ihn in einem Schusterladen Schuhe ausbessern, ein andermal als Aushilfskellner bei einer Gesellschaft, wieder ein andermal führte er Kinder spazieren. Und ich entdeckte, daß alle Leute sich in Notfällen an Anton wandten. Ja, eines Tages sah ich ihn auf dem Markt unter den Marktweibern sitzen und Äpfel verkaufen und erfuhr, daß die Eigentümerin des Standes im Kindbett lag und ihn gebeten hatte, sie zu vertreten.

Es gibt sicher in allen Städten viele Leute, die jede Arbeit verrichten. Das Einzigartige bei Anton aber war, daß er sich, wie hart seine Arbeit auch war, immer ganz entschieden weigerte, mehr Geld anzunehmen, als er für einen Tag brauchte. Und wenn es ihm gerade gut ging, dann nahm er überhaupt keine Bezahlung an.

»Ich sehe Sie schon noch mal wieder«, sagte er, »wenn ich wirklich was brauchen sollte.«

Mir wurde bald klar, daß der merkwürdige kleine Mann, diensteifrig und zerlumpt wie er war, für sich selbst ein ganz neues Wirtschaftssystem erfunden hatte. Er rechnete auf die Anständigkeit seiner Mitmenschen. Anstatt Geld auf die Sparkasse zu legen, zog er es vor, sich bei seiner Umwelt ein Guthaben moralischer Verpflichtungen zu schaffen. Er hatte ein kleines Vermögen in sozusagen unsichtbaren Krediten angelegt. Und selbst den kaltherzigsten Menschen war es nicht möglich, sich dem Gefühl der Verpflichtung gegenüber einem Manne zu entziehen, der ihnen seine Dienste wie eine freundliche Gunst erwies, ohne dafür jemals Bezahlung zu fordern.

Man brauchte Anton nur auf der Straße zu sehen, um zu erkennen, auf welche besondere Art man ihn schätzte. Alle Welt grüßte ihn herzlich, jedermann gab ihm die Hand. Der einfache freimütige Mann in seinem schäbigen Anzug wandelte durch die Stadt wie ein Grundeigentümer, der mit großzügigem und freundlichem Wesen seine Besitzungen überwacht. Alle Türen standen ihm offen, und er konnte sich an jedem Tisch niederlassen, alles stand zu seiner Verfügung. Nie habe ich so gut begriffen, welche Macht ein Mensch ausüben kann, der nicht für morgen sorgt, sondern einfach auf Gott vertraut.

Ich muß ehrlich gestehen, daß es mich zuerst ärgerte, wenn der Anton nach der Sache mit meinem Hunde mich nur im Vorbeigehen mit einem kleinen Kopfnicken grüßte, als wäre ich ein beliebiger Fremder für ihn. Offensichtlich wünschte er keinen Dank für seinen kleinen Dienst. Ich aber fühlte mich durch diese höfliche Unbefangenheit aus einer großen und freundschaftlichen Gemeinschaft ausgeschlossen. Als nun eine Reparatur im Hause zu machen war – aus einer undichten Dachrinne tropfte

Wasser –, veranlaßte ich meine Köchin, Anton holen zu lassen.

»Den kann man nicht einfach holen. Er hält sich nie lange am gleichen Ort auf. Aber ich kann ihn benachrichtigen.« Das war ihre Antwort.

So erfuhr ich, daß dies sonderbare Menschenwesen gar kein Zuhause hatte. Trotzdem war nichts leichter als ihn zu erreichen, eine Art drahtlose Telegraphie schien ihn mit der ganzen Stadt zu verbinden. Man konnte dem ersten Besten, den man traf, sagen: »Ich könnte jetzt den Anton gut brauchen.« Die Bestellung lief dann von Mund zu Mund, bis ihn zufällig jemand traf. Tatsächlich kam er auch noch am selben Nachmittag zu mir. Er ließ seinen prüfenden Blick rundherum gehen, meinte beim Gang durch den Garten, daß hier eine Hecke gestutzt werden müsse und dort ein junger Baum das Umpflanzen nötig hätte. Endlich sah er sich die Dachrinne an und machte sich an die Arbeit.

Zwei Stunden später erklärte er, nun sei die Sache in Ordnung und ging weg – wieder bevor ich ihm danken konnte. Aber diesmal hatte ich wenigstens die Köchin beauftragt, ihn anständig zu bezahlen. So erkundigte ich mich, ob Anton zufrieden gewesen sei.

»Aber natürlich«, gab sie zur Antwort, »der ist immer zufrieden. Ich wollte ihm sechs Schilling geben, aber er nahm nur zwei. Damit käme er für heute und morgen gut aus. Aber, wenn der Herr Doktor vielleicht einen alten Mantel für ihn übrig hätte – meinte er.«

Ich kann nur schwer mein Vergnügen beschreiben, diesem Mann – übrigens dem ersten Menschen in meiner Bekanntschaft, der weniger nahm, als man ihm anbot – einen Wunsch erfüllen zu können. Ich rannte ihm nach.

»Anton, Anton«, rief ich den Abhang hinunter, »ich habe einen Mantel für dich!«

Wieder begegneten meine Augen seinem leuchtenden ruhigen Blick. Er war nicht im geringsten erstaunt, daß ich hinter ihm hergelaufen kam. Es war für ihn nur natürlich, daß ein Mensch, der einen überzähligen Mantel besaß, ihn einem andern schenkte, der ihn bitter nötig hatte.

Meine Köchin mußte nun alle meine alten Sachen heraussuchen. Anton sah den Haufen durch, nahm sich dann einen Mantel heraus, probierte ihn an und sagte ganz ruhig: »Der hier wäre recht für mich!«

Er hatte das mit der Miene eines Herrn gesagt, der in einem Geschäft aus vorgelegten Waren seine Auswahl trifft. Dann warf er noch einen Blick auf die anderen Kleidungsstücke.

»Diese Schuhe könntest du dem Fritz in der Salsergasse schenken, der braucht nötig ein Paar! Und die Hemden da dem Joseph aus der Hauptstraße, die könnte er sich richten. Wenn's dir recht ist, bringe ich die Sachen für dich hin.«

Dies brachte er im hochherzigen Tone eines Menschen vor, der einem eine spontane Gunst erweist. Ich hatte das Gefühl, ihm dafür danken zu müssen, daß er meine Sachen an Leute verteilen wollte, die ich überhaupt nicht kannte. Er packte Schuhe und Hemden zusammen und fügte hinzu:

»Du bist wirklich ein anständiger Kerl, das alles so wegzuschenken!«

Und er verschwand.

Tatsächlich hat mir aber niemals eine lobende Kritik über eins meiner Bücher so viel Freude gemacht wie dies schlichte Kompliment. Ich habe in späteren Jahren noch oft voll Dankbarkeit an Anton denken müssen, denn kaum jemand hat mir so viel moralische Hilfe geleistet. Häufig, wenn ich mich über kleine Geldscherereien aufregte, habe ich mich an diesen Mann erinnert, der ruhig und vertrauensvoll in den Tag hineinlebte, weil er nie mehr wollte, als was für einen Tag reichte. Immer führte mich das zu der gleichen Überlegung: Wenn alle Welt sich gegenseitig vertrauen würde, gäbe es keine Polizei, keine Gerichte, keine Gefängnisse und... kein Geld. Wäre es nicht vielleicht besser um unser kompliziertes Wirtschaftsleben bestellt, wenn alle lebten wie dieser Mensch, der sich immer ganz und gar einsetzte und doch nur annahm, was er unbedingt brauchte?

Viele Jahre habe ich nichts mehr von Anton gehört. Aber ich kann mir kaum jemand vorstellen, um den es einem weniger bange zu sein braucht: er wird niemals von Gott verlassen werden und, was viel seltener ist, auch niemals von den Menschen.

»Wenn man sich vergegenwärtigte, daß dies alles
von den Händen und dem Herzen dieses Mannes herrührte,
ohne jede technischen Hilfsmittel, dann ging einem auf,
daß die Menschen auch in andern Gebieten
so schöpferisch sein könnten wie Gott,
nicht nur im Zerstören.«

Jean Giono

Der Mann mit den Bäumen

Damit der Charakter eines Menschen wahrhaft außergewöhnliche Qualitäten offenbare, muß man das Glück haben, seine Tätigkeit während vieler Jahre beobachten zu können. Und wenn dieses Tun frei ist von jeglichem Eigennutz und die ihn leitende Idee von beispiellosem Edelmut, wenn ferner sicher feststeht, daß er nirgendswoher Dank erwartet, und wenn er zu dem allem auf der Welt sichtbare Spuren hinterließ, dann hat man unfehlbar einen unvergeßlichen Charakter vor sich.

Vor etwa vierzig Jahren machte ich eine lange Fußwanderung auf den von Touristen nicht beachteten Höhen der Alpen, die gegen die Provence sich hinabsenken.

Ich durchstreifte das Hochland, wo es am breitesten war, und nach drei Tagen befand ich mich in einer unvergleichlichen Wüstenei. Ich kampierte neben einem verlassenen Dorf. Ich hatte seit dem Vorabend kein Wasser mehr gehabt, und so mußte ich welches finden. Die wie ein Wespennest dicht gedrängten Häuser, obzwar zerfallen, brachten mich auf den Gedanken, daß es hier einstmals eine Quelle oder einen Brunnen gehabt haben müsse. Es hatte auch eine Quelle, aber sie war vertrocknet. Die fünf, sechs Häuser ohne Dächer, von Wind und Wetter zerstört, die kleine Kapelle mit eingestürztem Türmchen waren angeordnet wie in den lebendigen Dörfern; aber alles Leben war daraus entwichen.

Es war ein schöner Junitag, mit viel Sonne, aber in diesen ungeschützten und gegen den Himmel offenen Gegenden blies der Wind mit einer unerträglichen Wucht. Sein Heulen in der Häusergruppe war das eines Wilden, der in seiner Ruhe gestört wird. Ich mußte weiter.

Nach fünf Stunden Marsch hatte ich noch immer kein Wasser gefunden, und nichts konnte mir die Hoffnung geben, welches zu finden. Überall die gleiche Trockenheit, die gleichen dürren Gräser. Da sah ich in der Ferne eine kleine schwarze Silhouette. Ich hielt sie für den Stumpf eines einsamen Baumes. Auf gut Glück ging ich auf ihn zu. Es war ein Hirte. Etwa fünfzig Schafe lagerten auf der heißen Erde und ruhten sich neben ihm aus.

Er gab mir zu trinken aus seiner Kürbisflasche, und dann führte er mich zu seiner Hütte in einer Mulde der Hochebene. Er holte Wasser, kostbares, aus einer sehr tiefen Zisterne; darüber hatte er eine primitive Winde eingerichtet.

Dieser Mann sprach wenig. Das ist eben so bei einsamen Menschen; aber man spürte, daß er seiner sicher war und dieser Sicherheit vertraute. Das war ungewöhnlich in dieser Einöde. Er wohnte nicht in einer Schäferhütte, sondern in einem Steinhaus, und man sah genau, wie durch seine Arbeit die Ruine, die er bei seiner Ankunft angetroffen hatte, ausgebessert worden war. Das Dach war solid und wasserdicht. Der Wind, der an den Dachsteinen rüttelte, klang wie das Rauschen des Meeres am Strand. Sein Haushalt war aufgeräumt, das Geschirr gewaschen, der Boden gekehrt, sein Wetzstahl eingeschmiert. Die Suppe kochte auf dem Herd. Ich bemerkte, daß er ebenfalls frisch rasiert war, daß alle seine Knöpfe gut angenäht waren, seine Kleider geflickt mit der peinlichen Sorgfalt, welche die Flicken unsichtbar macht.

Er teilte seine Suppe mit mir, wie ich ihm nachher meinen

Tabaksbeutel anbot; aber er sagte, er rauche nicht. Sein Hund, ebenso schweigsam wie der Meister, war wohlwollend ohne Unterwürfigkeit.

Man war sogleich übereingekommen, daß ich die Nacht über da bleiben sollte; das nächste Dorf war mehr als eine Tagereise von hier entfernt. Und zudem kannte ich die Art dieser seltenen Weiler zur Genüge. Es gibt deren vier oder fünf, der eine weit vom andern entfernt, auf diesen Bergabhängen, im Buschholz der Steineichen, weit ab von den Fahrstraßen. Sie sind bewohnt von den Köhlern, die Holzkohle brennen. Es lebt sich da sehr schlecht. Die Familien, eng zusammengedrängt in einem äußerst rauhen Klima, im Sommer wie im Winter, toben ihren Egoismus im engen Kreis aus. Das unvernünftige Verlangen zeigt sich im verhaltenen Wunsch, diesem Ort zu entfliehen.

Die Männer führen ihre Kohle mit den Camions in die Stadt und kommen dann wieder. Die stärksten Tugenden gehen unter diesem stetigen Wechsel von Hoch und Tief in Brüche. Die Frauen brüten Rache.

Um alles streitet man sich, ebensosehr um den Kohlenverkauf wie um die Bank in der Kirche, um die Tugenden, die sich gegenseitig bekämpfen, um die Laster, die einander widerstreiten, um den Neid der Tugenden und der Laster, unaufhörlich. Und zu all dem greift der ebenfalls unaufhörliche Wind noch die Nerven an. Es gibt ganze Epidemien von Selbstmord und zahlreiche Fälle mörderischen Wahnsinns.

Der Hirte, der nicht rauchte, holte einen kleinen Sack und schüttete einen Haufen Eicheln auf den Tisch. Er machte sich daran, sie genau zu untersuchen, indem er die guten von den schlechten ausschied. Ich rauchte meine Pfeife. Ich bot mich an, ihm zu helfen. Aber er meinte, das sei schon sein Geschäft. Und in der Tat: In Anbetracht der Sorgfalt, die er für diese Arbeit aufwandte, insistierte ich nicht. Damit erschöpfte sich unsere ganze Unterhaltung! Als er einen ziemlich großen Haufen guter Eicheln auf der Seite hatte, zählte er sie ab in Gruppen von zehn.

Dabei schied er noch die kleinen aus und die, welche leichte Risse hatten; denn er prüfte sie sehr genau. Als er endlich hundert vollkommene Eicheln vor sich hatte, hörte er auf, und wir gingen schlafen.

Dieser Mensch verbreitete Frieden um sich. Am andern Morgen fragte ich ihn, ob ich noch den ganzen Tag bei ihm ausruhen dürfe. Er fand das ganz natürlich, oder vielmehr, er erweckte den Eindruck, daß nichts ihn zu stören vermöge. Ich hatte diesen Ruhetag nicht unbedingt nötig, aber ich war neugierig und wollte noch mehr erfahren. Er trieb seine Herde aus dem Stall und führte sie auf die Weide. Vor dem Weggehen tränkte er den Sack mit den sorgfältig ausgewählten und gezählten Eicheln in einem Eimer Wasser.

Ich beobachtete, daß er an Stelle eines Steckens eine Eisenstange mitnahm, so dick wie der Daumen und ungefähr anderthalb Meter lang. Gemütlich wandernd schlug ich einen Weg ein, parallel dem seinen. Die Weide für seine Tiere befand sich in einer Mulde. Er überließ seine kleine Herde der Obhut des Hundes und ging den Hügel hinan, wo ich mich befand. Ich fürchtete, er käme, um mir Vorwürfe zu machen wegen meiner Neugierde, aber keine Spur davon: das war sein Weg, und er lud mich ein, ihn zu begleiten, wenn ich nichts Besonderes vorhätte. Er stieg noch zweihundert Meter höher hinauf.

Als er angekommen war da, wo er hin wollte, begann er, seinen Eisenstab in die Erde zu stoßen. So machte er ein Loch und legte eine Eichel hinein, dann machte er es wieder zu. Er pflanzte Eichen. Ich fragte ihn, ob das Land ihm gehöre. Nein, antwortete er. Ob er wisse, wem es denn gehöre. Er wußte es nicht. Er vermute, daß es Gemeindeland sei, oder dann gehöre es Leuten, die sich nicht darum kümmern. Ihn focht es nicht an, daß er die Besitzer nicht kannte. Er setzte so hundert Eicheln mit größter Sorgfalt.

Nach dem Mittagsmahl nahm er seine Arbeit wieder auf. Ich muß sehr hartnäckig gewesen sein bei meinem Ausfragen, daß er darauf antwortete. Seit drei Jahren pflanzte er Bäume in dieser Einsamkeit. Er hatte bereits 100000 gepflanzt. Von den 100000 hatten 20000 getrieben. Von diesen 20000, so rechne er, werde er noch die Hälfte verlieren durch die Nagetiere oder durch Umstände, die nicht vorauszusehen sind in den Plänen der Vorsehung. Es blieben also 10000, die hervorsproßten, da, wo es vorher nichts gegeben hatte.

Und nun fragte ich mich, welches Alter dieser Mann wohl habe, offenbar war er über 50. 55 sagte er mir. Er hieß Elzéard Bouffier. Er hatte einen Bauernhof besessen, in der Ebene unten. Dort hatte er sein Leben erfüllt. Er verlor seinen einzigen Sohn, danach auch seine Frau. Dann zog er sich in die Einsamkeit zurück, wo er Gefallen daran fand, beschaulich zu leben mit seinen Schafen und seinem Hund. Er hatte sich überlegt, daß diese Gegend absterben werde aus Mangel an Bäumen. Und er fügte bei, da er doch nichts Wichtiges zu tun hätte, habe er beschlossen, hier Abhilfe zu schaffen.

Da ich selbst, trotz meiner Jugend, damals ein einsames Leben führte, verstand ich es, behutsam mit einsamen Menschen umzugehen. Aber trotzdem beging ich einen Fehler. Eben wegen meiner Jugendlichkeit mußte ich an meine Zukunft denken und an das Erhaschen des Glücks. Ich sagte zu ihm, daß in dreißig Jahren diese 10000 Eichen großartig stehen würden. Er entgegnete sehr schlicht, wenn Gott ihm das Leben gebe, dann werde er so viele gepflanzt haben, daß diese 10000 wie ein Tropfen im Meer sein werden.

Er studierte übrigens bereits die Aufzucht der Buchen, und er hatte neben seinem Haus mit Bucheckern eine Pflanzschule angelegt. Die Setzlinge, die er mit einem Gitter vor den Schafen geschützt hatte, kamen prächtig. Er denke ebenfalls daran, so sagte er mir, weiter unten Birken zu pflanzen, da es dort einige Meter unter der Oberfläche Feuchtigkeit gebe.

Am folgenden Tag trennten wir uns.

Das Jahr darauf kam der Krieg von 1914, in den ich während

fünf Jahren einbezogen war. Ein Infanteriesoldat konnte nicht an Bäume denken! Um die Wahrheit zu sagen: die Sache hatte sich nicht tief eingegraben, ich hatte sie mehr nur als einen Zeitvertreib betrachtet, etwa wie eine Markensammlung, und vergessen.

Aus dem Krieg entlassen, befand ich mich im Besitz einer minimalen Demobilisationsprämie.

Ich hatte ein großes Bedürfnis nach frischer Luft. Deswegen, und aus keinem andern Grund, machte ich mich auf in jene Einöden.

Das Land hatte sich nicht verändert. Immerhin, oberhalb des zerfallenen Dorfes entdeckte ich in der Ferne so etwas wie einen grauen Nebel, der die Höhen wie ein Teppich bedeckte. Seit dem Vorabend dachte ich wieder an den Hirten, der Bäume pflanzte. 10000 Eichen, sagte ich mir, nehmen wirklich einen schönen Raum ein.

Ich hatte während dieser fünf Jahre zu viele Menschen sterben gesehen, als daß ich mir nicht leicht hätte vorstellen können, daß Elzéard Bouffier möglicherweise gestorben sei – um so mehr, als man mit zwanzig Jahren fünfzigjährige Männer als Greise betrachtet, die nichts anderes mehr zu tun haben, als zu sterben. Er war nicht gestorben. Er hatte nur noch vier Schafe, aber dafür hundert Bienenstöcke. Er hatte die Schafe abgegeben, weil sie die Baumplantagen gefährdeten. Um den Krieg hatte er sich ganz und gar nicht gekümmert! Er hatte unbeirrbar weiter gepflanzt!

Die Eichen von 1910 waren also zehn Jahre alt und höher als ich und als er. Dies Schauspiel war beeindruckend. Ich war buchstäblich sprachlos, und weil er auch nicht redete, verbrachten wir den ganzen Tag damit, daß wir schweigend im Wald herumgingen. Er maß in drei Abteilungen elf Kilometer in der Länge und drei Kilometer in der größten Breite. Wenn man sich vergegenwärtigte, daß dies alles von den Händen und dem Herzen dieses Mannes herrührte, ohne jede technischen Hilfsmittel, dann ging einem auf, daß die Menschen auch in andern Gebieten so schöpferisch sein könnten wie Gott, nicht nur im Zerstören.

Er hatte seine Idee weiterverfolgt, und Buchen, die mir bis zu den Schultern reichten, so weit man sehen konnte, bewiesen es. Die Eichen standen dicht und waren über das Alter hinaus, wo die Nagetiere ihnen etwas antun konnten. Wenn die Vorsehung dieses Werk zerstören wollte, wäre sie fortan auf Zyklone angewiesen. Er zeigte mir wunderbare Birkenhaine, die fünf Jahre alt waren, von 1915 stammten, wo ich vor Verdun kämpfte. Überall, wo er richtig Feuchtigkeit unter der Oberfläche vermutete, hatte er Birken gepflanzt; sie standen zart und schlank wie junge Mädchen.

Dieses schöpferische Werk schien sich kettenartig zu bewegen. Er kümmerte sich nicht darum. Er verfolgte hartnäckig seine Aufgabe. Aber als ich in die Dörfer hinunterkam, sah ich Wasser die Bachbette durchfließen, die seit Menschengedenken immer trocken gewesen waren. Das war die großartigste Kettenreaktion, die ich je gesehen habe. In sehr früher Zeit hatten diese trockenen Bachbette Wasser gehabt. Einige dieser traurigen Dörfer, von denen ich zu Beginn dieses Vortrags gesprochen habe, waren da gebaut worden, wo früher gallo-römische Siedlungen gewesen waren. Die Archäologen hatten den Grund durchforscht und Angelhaken gefunden an Orten, wo man im 20. Jahrhundert Zuflucht zu Zisternen suchen mußte, wenn man ein wenig Wasser haben wollte.

Auch der Wind verstreute gewisse Samen. Gleichzeitig mit dem Wasser erstanden auch wieder Weiden, Wiesen, Gärten, Blumen und ein gewisser Sinn des Lebens.

Aber die Veränderung ging so langsam vor sich, daß man sich an sie gewöhnte, ohne erstaunt zu sein. Die Jäger, die in diesen einsamen Gegenden nach Hasen oder Wildschweinen jagten, hatten wohl das Sprießen junger Bäume beachtet, aber sie hatten das irgendeiner Laune der Natur zugeschrieben. So störte niemand das Werk dieses Menschen. Wenn es entdeckt worden wäre, hätte man es vielleicht verhindert. Es blieb unbeachtet. Wer in den Dörfern unten und in den Büros hätte sich eine solche Beharrlichkeit in der schönsten Selbstlosigkeit vorstellen können?

Von 1920 an habe ich mindestens einmal jedes Jahr Elzéard Bouffier besucht. Ich habe ihn nie gebeugt oder zweifelnd gesehen. Und dennoch, wer weiß, ob nicht Gott selbst ihn dazu gedrängt hat! Ich habe seinen Verdruß nicht nachgerechnet. Man kann sich leicht vorstellen, daß es für ein solches Gelingen viel Widerwärtigkeit zu überwinden galt; daß man gegen Verzweiflung hat kämpfen müssen, um des guten Endes einer solchen Leidenschaft sicher zu sein. Im nächsten Jahr gab er die Ahorne auf, um auf die Buchen zurückzukommen, die noch besser gediehen als die Eichen.

Um ungefähr eine richtige Vorstellung davon zu haben, wie außergewöhnlich die Charakterfestigkeit dieses Mannes war, darf man nicht vergessen, daß sich alles in absoluter Einsamkeit abspielte. So absolut, daß er gegen das Ende seines Lebens die Gewohnheit zu sprechen verloren hat. Oder konnte er wohl deren Notwendigkeit nicht mehr einsehen?

Im Jahre 1933 bekam er den Besuch eines Forstwartes. Dieser Beamte gab ihm die Weisung, doch ja draußen kein Feuer zu machen, um das Gedeihen dieses *natürlichen* Waldes nicht zu gefährden. Das sei nämlich das erste Mal, sagte ihm dieser naive Bursche, daß man einen Wald ganz von selbst hervorsprießen sehe. Damals pflanzte er Buchen 12 Kilometer von seinem Haus entfernt. Um sich das Hin und Her zu ersparen – er war damals 75 Jahre alt –, faßte er den Plan, eine Steinhütte zu bauen am Ort der Pflanzungen, was er im folgenden Jahr auch ausgeführt hat.

Im Jahre 1935 kam wahrhaftig eine ganze Delegation, um den »*natürlichen Wald*« zu besichtigen. Ein hoher Beamter des Wasser- und Forstwesens war dabei, ein Abgeordneter, Techniker. Man redete viele unnütze Worte. Man beschloß, etwas zu unternehmen, aber glücklicherweise unternahm man nichts, es sei denn das einzig Vernünftige: man stellte den Wald unter Staatsschutz und verbot, daß man hier Kohle brenne. Denn es war unmöglich, nicht überwältigt zu sein von der Schönheit dieser jungen Bäume in voller Kraft. Und es machte sogar dem Abgeordneten Eindruck!

Ich hatte einen Freund unter den Forstvorstehern der Delegation. Ich eröffnete ihm das Geheimnis. An einem Tage der nächsten Woche suchten wir zusammen Elzéard Bouffier auf. Wir trafen ihn mitten in seiner Arbeit, 20 Kilometer vom Ort der Inspektion entfernt. Dieser Forsthauptmann war nicht umsonst mein Freund. Er hatte ein Werturteil über die Dinge. Er war auch verschwiegen. Ich bot die paar Eier an, die ich als Gastgeschenk mitgebracht hatte. Wir teilten das Frühstück unter uns dreien, und die Stunden vergingen in der stummen Betrachtung der Landschaft.

Die Seite, von der wir kamen, war bestanden mit Bäumen von sechs bis sieben Metern Höhe. Ich erinnerte mich des Anblicks dieser Gegend im Jahr 1913: die Wüste. Die friedliche und regelmäßige Arbeit, die frische Höhenluft, die Genügsamkeit und vor allem die Heiterkeit des Herzens hatten diesem Greis eine schier feierliche Gesundheit verliehen. Er war ein Streiter Gottes. Ich fragte mich, wie viele Hektar er wohl noch mit Bäumen bepflanzen werde.

Vor dem Aufbruch machte mein Freund einen kleinen Vorschlag über gewisse Pflanzen, denen das Terrain hier zusage. Er maß dem keine Bedeutung bei. »Wahrhaftig, dieser gute Mann versteht von der Sache mehr als ich.« Am Ende einer Stunde Marsch – der Gedanke hatte sich in ihm weiterentwickelt – fügte er bei: »Er weiß mehr als alle. Er hat den berühmten Weg zum Glück gefunden!«

Dank diesem Forsthauptmann wurde nicht nur der Wald unter Schutz gestellt, sondern auch das Glück dieses Mannes. Er ernannte drei Forstaufseher, und er beschwor sie, sich von den Kohlenbrennern ja nicht bestechen zu lassen.

Eine Gefahr drohte diesem Werk einzig im Kriege von 1939. Die Automobile wurden mit Holzgas betrieben; es gab nie genug Holz. Man begann Eichen von 1910 zu fällen; aber diese Bestände sind so weit weg vom Straßennetz, daß diese Unternehmung vom finanziellen Gesichtspunkt aus sich als sehr unrentabel herausstellte. Man gab wieder auf. Der Hirte hatte nichts bemerkt; er befand sich 30 Kilometer davon entfernt und führte friedlich seine Aufgabe weiter, indem er den Krieg von 1939 ignorierte, wie er den von 1914 ignoriert hatte.

Ich habe Elzéard Bouffier zum letzten Mal im Juni 1945 gesehen. Er war damals 87 Jahre alt. Ich hatte den Weg durch die »Wüste« gewählt. Aber jetzt gibt es, trotz der Zerrüttung, in die der Krieg das Land gestürzt hatte, eine Autobusverbindung vom Tal der Durance ins Gebirge. Dieser schnellen Beförderung schrieb ich es zu, daß ich die Gegend meiner früheren Wanderungen nicht wiedererkannte. Es schien mir auch, als ginge die Fahrstraße durch neue Ortschaften. Ich brauchte den Namen eines Dorfes, um sicher zu sein, daß ich mich wirklich in dieser ehemals so verlassenen Gegend befand. Ich stieg in Vergons aus. Im Jahre 1913 hatte dieser Weiler von zehn bis zwölf Häusern noch drei Einwohner. Es waren Halbwilde, die sich bekämpften, von der Jagd mit Schlingen lebten, in der physischen und moralischen Verfassung etwa wie Menschen der Prähistorie. Brennesseln umwucherten die verlassenen Häuser. Die Lebensbedingungen waren hoffnungslos. Es handelte sich für sie nur noch darum, auf den Tod zu warten: eine Situation, die keineswegs die Tugenden begünstigt!

Alles hatte sich verändert, sogar die Luft. Statt der trockenen und heftigen Winde, die mich einstmals empfingen, wehte ein leichtes Lüftchen voller Wohlgerüche. Ein Murmeln, ähnlich dem des Wassers, kam von den Höhen: Es war der Wind in den Wäldern. Und endlich, das Erstaunlichste, ich hörte richtiges Rauschen des Wassers in einem Becken. Ich sah, man hatte einen Brunnen geschaffen. Wasser gab es genug, und, was mich am meisten rührte, man hatte daneben eine Linde gepflanzt, vor etwa vier Jahren, jetzt schon kräftig, ein nicht anzuzweifelndes Symbol der Auferstehung.

Außerdem trug Vergons Spuren eines Wirkens, das nur mit Hoffnung unternommen werden kann. Die Hoffnung war also zurückgekehrt. Man hatte die Ruinen weggeräumt, verfallene Mauerreste abgebrochen und fünf Häuser aufgebaut. Der Weiler zählte nun 28 Bewohner, darunter vier junge Haushaltungen. Die neuen Häuser, frisch verputzt, waren von Gemüsegärten umgeben, in denen gemischt, aber schön gereiht, Gemüse und Blumen wuchsen, Kohl und Rosen, Lauch und Löwenmäulchen, Sellerie und Anemonen. Es war nun ein Ort, an dem zu leben einen die Lust ankam.

Von da ging ich zu Fuß weiter. Der eben zu Ende gegangene Krieg hatte noch nicht wieder das volle Aufblühen des Lebens erlaubt. Aber Lazarus war dem Grab entstiegen. An den unteren Bergabhängen sah ich kleine grüne Gersten- und Roggenfelder und hinten in den engen Tälern grünende Wiesen.

Es brauchte nur die paar Jahre, die uns von jener Zeit trennten, damit das ganze Land strahlte von Gesundheit und Wohlhabenheit. Da, wo ich 1913 Ruinen gesehen hatte, erhoben sich jetzt saubere Bauernhäuser, schön verputzt, die von einem glücklichen und angenehmen Leben zeugten. Die alten Quellen, gespeist von den Regen- und Schneefällen, welche die Wälder anziehen, sprudeln wieder. Man hat Wasserkanäle angelegt. Neben jedem Haus ein Ahornwäldchen, und die Brunnen laufen über in die Teppiche grünen Münzkrautes. Die Dörfer sind nach und nach wieder aufgebaut worden. Eine Bevölkerung ist aus der Ebene, wo das Land teuer geworden ist, heraufgekommen, hat sich hier niedergelassen und hat Jugend, Leben und Unternehmungsgeist mitgebracht. Man begegnet in den Gassen wohlgenährten Männern und Frauen, Knaben und Mädchen, die zu lachen verstehen und die wieder Freude bekommen haben an ländlichen Festen. Wenn man die alte Bevölkerung dazurechnet

– sie ist nicht wieder zu erkennen, seit sie mit Lust lebt –, so verdanken mehr als 10000 Menschen ihr Glück Elzéard Bouffier.

Wenn ich bedenke, daß ein einziger Mann mit seinen beschränkten physischen und moralischen Kräften genügt hat, um aus der Wüste dieses »Gelobte Land« erstehen zu lassen, dann finde ich, daß trotz allem das Leben des Menschen wunderbar ist. Wenn ich aber ausrechne, wieviel Beständigkeit, Seelengröße, Eifer und Selbstlosigkeit es gebraucht hat, um dieses Ergebnis zu erreichen, dann erfüllt mich eine unbegrenzte Hochachtung vor diesem alten Bauern ohne Bildung, der aber dieses Werk zu schaffen wußte, das Gottes würdig ist. Elzéard Bouffier ist im Jahre 1947 im Asyl von Banon im Frieden entschlafen.

Die Autoren

Jean Giono (* 1895 Manosque/Basses-Alpes, † 1970 ebd.)
Der vor allem als Erzähler bekannt gewordene französische Autor war Sohn eines Schusters und einer Büglerin. Von großen Reisen abgesehen, lebte er immer im Durance-Tal der Provence. Er brachte es vom Laufburschen bis zum Direktor der Sparkasse seiner Gemeinde. Wurde wegen seiner pazifistischen Haltung während der deutschen Besetzung zeitweise der Kollaboration verdächtigt und konnte deshalb zwischen 1944 und 1947 nichts veröffentlichen. 1954 Aufnahme in die Académie Goncourt. Giono verband in seinen ersten Romanen antike Mythologie mit Leben und Landschaft der Provence (Pan-Trilogie, 1928–1930). Seine Zuneigung galt vor allem den Bauern und Hirten der Heimat. Er verherrlichte die elementare kosmische Einheit zwischen Mensch und Natur. Die späteren Romane – »Chroniken« genannt – verlassen den bäuerlich-provenzalischen Stoffkreis. Bekannteste Werke: »Der Berg der Stummen« (1929), »Das Lied der Welt« (1934), »Der Husar auf dem Dach« (1951). Unter dem Titel »Die Leidenschaft des Herzens« erschien 1990 in Deutschland eine Sammlung seiner Geschichten und Charakterbilder.

Franz Grillparzer (* 1791 Wien, † 1872 ebd.)
Nach juristischen und philosophischen Studien war Grillparzer Hauslehrer und stieg im Staatsdienst zum Hofrat auf. Trotz der Förderung durch den Grafen Stadion, der ihn zum Dichter des Burgtheaters ernannte, und der Anfangserfolge mit der Schicksalstragödie »Die Ahnfrau« (1817) fand er mit den weiteren Dramen »Sappho« (1819) und »Das goldene Vlies« (1822), einer

Trilogie über die Entgegensetzung von Natur und Kultur, keinen Anklang mehr. In »König Ottokars Glück und Ende« (1825) prangerte er Krieg und Eroberungspolitik an; »Des Meeres und der Liebe Wellen« (1831) behandelt den Widerstreit zwischen Recht auf Liebe und den Geboten der Macht. Nach dem Mißerfolg seines einzigen Lustspiels »Weh dem, der lügt« (1838) zog er sich, ohnehin zu Depressionen neigend, aus der Öffentlichkeit zurück. Erst die Wiederentdeckung seiner Werke durch den Burgtheaterdirektor Heinrich Laube (nach 1850) machte Grillparzer zum gefeierten Dichter der Wiener Bühne. Er wurde in die Akademie und in den Reichsrat aufgenommen und Ehrenbürger Wiens. Das elegische Grundthema aller seiner Werke ist das hilflose Ausgeliefertsein des Menschen an das Schicksal, ein immerwährendes Gefühl der Bedrückung, das keine positive Auflösung findet. – Neben seiner dramatischen Dichtung schrieb Grillparzer nur wenige Prosawerke, darunter die autobiographische Erzählung »Der arme Spielmann« (1848); Reflexion und Elegie prägen seine Gedankenlyrik, Sarkasmus die zahlreichen Epigramme.

Manfred Hausmann (* 1898 Kassel, † 1986 Bremen)
Im Ersten Weltkrieg schwer verwundet, studierte er nach seiner Genesung Philologie, Philosophie und Kunstgeschichte. Nach der Promotion arbeitete er zunächst als Dozent, Dramaturg und Redakteur, bis er nach ersten Buchveröffentlichungen 1927 freier Autor wurde. Mit dem autobiografischen Vagabundenroman »Lampioon« (1928) und der Fortsetzung »Salut gen Himmel« (1929) gelang ihm der Durchbruch als Erzähler. Romane und Erzählungen, in denen er empfindsam der Entwicklung Jugendlicher nachspürt, gehören zum Besten, was er geschrieben hat (»Abel mit der Mundharmonika«, 1932; »Ontje Arps«, 1934). Nach einer tiefen Sinnkrise in den 30er Jahren und der Lektüre von Karl Barth und Kierkegaard wandte er sich radikal dem Christentum zu. Davon wurden alle seither erschienenen

Werke geprägt. Gut läßt sich seine geistige Wandlung an der Gesamtausgabe seiner Erzählungen ablesen (»Der Überfall«, 1952). Statt den von der Jugendbewegung beeinflußten Legendenspielen seiner Anfänge (»Lilofee«, 1929), brachte er nun Mysterienspiele auf die Bühne (»Der Fischbecker Wandteppich«, 1955). Ein großer Erfolg wurden die autobiografischen Anekdoten aus einer heilen Familie (»Martin«, 1949; »Isabel«, 1953; »Andreas«, 1957). Hinzuweisen ist auch auf seine formgewandte Lyrik und Nachdichtung. In den Nachkriegsjahrzehnten veröffentlichte Hausmann außerdem Essay- und Predigtsammlungen (»Einer muß wachen«, 1971; »Das abgründige Geheimnis«, 1972).

Herman Melville (* 1819 New York, † 1891 ebd.)
Nach Bankrott und Tod des Vaters wurde der 13jährige mit seiner Familie von Verwandten unterstützt. 1839 heuerte Melville als Matrose an, fuhr dann 1841 mit einem Walfangschiff in die Südsee und desertierte dort. Diente später noch auf anderen Walfängern und einem Kriegsschiff bis 1840. Seine Südseebücher »Typee« (1846) und »Omoo« (1847) und die Seefahrerromane »Redburn« (1849) und »Weißjacke« (1850) brachten ihm viele Leser, auch wenn er sich durch seine Angriffe gegen die Missionierung der »Wilden« und die Willkür von Seeoffizieren manche Feinde zuzog. Aber erst an seinem nächsten Buch sollten sich die Geister wirklich scheiden. Melville begann es routiniert, geriet dann aber unter dem Eindruck neuer geistiger Impulse in ein gänzlich neues »Fahrwasser«. Sein Realismus von ehedem gewann symbolische Tiefe. 1851 kam es dann unter dem Titel »Moby Dick oder Der Wal« heraus und wird heute für Melvilles größte Leistung erachtet. Spätere Werke erhielten vernichtende Kritiken, ja es wurden Zweifel an der geistigen Gesundheit des Autors laut. Der zunehmend vereinsamende Dichter verdiente sich seinen Lebensunterhalt von 1866 bis 1885 als Zolleinnehmer. Seine Wiederentdeckung geschah spät, dafür

um so machtvoller. 1941 bekannte sich z. B. Jean Giono in einem ganzen Buch (»Melville zum Gruß – Vision einer Begegnung«) zu diesem großen Erzähler. Die Meisternovelle »Billy Budd« ist erst 1924 aus dem Nachlaß veröffentlicht worden.

Henry Miller (* 1891 Yorkville/New York,
† 1980 Pacific Palisades/Kalifornien)
»Ich bin ein Mensch«, schrieb Miller, »der die Geschichte seines Lebens erzählt, ein Vorgang, der immer unerschöpflicher erscheint, je weiter ich vorankomme.« Einzige Ausnahme: »Das Lächeln am Fuße der Leiter«, ein Text, der 1948 auf Bestellung zu einem Zyklus von Zirkusbildern Fernand Légers geschrieben wurde. »Clowns und Engel«, schrieb Miller einmal, »stehen zueinander in gottgewollter Entsprechung.« – Und dieser Autor soll derselbe sein, dessen berühmt-berüchtigte Romane angeblich einer frei ausgelebten Sexualität das Wort reden (»Wendekreis des Krebses«, 1934; »Wendekreis des Steinbocks«, 1939; »Sexus«, 1949; »Plexus«, 1953; »Nexus«, 1959)? Der Mann, der kreuz und quer durch die Staaten getrampt ist, eine Fülle von Berufen ausgeübt und eine Überfülle von Büchern der Weltliteratur gelesen hat, war ein Dichter der Lebensfreude ebenso wie der Lebensangst. Die Reduzierung seines umfangreichen Werkes auf den vital-frivolen Stoff heißt es verkennen. Millers umfassende Begeisterung galt nicht nur Frauen, sondern auch dem Reisen, der Malerei (die er ebenfalls mit beachtlicher Kunst betrieb) und der Literatur. Kurz bevor er seine zeitweilige Wahlheimat Frankreich verließ, begab er sich auf »Pilgerfahrt« zu Jean Giono, in dem er einen Geistesverwandten erkannte, wie jener in Melville. Nach Amerika zurückgekehrt, zog der Lebensbegierige noch viele Male um, bevor er hochbetagt in Kalifornien starb. Eine gute Einführung in sein Werk bietet die Gesamtausgabe seiner Erzählungen (»Der Engel ist mein Wasserzeichen«, 1988).

Hans Werner Richter (* 1908 Bansin/Usedom)
Der Sohn eines pommerschen Fischers wurde zunächst Buchhändler und lebte Ende der 20er Jahre in Berlin, wo er von 1930 bis 1933 Mitglied der KPD war. Ab 1940 hielt ihn die Gestapo unter Aufsicht, im selben Jahr wurde er eingezogen. 1943 kam er in amerikanische Gefangenschaft. Nach der Entlassung gab er mit Alfred Andersch die erfolgreiche Zeitschrift »Der Ruf« heraus. Sie wurde aber 1947 von den Besatzungsmächten verboten. Im gleichen Jahr gründete er ein kritisch-literarisches Forum, aus dem sich die »Gruppe 47« entwickelte – ein Sammelbecken junger Nachwuchsautoren, deren Bücher die bundesrepublikanische Literatur jahrzehntelang entscheidend prägten. Richters Ruf als Mentor dieser Autoren überstrahlte lange seine Leistung als Erzähler. Dabei fassen schon seine ersten Romane die Zeit des Nationalsozialismus, des Krieges und der Nachkriegszeit in anschaulich-realistische Bilder und Handlungen (»Die Geschlagenen«, 1949; »Sie fielen aus Gottes Hand«, 1951; »Linus Fleck oder Der Verlust der Würde«, 1958). Erinnerungsbücher beschwören noch einmal die Stätten der Kindheit (»Spuren im Sand«, 1953; »Geschichten aus Bansin«, 1970) oder geben ein zeitgeschichtliches Panorama von den 30er Jahren bis heute (»Reisen durch meine Zeit«, 1989). »Hans Werner Richter und die Gruppe 47« (1979) und »Im Etablissement der Schmetterlinge« (1986) erinnern an die Treffen der literarischen Gruppe und ihre Autoren. Zu den wichtigsten Werken des Alters gehört der ergreifende Roman »Die Flucht nach Abanon« (1980).

Eugen Roth (* 1895 München, † 1976 ebd.)
Als Freiwilliger des Ersten Weltkriegs erlitt Roth schon im Oktober 1914 eine schwere Verwundung. Damit war der Krieg für ihn aus, und er begann in seiner Vaterstadt Germanistik, Geschichte und Kunstwissenschaft zu studieren. Bald veröffentlichte er auch erste, zum Teil noch dem Expressionismus verpflichtete Lyrik, die indessen kaum Widerhall fand. 1933 wurde der promovierte

Redakteur von Nationalsozialisten entlassen. Etwa um diese Zeit fand er zu einer heiteren Lyrik mit ganz eigenem Tonfall. Der Erfolg stellte sich alsbald ein. Vor allem wurden jene Gedichte bekannt, die mit »Ein Mensch...« begannen (»Sämtliche Menschen«, 1983). Vergleichbar erfolgreich waren nur noch die »Wunderdoktor«-Verse (»Alle Rezepte vom Wunderdoktor«, 1986). In späteren Jahren fanden auch seine Anekdotenbücher viele Leser (»Unter Brüdern«, 1958; »Lebenslauf in Anekdoten«, 1962). Seine literarisch größte Leistung aber stellen die Erzählungen dar, auch wenn sie stets ein wenig im Schatten der heiter-skeptischen Gedichte blieben (Gesamtausgabe: »Erzählungen«, 1977).

Joseph Roth (* 1894 Schwabendorf/Galizien, † 1939 Paris)
Das zerrissene Leben dieses Schriftstellers spiegelt die zerrissene Zeit wider, in der er zu leben hatte. Prägend waren für ihn, den galizischen Juden, zunächst der Erste Weltkrieg mit dem sich anschließenden Zerbrechen der Donaumonarchie, später der Einschnitt, den die Zeit des Nationalsozialismus für Europa bedeutete. Schon in seinem ersten Roman »Das Spinnennetz« (1923 in Fortsetzungen erschienen, erste Buchausgabe 1967) hat er rechtsradikale Aktivitäten komplex und genau beschrieben. In den 20er und 30er Jahren machte sich Roth auch als Journalist einen glänzenden Namen. Nach dem Besuch der Sowjetunion 1926 rückte er zunehmend von den sozialistischen Ideen seiner Anfänge ab und richtete sein Interesse auf die abgeschlossene Phase der Donaumonarchie. Nun erscheinen seine großen Romane »Radetzkymarsch« (1932) und »Die Kapuzinergruft« (1938). Zugleich besann er sich auf seine jüdischen Wurzeln (»Hiob«, 1930). Seine bis heute berühmteste Erzählung, »Die Legende vom heiligen Trinker« (1939), verrät viel von den Leiden des ins französische Exil getriebenen, zum Trinker gewordenen Autors. 1939 starb er in einem Pariser Armenhospital. Nach ersten Versuchen, Joseph Roth in den ersten Nachkriegsjahren

wieder im literarischen Bewußtsein der Deutschen einzubürgern, gelang es dann seit Ende der 60er Jahre in kaum mehr geglaubtem Ausmaß.

Anna Seghers (* 1900 Mainz, † 1983 Berlin)
Die Tochter eines jüdischen Kunsthändlers studierte Geschichte und Kunstgeschichte. 1924 promovierte sie unter ihrem wirklichen Namen Netty Reiling über »Jude und Judentum im Werke Rembrandts« (Neuausgabe 1981). Im gleichen Jahr erschien unter dem Pseudonym, das sie seither als Schriftstellerin beibehielt, ihr erstes Buch, »Aufstand der Fischer von St. Barbara« und wurde mit dem Kleist-Preis geehrt. Obwohl Anna Seghers' Ansehen national und international rasch wuchs, mußte die kommunistische Jüdin im Dritten Reich sofort emigrieren und gelangte über Paris ins mexikanische Exil. Noch in Europa schrieb sie jene beiden Bücher, mit denen ihr Name bis heute vor allem verknüpft bleibt: »Das siebte Kreuz« (1942) und »Transit« (1948). Nach einem Unfall und einer Zeit großer seelischer Bedrängnis entstand die autobiographische Phantasie »Der Ausflug der toten Mädchen« (1946). Anna Seghers kehrte 1947 aus dem Exil zurück und zog nach Ostberlin, wo sie bis zu ihrem Tode wohnen blieb und die Entwicklung der DDR in Romanen, Erzählungen und Essays aktiv begleitete. Wichtigste Nachkriegswerke: »Die Toten bleiben jung«, 1949; »Das wirkliche Blau«, 1967; »Sonderbare Begegnungen«, 1973.

Stefan Zweig (* 1881 Wien, † 1942 Petropolis/Rio de Janeiro)
Der aus großbürgerlich-jüdischer Familie stammende Autor war ein ungewöhnlich vielseitig gebildeter Mann, weltoffen und tolerant. In allen literarischen Formen versiert, hatte er besonders mit psychologischen Novellen (»Angst«, 1920; »Amok«, 1922) und kulturhistorischen Biografien (»Joseph Fouché«, 1929; »Marie Antoinette«, 1932; »Balzac«, 1946, u. a.) Erfolg. Seine gewaltige Leseleistung fand auch in Aufsätzen zur Literatur ihren

Niederschlag (»Begegnungen mit Büchern«, 1983). Die »Schachnovelle« (1942) und seine Autobiografie »Die Welt von gestern« (1944) spiegeln Zweigs Erfahrungen im Exil wider. Nach dem Fall von Singapur nahmen er und seine Frau Lotte sich das Leben.

Quellennachweis

Herman Melville, Bartleby, aus: Amerikanische Erzähler. Short Stories. Reclams UB 8918

Manfred Hausmann, Holder, aus: Der schwarze Tag. Erzählungen aus den Jahren 1922–1934, Copyright by S. Fischer Verlag GmbH, Frankfurt am Main 1983

Eugen Roth, Die beiden Sammler, aus: Sämtliche Werke, Band 6, mit freundlicher Genehmigung der Dr. Eugen Roth Erben, München, Carl Hanser Verlag, München 1976

Joseph Roth, Die Legende vom heiligen Trinker, Copyright 1976, 1983 by Kiepenheuer & Witsch, Köln, und Verlag Allert de Lange, Amsterdam

Hans Werner Richter, Maria Matusek, aus: Reisen durch meine Zeit, Copyright 1989 by Carl Hanser Verlag, München, Wien

Henry Miller, Das Lächeln am Fuße der Leiter, aus: Der Engel ist mein Wasserzeichen – Sämtliche Erzählungen, Copyright 1968 by Rowohlt Verlag GmbH, Reinbek

Stefan Zweig, Buchmendel, aus: Buchmendel. Erzählungen, Copyright 1990 by S. Fischer Verlag GmbH, Frankfurt am Main

Anna Seghers, Agathe Schweigert, aus: Gesammelte Werke, Band 12, Aufbau-Verlag, Berlin und Weimar 1977

Stefan Zweig, Ein Mensch, den man nicht vergißt, aus: Brennendes Geheimnis. Erzählungen, Copyright 1987 by S. Fischer Verlag GmbH, Frankfurt am Main

Jean Giono, Der Mann mit den Bäumen, Flamberg-Verlag Zürich